Hans-Jürgen Künne

Die Ernährung der Papageien und Sittiche

Arndt-Verlag

Künne, Hans-Jürgen:
Die Ernährung der Papageien und Sittiche

1. Auflage (2000)
Arndt-Verlag

ISBN 3-9805291-5-0

Gesamtgestaltung:

Thomas Arndt, Dr. Rainer Niemann, Brigitte Borkowitz und Hans-Jürgen Künne

Lektorat:

Walter Weinberger, Brigitte Borkowitz

Druck:

WALTER Medien GmbH, Brackenheim-Hausen

Inhalt

Inhalt

Vorwort

Der Entschluss, ein Buch über die Ernährung der Papageien zu schreiben, reifte nach der Veröffentlichung einiger Artikel von mir zu diesem Thema. Die Resonanz darauf war für mich überraschend groß, und ich stellte sehr schnell fest, dass ein ausgesprochen lebhaftes Interesse an der Materie bestand. Ich erhielt unzählige Anrufe von Papageienfreunden, von denen viele das geringe Literaturangebot zu diesem Fachgebiet beklagten. Wer Näheres über die Futterzusammenstellungen für die verschiedenen Vertreter der Krummschnäbel wissen wollte, musste notgedrungen die Fachzeitschriften nach entsprechenden Artikeln durchsuchen oder sich mit den teilweise recht kurz gefassten Beschreibungen über die Ernährung in allgemein gehaltenen Papageienbüchern begnügen.

Also setzte ich den Entschluss in die Tat um; allerdings war das Schreiben nicht ganz so einfach, wie ich angenommen hatte. Ich wollte natürlich nicht nur meine eigenen Erfahrungen wiedergeben, sondern einen allgemeinen Überblick über alles, was mit der Ernährung dieser

Vorwort

Tiere zusammenhängt, mit einfließen lassen. Doch dabei traten die ersten Probleme auf, denn ich musste feststellen, dass viele Züchter ihre ganz persönliche Meinung zu der Ernährung dieser Tiere hatten und dass alles das, was der Züchterkollege mache, völlig falsch sei. Es gab offenbar unzählige Methoden der Fütterung mit noch viel mehr Geheimrezepten, die natürlich nicht oder, wenn überhaupt, nur ungern weitergegeben wurden. Es war also nicht ganz einfach, die gesammelten Informationen so zu kombinieren, dass daraus ein hoffentlich sinnvolles Ganzes entstehen konnte.

Ein weiteres großes Problem stellte für mich längere Zeit das Pelletfutter für Papageien dar, auf das alle Welt anscheinend nur gewartet hatte. So bekam ich häufiger zu hören, dass mit diesem Futter alle Probleme gelöst werden könnten und ein Buch über die Ernährung praktisch überflüssig sei. Diese Vorhersagen haben sich aber nicht bestätigt, da sehr schnell klar wurde, dass die Zuchtergebnisse der Tiere, die ausschließlich mit pelletiertem Futter versorgt wurden, in vielen Fällen nicht so überragend waren. Außerdem sind viele Papageienfreunde nicht damit zufrieden, ihren Pfleglingen lediglich einmal täglich das Fertigfutter in den Napf zu geben. Sie wollen sich stattdessen länger und intensiver mit ihren Vögeln beschäftigen und ihr freudiges Verhalten über gereichte Leckerbissen miterleben.

Trotz mancher Tiefpunkte habe ich es aber dennoch geschafft, das Manuskript fertig zu stellen, und hoffe, dass der Leser in diesem Buch die gewünschten Informationen finden und diese zum Wohle seiner Tiere auch umsetzen kann.

Zum Schluss möchte ich noch all denen danken, die mir bei der Fertigstellung dieses Buches mit Rat und Tat zur Seite standen und ohne deren Hilfe ich vermutlich noch immer am Schreiben wäre.

Hans-Jürgen Künne, Osnabrück, im April 2000

Einleitung

Viele Vertreter aus der Ordnung der Psittaciformes (Papageien) zählen heute weltweit zu den beliebtesten Heimtieren. In Deutschland erlebte die Papageienliebhaberei in den 70er und 80er Jahren einen enormen Aufschwung, der durch die wieder erlaubte Einfuhr dieser Tiere aus den Ursprungsländern hervorgerufen wurde. Über die Faszination, die diese Tiere auf uns Menschen ausüben, ist schon so viel geschrieben worden, dass sich weitere Ausführungen an dieser Stelle erübrigen. Gleichgültig aber, ob die Papageien zur Zucht in Volieren oder zum Wohlgefallen der Besitzer in der Wohnung gehalten werden, sollte immer der Versuch unternommen werden, die Tiere so optimal wie möglich unterzubringen und zu pflegen. Die Ernährung der Papageien spielt hierbei eine ganz besondere Rolle, da wohl kein anderer Faktor von so entscheidender Bedeutung für den Gesundheitszustand der Pfleglinge sein dürfte. Auch in der heutigen Zeit wird noch intensiv über eine richtige Ernährung der Papageien diskutiert und gestritten. Dieses Buch soll daher lediglich Hinweise und Anregungen liefern. Es kann zur Zeit nicht davon ausgegangen werden, dass in naher Zukunft das optimale Papageienfutter kreiert wird, da wir noch viel zu wenig über die Ernährung der frei lebenden Papageien und somit auch über die Bedürfnisse der Papageien in der Obhut des Menschen wissen.

Das vorliegende Buch ist in erster Linie für den engagierten Liebhaber der Papageien gedacht, für den das Wohl seiner Tiere immer im Vordergrund steht, egal wie viel Zeit er dafür opfern muss, und nicht für den professionellen Züchter, für den die Faktoren Zeit und Geld immer im Vordergrund stehen.

Die Nahrung als Energielieferant

Die Körper aller höheren Lebewesen setzen sich aus einer unvorstellbar großen Zahl an kleinen Körperzellen zusammen, die laufend ab- und wieder neu auf- oder auch umgebaut werden. Bei diesen Auf-, Ab- und Umbauprozessen werden ständig chemische Substanzen aufgenommen und auch ausgeschieden. Dieses wird als der so genannte Stoffwechsel bezeichnet, der das Charakteristikum des eigentlichen Lebens darstellt.

Im Vordergrund steht hierbei die Energiegewinnung. Dazu werden in der Regel die mit der Nahrung gelieferten Substanzen unter Zuführung des durch Atmung aus der Luft aufgenommenen Sauerstoffs oxidiert (verbrannt). Während des Heranwachsens der Jungtiere werden demnach besonders viele Nährstoffe benötigt, da der Organismus noch vollständig aufgebaut werden muss. Aber auch in ausgewachsenen Tieren finden noch Aufbauprozesse statt (Mauser, Eiproduktion usw.); im Vordergrund steht hier aber der Erhalt der Körpersubstanz. Da all diese Prozesse mit einem Umsatz an Energie verbunden sind, muss diese durch den Abbau energiereicher Substanzen gewonnen werden. So benötigen zum Beispiel die aktiven Körperbewegungen und der Stoffwechsel (Blutumlauf in der Lunge und in den Verdauungsorganen, der aktive Transport der Substanzen durch Zellwände) der Tiere erhebliche Energie liefernde Prozesse, die nur durch regelmäßigen Nachschub in Form von Nahrungsmitteln ablaufen können. Erfolgt kein Nachschub, muss auf energiereiche Depots des Körpers zurückgegriffen werden. Auch die mineralischen Bestandteile des Körpers befinden sich in einem ständigen Umsatz, der sogar das an sich starre Skelett mit einbezieht.

All die chemischen Substanzen, aus denen der Organismus die benötigten körpereigenen Stoffe bilden kann, werden unter dem Begriff Nährstoffe zusammengefasst. Dabei werden diese unterteilt in die Energie liefernden Nährstoffe wie Proteine, Fette und Kohlenhydrate, und die nicht Energie liefernden Nährstoffe wie Vitamine, Mineralstoffe, Spurenelemente und Wasser. Vögel sind ebenso wie Säugetiere nicht in der Lage, aus den einfachen Grundbausteinen der Nahrung sämtliche körpereigene Substanzen aufzubauen, da zur ihrer Bildung einige dafür benötigte Enzyme fehlen. Daher muss sichergestellt werden, dass alle benötigten Stoffe in der Nahrung enthalten sind, um eine gesunde Entwicklung der Tiere zu gewährleisten. Die vom Vogel nicht synthetisierbaren Nährstoffe nennt man lebensnotwendige oder essenzielle Nährstoffe. Von großer Bedeutung sind hier die essenziellen Aminosäuren und die essenziellen Fettsäuren. Weiterhin zählen zu den essenziellen Nährstoffen auch Vitamine, Mineralstoffe sowie einige Spurenelemente. Diese essenziellen Substanzen können also nicht vom Vogel durch Umwandlung o.Ä. hergestellt werden, sondern müssen mit dem Futter aufgenommen werden.

Die anteilige Zusammensetzung der Nährstoffgruppen ist nicht für alle Papageien- und Sitticharten gleich da die Tiere sich unterschiedlich an ihre Umgebung angepasst haben und somit auch verschiedene Nahrungsquellen nutzen. Aber selbst für die einzelnen Individuen einer Art ändert sich die benötigte Nährstoffzusammensetzung, bedingt durch Mauser, Brut, Wanderung usw., regelmäßig. Diese unterschiedlichen Situationen sowie die Haltungsbedingungen müssen also immer berücksichtigt werden, wenn eine Nährstoffbilanz für Papageien in der Obhut des Menschen gezogen werden soll.

Die wichtigsten Aufgaben der Nahrung sind also in der Lieferung von Energie sowie dem Auf- und Umbau und der Erneuerung (z.B. Federbildung) des Körpers oder einzelner Körperteile zu sehen.

Die Inhaltsstoffe der Nahrung

1. Proteine (Eiweiße)

Für den Nicht-Fachmann sorgen die Begriffe Protein, Rohprotein und Eiweiß gelegentlich für Verwirrung. Wenn man jedoch die Zusammenhänge kennt, lassen sich diese Probleme schnell lösen. So ist Protein lediglich die wissenschaftliche Bezeichnung für Eiweiß. Beide Begriffe meinen also das gleiche. Das Rohprotein unterscheidet sich von reinem Protein dadurch, dass es auch stickstoffhaltige Verbindungen nichteiweißartiger Natur, die so genannten Amide, enthält (vergl. AECKERLEIN 1986). Diese Amide sind in der Nahrung tierischer Herkunft weniger vertreten als in der Nahrung pflanzlicher Herkunft und können von den Vögeln nicht verwertet werden.

Protein ist für den Aufbau und Erhalt der Muskulatur und Organe zuständig. Es wird im Organismus verbraucht und muss daher regelmäßig von außen zugeführt werden, da es nicht durch andere Baustoffe wie Fett oder Kohlenhydrate ersetzt werden kann. Der Proteinbedarf ist während der Wachstumsphase also besonders hoch, ebenso ist bei großer körperlicher Anstrengung der Verbrauch höher. Der Anteil des Proteins am Körpergewicht eines Vogels beträgt ca. 20 %.

Tierisches Eiweiß ist besonders während der Jungenaufzucht wichtig

Protein besteht aus ca. 20 verschiedenen Bausteinen, den stickstoffhaltigen Aminosäuren. Circa 11 von diesen sind essenziell (BEZZEL & PRINZINGER 1990) und können vom Vogelorganismus nicht eigenständig synthetisiert werden. Sie müssen daher mit dem Futter zugeführt werden, um die Gesundheit und Leistungsfähigkeit der Papageien auf lange Sicht zu erhalten. Bedacht werden sollte bei der Futterzusammenstellung immer, dass schon das Fehlen einer essenziellen Aminosäure den Eiweißstoffwechsel erheblich stören und somit zu Beeinträchtigungen der Gesundheit führen kann. Zu den essenziellen Aminosäuren zählen zum Beispiel Arginin, Histidin, Isoleucin, Leucin, Lysin, Methionin, Phenylalanin, Threonin, Tryptophan und Valin. Die nicht-essenziellen Aminosäuren können vom Organismus aus anderen Stickstoffquellen eigenständig gebildet werden. Dieses bedeutet aber nicht, dass sie dem Organismus nicht zugeführt werden müssen, sondern lediglich, dass ein kurzzeitiger Mangel durch Umwandlung dieser Aminosäuren ausgeglichen werden kann.

Es ist also bei der Zusammenstellung des Futters darauf zu achten, dass die essenziellen Aminosäuren ausreichend enthalten sind. Dies gilt ganz besonders für Zeiten, in denen wichtige Aufbauprozesse wie zum Beispiel bei der Eiproduktion, der Entwicklung der Jungtiere oder der Mauser ablaufen. Gerade bei der Aufzucht der Jungtiere gehen viele so genannte Körnerfresser dazu über, ihren Nachwuchs ganz oder teilweise mit Futter tierischer Herkunft zu versorgen. Dieses konnte auch bei Papageien im Freiland beobach-

Wellensittiche beim Fressen

Sie sollen aggressiv gegenüber ihrer Brut werden, wenn sie zu viel tierisches Futter bekommen

tet werden. Auch das Vorkommen von Bandwürmern im Darm vieler importierter Papageien deutet darauf hin, dass diese Tiere sich von anderem Getier ernährt haben müssen. Bandwürmer können nicht direkt übertragen werden, sondern immer nur durch einen so genannten Zwischenwirt in Form kleiner Insekten oder Ähnlichem.

Tierische Eiweiße sind nach Aussagen einiger Autoren (AECKERLEIN 1986) zu Zeiten eines hohen Eiweißbedarfs (Brut usw.) besser zur Abdeckung des Aminosäurebedarfs geeignet als Eiweiße pflanzlicher Herkunft. Aber auch mit Eiweiß pflanzlicher Herkunft kann der Bedarf an essenziellen Aminosäuren abgedeckt werden, doch ist die Beschaffung einer derartigen Körnermischung, die alle benötigten Aminosäuren enthält, wesentlich zeitaufwendiger für die Alttiere. Demnach hat Eiweiß tierischer Herkunft einen höheren Futterwert als das Eiweiß pflanzlicher Herkunft. So kann zum Beispiel aus 100 g Fleischeiweiß ca. 60-100 g Körpereiweiß, aber aus 100g Maiseiweiß lediglich 20-60 g Körpereiweiß gebildet werden. Die Notwendigkeit einer gesteigerten Eiweißversorgung gilt jedoch, wie schon gesagt, nur für Zeiten eines erhöhten Bedarfs, in denen also besondere Leistungen vom Organismus verlangt werden. Ein Zuviel des Guten kann sich aber auch durchaus negativ auswirken. So sollen nach AECKERLEIN (1986) zum Beispiel Wellensittiche (*Melopsittacus undulatus*) bei zu reichlicher tierischer Kost aggressiv gegenüber ihrer Brut werden und australische Sittiche bereits gelegte Eier nicht bebrüten. DREPPER et al. (1988) ermittelten in einer Untersuchung für Wellensittiche einen benötigten Rohproteinanteil von ca. 9 % der täglichen Futterration außerhalb der Brutperioden. WACHTER-VORMANN (1983) kam zu ähnlichen Ergebnissen; sie ermittelte für Wellensittiche eine Rohproteinbedarf von ca. 10 %. Beide Werte liegen weit unter den in handelsüblichen Futtermischungen für Wellensittiche festgestellten Werten von 13- 15 %. Wenn diese Ergebnisse auf andere Papageien übertragen würden, könnte dieses bedeuten, dass die meisten Papageien vermutlich mit einem zu hohen Eiweißgehalt im Futter versorgt werden. Allerdings sind noch etliche weitergehende Untersuchungen notwendig, um genauere Erkenntnisse und somit klare Empfehlungen für die Ernährung der Papageien geben zu können. Auch WOLF & KAMPHUES (1995) gehen davon aus, dass der Proteinbedarf des Erhaltungsstoffwechsels bereits mit dem Angebot einer üblichen Sämereienmischung gedeckt und daher keine Fütterung von tierischem Eiweiß nötig sei. Berücksichtigt werden muss hierbei aber auf jeden Fall auch die Haltungsart. Papageien und Sittiche in kleinen Käfigen kommen mit einem niedrigeren Proteingehalt aus als Tiere, die sich täglich in großen Freivolieren aufhalten und sehr viel fliegen können, denn diese Vögel verrichten mehr körperliche Arbeit und verbrauchen daher auch viel mehr Energie als solche in kleinen Käfigen.

Wie schon erwähnt, sollte die Versorgung mit allen notwendigen essenziellen Aminosäuren zu jeder Zeit gesichert sein. Dieses kann am besten durch eine besonders abwechslungsreiche Fütterung gewährleistet werden. Schon bei der Zusammenstellung einer Körnermischung sollte dieses daher berücksichtigt werden, da die verschiedenen Sämereien auch unterschiedliche Zusammensetzungen an Aminosäuren enthalten. Näheres hierzu wird bei der Vorstellung der einzelnen Sämereien besprochen. Ob die Papageien allerdings wirklich das Futter entsprechend auswählen, um ihren Bedarf an den verschiedenen Aminosäuren abzudecken, ist noch nicht geklärt. Bekannt ist jedoch, dass Hühner ihr Futter entsprechend auswählen, wenn man ihnen die Wahlmöglichkeit bietet.

Natürlich muss der Proteinstickstoff auch wieder abgebaut und ausgeschieden werden, was in Form des weißen Harnsäureanteils des Kotes geschieht. Dieser weiße Teil des Kotes entspricht in etwa 2/3 der Menge des aufgenommenen Eiweißes. Der erfahrene Vogelhalter kann daher anhand des weißen Anteils Rückschlüsse auf die aufgenommene Eiweißmenge ziehen.

2. Fette

Im Gegensatz zum Eiweiß können Fette im Körper gespeichert werden und brauchen demnach nicht permanent nachgeliefert zu werden. Fette sind Verbindungen von Glyzerin einerseits und gesättigten bzw. einfach oder mehrfach ungesättigten Fettsäuren andererseits. Der Schmelzpunkt eines aufgenommenen Fettes ist maßgeblich für seine Verdaulichkeit. Liegt er wesentlich höher als die Körpertemperatur der Papageien (im Ruhezustand ca. 38-40 °C), kann ein beträchtlicher Teil des Fettes nicht ausgenutzt werden. Da die Körpertemperatur der Vögel höher ist als die der Säuger, liegt sie normalerweise auch über der normalen Umgebungstemperatur. Die Tiere geben also trotz guter Isolierung (Federkleid) selbst in der Ruhestellung stets etwas Wärme ab. Sie benötigen daher ständig Brennstoffe, um die Körpertemperatur konstant zu halten. Verrichtet ein Papagei zusätzlich noch Arbeit (Bewegungen wie fliegen, klettern usw.), steigt der Bedarf an Brennstoffen in Form von Fetten und Kohlenhydraten stark an.

Wellensittich mit Übergewicht

Durch Befühlen der Brustmuskulatur läßt sich leicht feststellen, ob ein Wellensittich zu fett ist.

Dem Fett kommt dabei die Aufgabe zu, als Reservestoff zu dienen, und es wird daher im Körpergewebe gespeichert. Beim Vogel wird der größte Teil des Fettes im Brustbereich gespeichert. Wird ein Papagei in die Hand genommen, kann sehr schnell durch Befühlen der Brustmuskulatur festgestellt werden, ob er zu fett ist oder nicht. Fett ist ein optimaler Speicher, da es einen sehr hohen Energiewert hat (mehr als die doppelte Kalorienmenge der Kohlenhydrate). Zudem enthält es nur 6-8 % Wasser, was besonders für Vögel von Vorteil ist, die ja nicht sehr schwer sein dürfen, um sich in die Lüfte erheben zu können. Übrigens kann es von Vorteil sein, wenn diese Fettpolster regelmäßig abgebaut werden, da in ihnen auch Schadstoffe mit eingelagert werden können. Diese Schadstoffe werden dadurch ebenfalls regelmäßig abgebaut und sammeln sich nicht in größeren Konzentrationen im Körper an. Nimmt nämlich ein Vogel, der größere Mengen an Schadstoffen angesammelt hat, aus verschiedenen Gründen plötzlich stark an

Gewicht ab, könnten diese hohen Schadstoffkonzentrationen die Gesundheit gefährden. Besonders schlimm kann sich so etwas bei Gewichtsverlusten durch eine Erkrankung auswirken, da die Tiere durch sie ohnehin schon geschwächt sind und sie dann zusätzlich noch das Problem einer erhöhten Schadstoffbelastung bekommen. Obwohl Kohlenhydrate in Fette umgewandelt werden können, kann auf eine Aufnahme von Fetten nicht verzichtet werden, da der Organismus essenzielle Fettsäuren benötigt, die nur mittels Fetten über die Nahrung dem Vogel zugeführt werden können. Zu diesen essenziellen Fettsäuren zählen die Linolsäure, Linolensäure und die Arachidonsäure. Sie sind besonders für die Eibildung wichtig, um eine normale Entwicklung der Embryonen zu gewährleisten. Aber auch Gesundheits- und Wachstumsstörungen können durch Mangel an essenziellen Fettsäuren hervorgerufen werden. Da Fette aber auch als Träger für die fettlöslichen Vitamine A, D, E und K dienen, ist eine regelmäßige Zufuhr von Fetten nötig.
Einen weitere Funktion der eingelagerten Fette kann in der Wärmeisolierung gesehen werden, da sie ein sehr schlechter Wärmeleiter sind.
Daher sollte man den Papageien und Sittichen, denen in unseren Breitengraden auch im Winter die Möglichkeit geboten wird, sich tagsüber in Freivolieren aufzuhalten, die Möglichkeit einräumen, sich kleine Fettpolster anzufressen. –
Im Verdauungstrakt der Vögel werden die aufgenommenen Fette mittels des Ferments Lipase zu Fettsäuren und Glyzerin umgebaut, die dann über die Lymphe dem Blutkreislauf zugeführt werden können. Das Blut transportiert sie dann weiter zu den Gewebezellen. Beim Abbau von Fett entsteht als Endprodukt Kohlendioxyd und Wasser.

Pflanzliche Fette sind überwiegend in Sämereien enthalten wie zum Beispiel in Sonnenblumenkernen und Hanf, aber vor allem auch in Nüssen. Diese fetthaltigen Futtermittel haben einen großen Nachteil: Sie können leicht ranzig werden, wodurch wichtige Stoffe zerstört werden.

Sonnenblumenkerne enthalten viel Fett und sollten daher sparsam verfüttert werden

Daher sollten sie auf keinen Fall überlagert sein. Tierische Fette haben vermutlich für die Ernährung der Papageien keine sehr große Bedeutung.

3. Kohlenhydrate

Unter dem Begriff Kohlenhydrate wird eine Vielzahl von organischen Verbindungen zusammengefasst, die alle den gleichen Grundaufbau haben. Sie bestehen aus einer Kohlenstoffkette + Wasserstoff + Sauerstoff. Sie sind ein Hauptbestandteil der meisten Pflanzen und stellen daher für Papageien ein wichtiges Element der Nahrung dar. Da die Kohlenhydrate leicht verdaulich sind, können sie von den Vögeln gut zur Deckung des laufenden Energiebedarfs eingesetzt werden. Der Organismus hat ebenfalls wie bei den Fetten die Möglichkeit, die Kohlenhydrate zum Beispiel durch Umwandlung in Fette zu speichern und somit einen Energievorrat anzulegen.

Kohlenhydrate sind entweder einfache Zucker oder Verbindungen von einfachen Zuckern. Sie werden in Monosaccharide (Einfachzucker), Disaccharide (Zweifachzucker) und Polysaccharide (Vielfachzucker) unterteilt. Zu den wichtigsten Einfachzuckern zählen der Traubenzucker (Glucose) und der Fruchtzucker (Fructose). Während der Traubenzucker in zahlreichen Früchten vorkommt, ist der Fruchtzucker überwiegend in süßen Früchten zu finden. Beide werden also auch von Früchte fressenden Papageien aufgenommen.

Zu den Zweifachzuckern zählen zum Beispiel Rohr- und Rübenzucker (aus Trauben- und Fruchtzucker zusammengesetzt) sowie Malzzucker (Maltose) und Milchzucker (Lactose). Der Milchzucker kann offensichtlich nicht von den Vögeln verwertet werden, da diesen das Enzym Laktase zum Aufschließen dieses Zuckers fehlt. Nach AECKERLEIN (1986) sollen daher nicht eingewöhnte Loris mit Entzündungen des Magen-Darm-Traktes reagieren, wenn ihnen Muttermilch-Ersatzpräparate angeboten werden.

Zu den Vielfachzuckern mit Bedeutung für die Ernährung der Papageien zählt vor allem die Stärke. Sie ist das wichtigste Nahrungskohlenhydrat und in großen Mengen in den meisten Getreidekörnern zu finden. Stärke hat keine Süßkraft und ist in Wasser kaum löslich.

Alle Kohlenhydrate werden im Organismus in Einfachzucker umgewandelt und über das Blut zu den Körperzellen transportiert. Hier werden sie entweder gleich verbraucht (zur Wärme- und Energiegewinnung) oder, falls nicht sofort benötigt, in Glykogen umgewandelt. Bei besonders kohlenhydrahtreichem Futter können die Kohlenhydrate, wie schon erwähnt, auch in Fett umgewandelt werden. Dies ist besonders bei einer Käfighaltung zu beachten, wenn die Tiere an Bewegungsmangel leiden. – Darauf wird an anderer Stelle noch näher eingegangen.

4. Vitamine

Im Gegensatz zu den bisher besprochenen Proteinen, Fetten und Kohlenhydraten, die alle zu den so genannten Energie liefernden Nährstoffen zählen, gehören die Vitamine zu den nicht Energie liefernden Nährstoffen (Wirkstoffen). Sie sind lebensnotwendig für den Organismus und müssen ständig mit der Nahrung in reiner Form oder als umwandelbare Vorstufe der Vitamine, den so genannten Provitaminen, zugeführt werden. Sie sind also fast ausnahmslos essenziell und können vom Organismus nicht (bis auf das Vitamin C) oder nur in unzureichendem Maße gebildet werden.

Gegen Ende des letzten Jahrhunderts wurde durch Fütterungsversuche an Tieren festgestellt, dass diese bei einer mangelhaften Ernährung Wachstumsstörungen und andere Krankheitssymptome zeigten. Dabei fand man dann heraus, dass Vitamine unbedingt vonnöten sind, wenn sich die Tiere normal entwickeln und gesund bleiben sollen. Die dann nach und nach entdeckten Vitamine wurden aufgrund ihrer Löslichkeit in zwei Gruppen eingeteilt, die fettlöslichen und die wasserlöslichen Vitamine. Zu den fettlöslichen Vitaminen gehören die Vitamine A, D, E und K, zu den wasserlöslichen die Vitamine C, B_1, B_2, B_6, B_{12}, Biotin, Folsäure, Nicotinamid, Pantothensäure, Cholin, Meso-Inosit. Der Name Vitamin ist abgeleitet von Vita = Leben und Amin = Stickstoffverbindung, und die Bezeichnung mit Buchstaben stammt noch aus einer Zeit, in der wenig über chemische Strukturen bekannt war.

Mit dem Begriff Vitamine werden nicht die speziellen chemischen Substanzen zusammengefasst, sondern die biologische Wirkung bestimmter Substanzen. Diese biologischen Wirkungen sind im Organismus an vielen Stellen nachzuweisen, da die Vitamine für die optimale Ausnutzung der Nahrung und für den ungestörten Ablauf der Funktionen des gesamten Stoffwechsels notwen-

Gelbwangen-amazone

Weintrauben enthalten viel Vitamin C und werden gerne gefressen

dig sind. Ohne Vitamine kann es keine normalen chemischen Vorgänge in den Körperzellen geben. Trotzdem sind die benötigten Vitaminmengen recht gering, da sie im Zellstoffwechsel oftmals nur katalytische Funktionen haben. Daher kommt es in der Praxis auch nur selten zu einer so genannten Avitaminose, also zum völligen Fehlen eines Vitamins. Kommt es allerdings doch einmal zu einer Avitaminose, nimmt diese häufig einen tödlichen Verlauf. Diese Avitaminosen können aber nur bei einer extrem einseitigen und schlechten Ernährung über einen längeren Zeitraum auftreten, was aber wohl kaum in den Kreisen der verantwortungsbewussten Papageienhalter vorkommen dürfte.

Wesentlich häufiger kommt es dagegen zu den so genannten Hypovitaminosen, also zu einem Mangel eines oder mehrerer Vitamine. Dieser führt oftmals nach einiger Zeit zu Stoffwechselstörungen und dergleichen, was allerdings nicht immer auf Anhieb zu erkennen ist. Dies gilt besonders dann, wenn gleichzeitig Mangel an mehreren Vitaminen auftritt, wobei es zu unspezifischen Krankheitssymptomen kommt. Leiden aber Tiere unter Wachstums-, Mauser- und Befiederungsstörungen, Störungen der Fortpflanzungsfähigkeit, Anfälligkeiten für Krankheiten, Parasitenbefall oder einem allgemeinen Leistungsabfall, sollte auf jeden Fall die Vitaminversorgung optimiert werden.

Als dritte Möglichkeit gibt es noch die Hypervitaminose. Diese stellt eine Überdosierung bestimmter Vitamine dar, was aber nur bei den Vitaminen möglich ist, die im Körper gespeichert werden, also den fettlöslichen Vitaminen (A und D). Hierzu aber später mehr.

Selbstverständlich wird jeder Papageienhalter und -züchter versuchen, seine Tiere optimal mit Vitaminen zu versorgen, doch ist dieses gar nicht so einfach, wie man glauben möchte. Zum einen weiß eigentlich niemand so genau, wie viel der verschiedenen Vitamine täglich nötig ist, zum anderen ist es aber auch sehr schwierig, den genauen Vitamingehalt des angebotenen Futters zu ermitteln. Lediglich aus dem Gebiet der Massentierhaltung gibt es Richtwerte, die als Vergleich für die Papageien- und Sittichhaltung dienen könnten. Allerdings stehen bei der Massentierhaltung andere Interessen wie schnelles Wachstum und große Eiausbeute im Vordergrund, und diesen Tieren wird auch nur ein sehr kurzes Leben gegönnt. Der Hobbyhalter und -züchter hat aber normalerweise ganz andere Interessen. Seine Tiere sollen möglichst lange leben und brauchen auch keine vergleichbaren Höchstleistungen erbringen. Daher ist es sicherlich sinnvoll, für diese Tiere noch weitergehende Untersuchungen durchzuführen, um mehr über den tatsächlichen Vitaminbedarf zu erfahren.

Nach AECKERLEIN (1986) ist der Bedarf an Vitaminen (besonders an A, D_3 und B_2) für Zier- und

Stubenvögel besonders hoch, da diese einen hohen Stoffwechsel haben und die aufgenommene Nahrung sehr schnell den Darm passiert. Doch kann der Vitaminbedarf für die einzelnen Arten durchaus unterschiedlich sein, selbst die Individuen einer Art benötigen nicht unbedingt die gleiche Vitaminmenge. Aus diesem Grunde zeigen auch zum Beispiel bei einer Gruppenhaltung und gleichzeitiger schlechter Versorgung der Tiere nicht alle zur gleichen Zeit entsprechende Krankheitssymptome. Einige Papageien sind anscheinend sogar in der Lage, selbst das schlechteste Futter derartig zu verwerten, dass sie über Jahre auf den ersten Blick keine Mangelerscheinungen zeigen, während andere schon nach kurzer Zeit zu kränkeln beginnen.

Generell kann aber gesagt werden, dass der Vitaminbedarf eines Vogels abhängig von seiner derzeitigen Lebenssituation ist. So ist der Bedarf während einer Ruheperiode, in der keinerlei Belastungen wie Mauser, Brut, Wachstum oder auch Krankheit auftreten, mit Sicherheit wesentlich geringer als zu Zeiten einer gesteigerten Aktivität. Denn jede Erhöhung der Leistung eines Vogels geht einher mit einer Erhöhung des Stoffwechsels und damit auch mit einer Erhöhung der benötigten Nähr- und Wirkstoffe, also auch der Vitamine. So sollten Zuchttiere nur dann zur Zucht angesetzt werden, wenn sie sich in einer guten Kondition befinden. Gerade für die Eiproduktion ist eine ausreichende Vitaminversorgung des Weibchens besonders wichtig, da ein möglicher Mangel auch im Ei zu einer Mangelsituation führen wird, der dem Embryo eine optimale Entwicklung unmöglich macht und zum Tod führen kann oder zumindest den Schlupf des Kükens erschwert oder verhindert. Aber auch die Mauser kann einen Vogelorganismus schwer belasten. Eine Futterumstellung unmittelbar nach einer erfolgreichen Brut ist nicht ratsam, da viele Papageien anschließend gleich mausern. Erst wenn die Mauser abgeschlossen ist, sollte ein so genanntes Erhaltungsfutter verabreicht werden.

Nymphensittich

Gefiederverfärbungen wie die orangefarbenen Federn am Kopf dieses Nymphensittichs außerhalb des Wangenflecks können Anzeichen für eine Fehlernährung sein

Selbstverständlich dürfte auch sein, dass erkrankte Tiere, und zwar ganz besonders, wenn der Magen-Darm-Trakt in Mitleidenschaft gezogen ist, ebenfalls einen gesteigerten Vitaminbedarf haben. Hier reichen normalerweise einmalige Vitamingaben nicht aus, sondern erkrankten Tieren sollten bis über eine endgültige Genesung hinaus zusätzliche Vitamingaben verabreicht werden. Allerdings kann es sinnvoll sein, zu Beginn der Behandlung eine einmalige Gabe subcutan (d.h. unter die Haut) zu injizieren, da die Vitamine dadurch sehr schnell an die benötigten Stellen gelangen können. Dies gilt besonders für den Fall, wenn durch Krankheit die Resorption (Stoffaufnahme) im Darm gestört ist. Allerdings darf nur ein Fachmann (Tierarzt) derartige Injektionen durchführen. Da durch Antibiotika die Darmflora ebenfalls zerstört werden kann, sollte auch während und nach einer Behandlung die Vitaminversorgung optimiert werden.

Inhaltsstoffe der Nahrung

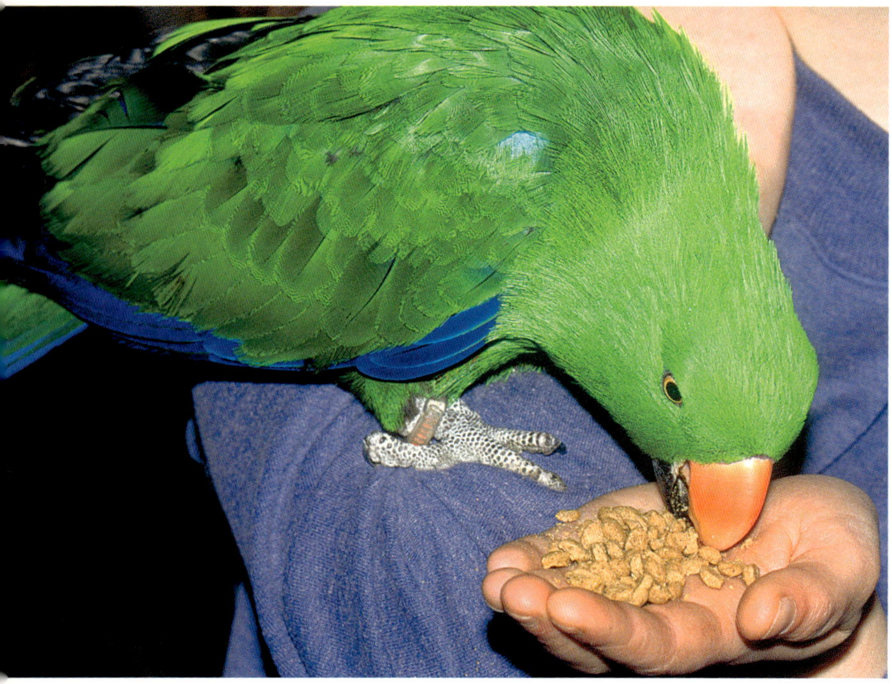

Edelpapagei

Wer ausschließlich Pellets verfüttert, braucht in der Regel keine Vitaminpräparate zusätzlich anzubieten

Wie schon erwähnt, können die fettlöslichen Vitamine A, D, E und K im Körper gespeichert werden. Dadurch können kurzzeitige Engpässe überbrückt werden, sofern genügend Vitamine gespeichert sind. Die übrigen Vitamine können nicht gespeichert werden und müssen (dem Bedarf gemäß) ständig zugeführt werden.

Die Versorgung mit den entsprechenden Vitaminen ist aber gar nicht so einfach. Generell kann gesagt werden, dass nur frische, nicht überlagerte Futtermittel die erwarteten Vitaminmengen erhalten, da viele Vitamine unter der Einwirkung von Licht und Sauerstoff zerfallen. Es kann also durchaus vorkommen, dass ein Tierhalter der festen Überzeugung ist, seinen Papageien alles Nötige zu geben und seine Tiere trotzdem nicht gut versorgt werden.

Ähnlich vorsichtig sollte man auch bei der Verabreichung synthetischer Vitamine sein. Auch diese zerfallen leicht unter der Einwirkung von Licht und Sauerstoff. Wenn man morgens seine Tiere füttert und das Futter dem Licht ausgesetzt ist, muss man damit rechnen, dass ein Teil der über das Futter gegebenen Vitamine schon nach kurzer Zeit zerfällt. Die Tiere sollten also die angebotenen synthetischen Vitamine möglichst schnell zu sich nehmen, damit eine gute Versorgung gewährleistet ist. Besonders eignen sich hierzu Leckerbissen der Papageien, die sofort aufgefressen werden. So bestreue ich gelegentlich aufgeschnittene Mandarinen oder Apfelsinenstückchen oder andere Leckerbissen mit den zu verabreichenden Vitaminen und reiche diese den Tieren. Von einer Gabe über das gesamte Futter halte ich aus den oben erwähnten Gründen nicht viel. Wer es trotzdem macht, sollte sich vergewissern, ob die Vitamine, zum Beispiel in Pulverform, tatsächlich am Futter haften bleiben und aufgenommen werden. Über das Trinkwasser verabreichte Vitaminpräparate können unter Lichteinfall ebenfalls sehr schnell zerfallen. Es sollte bei der Gabe synthetischer Vitamine immer berücksichtigt werden, dass diese eine unausgewogene Fütterung auf Dauer nicht korrigieren können.

Nun noch ein Wort zu einer möglichen Hypervitaminose, also einer Überdosierung von Vitaminen. Lange Zeit war ich der Meinung, gut (sprich: abwechslungsreich) gefütterte Papageien benötigten keine oder nur selten zusätzliche Vitamine, um auf Dauer gesund zu bleiben. Im Prinzip bin ich auch heute noch der gleichen Meinung, habe allerdings sehr häufig Papageien zu sehen bekommen, deren schlechtes Gefieder eindeutig auf einen Mangel an bestimmten Vitaminen hindeutete. Beim Betrachten des Futters dieser Tiere wurde mir auch sehr schnell klar, warum sie derartige Mangelzustände aufzuweisen hatten. Daher glaube ich heute, dass es sinnvoll ist, zumindest bei den Tieren, die kein aalglattes glänzendes Gefieder und häufiger Probleme mit der Gesundheit haben, das Futter verstärkt mit Vitaminen anzureichern.

Demgegenüber stehen Warnungen vor einer Überdosierung der Vitamine in der einschlägigen

Tabelle 1: Bezeichnung der Vitamine

Übliche Bezeichnung	Bezeichnung nach der Internationalen Union für reine und angewandte Chemie
Vitamin A	Retinol
Vitamin D_2	Ergocalciferol
Vitamin D_3	Cholecalciferol
Vitamin E	Tocopherole
Vitamin K	Phyllochinon
Vitamin B_1 (Aneurin)	Thiamin
Vitamin B_2 (Lactoflavin)	Riboflavin
Niacin (Nicotinsäure, Nicotinsäureamid)	Nicotinamid
Pyridoxon	Pyridoxol
Pantothensäure	Pantothensäure
Biotin	Biotin
Meso-Inosit	myo-Inosit
Cholin	Cholin
p-Aminobenzoesäure	p-Aminobenzoesäure
Folsäure (Pteroylglutaminsäure)	Folsäure
Vitamin B_{12}	Cobalamine
Vitamin C	Ascorbinsäure

Literatur. Da mir aber bislang kein derartiger Fall bekannt war, habe ich Nachforschungen bei verschiedenen Tierärzten und Tierkliniken angestellt. Ich bekam fast überall zur Antwort, dass Hypervitaminosen zumindest bei Krummschnäbeln seltener vorkommen, erschreckend hoch dagegen die Zahl der vorgestellten Tiere mit Erkrankungen ist, die eindeutig auf Vitaminmangel zurückzuführen sind. Wenn man sich also die vielen kranken Tiere betrachtet, deren Krankheitsursachen häufig in einem Vitaminmangel zu suchen sind, kann ich nur dringend dazu raten, die Versorgung der Tiere mit Vitaminen zu optimieren, auch dann, wenn die Halter dieses nur über die Zugabe von Vitaminpräparaten bewerkstelligen können. Eine Warnung vor zusätzlichen Vitamingaben birgt meiner Meinung nach die Gefahr, dass die Halter aus Angst vor den Auswirkungen auf Vitamingaben verzichten und dadurch weitere Mangelerscheinungen ihrer Tiere fördern. Wenn ich jetzt für eine Optimierung der Vitaminversorgung plädiere, bedeutet dies aber auf gar keinen Fall, dass die Vögel die Vitaminkonzentrate pur zu trinken bekommen sollen. Den Anweisungen der Hersteller ist unbedingt Folge zu leisten, und jeder Packung ist normalerweise eine Dosierungsanleitung beigefügt.

Wer seine Tiere überwiegend oder ausschließlich mit Pellets füttert, sollte dagegen keine weiteren Vitaminpräparate anbieten, da die Pellets in der Regel ausreichend mit Vitaminen versetzt sind.

Die wichtigsten Vitaminquellen sind zum einen pflanzliche Nahrungsmittel wie Obst, Gemüse und Getreide, zum anderen aber auch tierische Nahrungsquellen, wie Fleischprodukte.

Die Vitamine haben in verschiedenen Arbeitsbereichen leider auch verschiedenen Bezeichnungen. Zur genaueren Orientierung werden einige in der oben stehenden Tabelle aufgeführt.

4.1 Die fettlöslichen Vitamine

Die fettlöslichen Vitamine können generell im Organismus an dafür vorgesehenen Stellen gespeichert und somit kurzzeitige Mangelsituationen überbrückt werden.

4.1.1 Vitamin A

Vorkommen

Das Vitamin A ist ausschließlich in Futtermitteln tierischer Herkunft vorhanden, und zwar hauptsächlich in der Leber, aber auch im Eigelb und der Milch.

In Pflanzen ist kein Vitamin A enthalten, sondern lediglich das entsprechende Provitamin (Beta-Carotin), dieses allerdings in größeren Mengen. Ganz besonders die Grünpflanzen (10-200 mg/kg) und die gelb oder orange gefärbten Pflanzenteile enthalten das lebensnotwendige Beta-Carotin, was vom Vogel ohne weiteres mittels des Ferments Karotinase in Vitamin A umgewandelt werden kann. Das Beta-Carotin (und auch das Vitamin A) ist besonders empfindlich gegen Licht- und Sauerstoffeinwirkungen. Daher wird es bei zu langer Lagerung frischer Pflanzenteile leicht zerstört. Einen besonders hohen Beta-Carotin-Gehalt haben Karotten, Tomaten, Paprika, Hagebutten und besonders auch der Löwenzahn.

Da die Samen der Pflanzen dagegen nur einen geringen Anteil an Beta-Carotin aufweisen, führt eine ausschließliche Ernährung mit Sämereien mit großer Sicherheit zu einer Mangelsituation.

Aufgaben

Das Vitamin A hat ein sehr breites Wirkungsspektrum, wird aber besonders während des Wachstums benötigt. Auch die Haut und ganz besonders die Schleimhäute benötigen regelmäßigen Nachschub, um nicht geschädigt zu werden. Desgleichen gilt für das Sehvermögen der Tiere.

Mangelerscheinungen

Eine ständige Vitamin-A-Unterversorgung kann gravierende Auswirkungen auf die Gesundheit der Papageien und Sittiche haben, deren Zusammenhang vom Laien nicht immer gleich durchschaut wird. So wird sich zuerst eine allgemeine Abwehrschwäche bemerkbar machen, die die Tiere anfällig für unterschiedliche Krankheitserreger werden lässt. Im Vordergrund dürften hier wohl die Atemwegserkrankungen stehen (vergl. Dühr 1993). Eingeleitet werden diese durch Verhornungen in den Schleimhäuten an Speise- und Luftröhre, Zunge, Magen und auch an den Tränendrüsen (Schwellungen am Auge) und der Nasenschleimhaut. Gelegentlich schwillt auch die Speicheldrüse derartig an, dass dicke Wucherungen unterhalb des Schnabels zu sehen sind. Besonders die Graupapageien (*Psittacus erithacus*) zeigen häufig solche Symptome.

In die geschädigten Schleimhäute können nun alle möglichen Krankheitserreger eindringen, von denen besonders die Pilzsporen von großer Bedeutung sind, denn gerade diese breiten sich, wenn sie sich erst einmal festgesetzt haben, sehr schnell aus und beeinträchtigen dann die Gesundheit des Vogels. So sind meiner Meinung nach die meisten Pilzinfektionen der Atemwege auf einen Mangel an Vitamin A zurückzuführen. Eine gesunde Schleimhaut eines gesunden Vogels wird ohne Probleme mit den Angriffen der Pilzsporen fertig werden. Daher glaube ich, dass es nicht immer der richtige Weg ist, wenn Halter ihre Tiere vor den Pilzsporen schützen wollen, um eine Infektion zu verhindern. Sinnvoller erscheint es mir, die Gesundheit und damit eine Stärkung des Immunsystems der Tiere durch eine gesunde Ernährung und Haltung direkt zu fördern, damit es mit den Krankheitserregern ohne große Probleme fertig werden kann.

Weitere Anzeichen für einen Vitamin-A-Mangel können eine schlechte Fruchtbarkeit, geringe Schlupfrate und hohe Kükensterblichkeit sein.

Bedarf

Angaben über die Höhe des benötigten Tagesbedarfs sind recht schwierig, und so nennen verschiedene Autoren auch unterschiedliche Werte. So gibt DÜHR (1993a) einen Bedarf von 200-300 I.E. (Internationalen Einheiten) pro kg Körpergewicht an. Andere Autoren geben in der Regel nur an, wie viel Vitamin dem Futter oder Trinkwasser zugesetzt werden soll. Sie lassen dabei aber den schon vorhandenen Vitamingehalt des Futters außer Acht. So empfiehlt ZWART (1978) für Graupapageien einen Zusatz von 4000 I.E. pro Liter Trinkwasser bei einer täglichen Aufnahme der Tiere von 25 ml Wasser. RÜBEL und ISENBÜGEL (1985) empfehlen eine Dauergabe von 6000-8000 I.E. pro kg täglich, über das Futter verabreicht. Da aber die Wasseraufnahme und auch die Futteraufnahme großen Schwankungen unterliegen können, sind diese Angaben nur als Richtwerte zu verstehen.

Vor einer Überdosierung mit Vitamin A wird immer wieder gewarnt, allerdings muss dieses dann in derartig hohen Dosen (z.B. 500.000 I.E./kg Futter) verabreicht werden, wie es wohl unter normalen Bedingungen nur selten vorkommen dürfte. Dazu müssten schon ein bis zwei gehäufte Esslöffel des Pulvers eines hochkonzentrierten Präparates auf ein kg Futter täglich oder zumindest regelmäßig verabreicht werden. Derartige Mengen wird aber wohl kaum ein Halter seinen Tieren anbieten. Sollte es doch einmal zu einer längerfristigen Überdosierung kommen, ist diese an Knochenwachstumsstörungen zu erkennen.

Hinweise

Früher wurden häufig für die Vitamin-A-Versorgung Lebertran und Fischöle herangezogen. Da diese aber aufgrund der hohen Oxidationsneigung eine große Belastung für den Stoffwechsel bedeuten, werden sie heute kaum noch verwendet. Zu hohe Gaben an Leber- oder Fischtran können zum Beispiel sehr schnell die Leber in Mitleidenschaft ziehen. Eine derartig geschädigte Leber führt häufig zu einer Verfärbung des Gefieders (LOW 1983). So zeigen dann zum Beispiel Amazonen und Aras gelbe oder rote Federn, die nach einer Futterumstellung aber bei der nächsten Mauser in der Regel wieder verschwinden.

Kurze Engpässe in der Vitamin-A-Versorgung können ohne große Probleme von den Tieren überbrückt werden, da dieses Vitamin in der Leber gespeichert wird und dort einen Vorrat für notfalls einige Monate darstellt. Das bedeutet aber nicht, dass der Organismus nur sporadisch mit dem Provitamin oder Vitamin A versorgt werden muss, sondern es sollte schon regelmäßig geschehen.

Vitamin A ist licht- und luftempfindlich; das sollte besonders bei einer längeren Lagerung berücksichtigt werden.

Löwenzahn

Vitamin A kommt als Beta-Carotin in Pflanzen vor. Löwenzahn enthält viel Beta-Carotin.

4.1.2 Vitamin D

Vorkommen

Von Bedeutung für den Vogel ist eigentlich nur das Vitamin D_3, in ganz geringem Umfang auch noch das Vitamin D_2 (KOLB 1979). Die Vorstufe des Vitamins D_3 (7-Dehydrocholesterin) wird ausschließlich mit tierischen Produkten aufgenommen und unter Einfluss des Sonnenlichts (UV-Licht) unter der Haut in das Vitamin D_3 umgewandelt. Dies muss besonders bei den so genannten „Kellerpapageien" berücksichtigt werden, die vom Sonnenlicht völlig abgeschlossen sind.

Aufgaben

Vitamin D reguliert den Kalzium- und Phosphorstoffwechsel im Blutplasma und ist daher unbedingt erforderlich für eine gute Knochenbildung der Jungtiere. Beim Altvogel verhindert dieses Vitamin eine Knochenentkalkung (Osteomalazie). Auch bei der Eiproduktion spielt ein ausgewogener Vitamin-D_3-Haushalt eine wichtige Rolle.

Mangelerscheinungen

Da das Vitamin D die Aufnahme von Kalzium aus dem Darm regelt, kommt es bei einem Mangel sehr leicht zu einer Rachitis. Dies gilt ganz besonders für heranwachsende Jungvögel, deren Skelett noch aufgebaut werden muss. Ein Folge sind weiche Knochen, die sehr leicht verbiegen. Besonders anfällig sind die langen Röhrenknochen der Beine, die Wirbelsäule und das Becken. Damit einher gehen Wachstums- und Entwicklungsstörungen.

Beim Altvogel tritt, bedingt durch Vitamin-D-Mangel, eine so genannte Knochenentkalkung auf, das heißt, dem Knochen wird das Kalzium entzogen und er wird weich und spröde. Besonders schlimme Folgen kann es nach sich ziehen, wenn Weibchen gleichzeitig Eier produzieren, was den Knochen noch mehr Kalzium entzieht, da eine derartige Kalziummenge nicht in dieser kurzen Zeit mit dem Futter aufgenommen werden kann. Die Folge kann ein Zusammenbruch des gesamten Kalziumstoffwechsels sein, was anfangs Mattigkeit und später Lähmungen der Gliedmaßen zur Folge haben kann.

Weitere Kennzeichen einer Rachitis sind geschwollene Gelenke, die eine Bewegungsmüdigkeit nach sich ziehen, sowie Hocken auf den Fersengelenken.

Übrigens müssen auch die Embryonen während der Bebrütung unter einem Vitamin-D-Mangel des Weibchens leiden, da die Eischale dem Jungen vermutlich nicht genug Kalzium für eine normale Entwicklung zur Verfügung stellt. Die Folge ist eine erhöhte Sterblichkeit im Ei.

Bedarf

Der Vitamin-D_3-Bedarf der Papageien kann nur schwer abgeschätzt werden, da viele Faktoren berücksichtigt werden müssen. So sollten normalerweise Papageien und Sittiche, die ständig Zugang zu Freivolieren und somit zur Sonne haben und die regelmäßig Grünfutter zu sich nehmen, ohne zusätzliche Gaben von Vitamin D auskommen. Tiere, die dagegen überwiegend oder ausschließlich in Innenräumen gehalten werden, sind nicht in der Lage, ihren Vitamin-D-Bedarf aus eigenen Quellen zu decken, und sind auf zusätzliche Gaben angewiesen. Dabei wird für Vögel im allgemeinen von einem Bedarf von 500-1000 I.E./kg Futter ausgegangen (ROCHE 1980). DÜHR (1993a) gibt einen Tagesbedarf der Papageien von 10-15 I.E. pro kg Körpergewicht an. Vitamin D kann, ähnlich wie Vitamin A, überdosiert werden, allerdings weiß auch hier niemand so genau, wo die Grenzwerte für Papageien liegen. Anzeichen dafür sollen Kalziumablagerungen an den Organen, Blutgefäßen und Gelenken sein.

Hinweise

Die Knochenweiche kommt anscheinend besonders häufig bei Graupapageien und hier ganz besonders bei deren Nachzuchten vor. Dies wird nach FERGENBAUER-KIMMEL (1992) deutlich durch die rosige nackte Wangenhaut kurz vor und nach dem Ausfliegen der Jungtiere, deren vermehrte Durchblutung auf eine starke Aktivierung dieses Vitamins hindeutet. Ob es mit der häufig praktizierten Kellerhaltung dieser Tiere zusammenhängt oder ob andere Faktoren eine Rolle spielen, bedarf noch einer Klärung.

4.1.3 Vitamin E

Vorkommen

Vitamin E kommt in fast allen Nahrungsmitteln vor, besonders aber in jungen chlorophyllhaltigen (grünen) Pflanzenteilen und Getreidekeimen. Es gibt in der Natur insgesamt acht verschiedene Formen (vergl. HIMBERGEN 1992), für die Tierernährung spielt aber nur eines eine Rolle, das α-Tocopherol. Die Wirksamkeit der übrigen ist derartig gering, dass sie vernachlässigt werden können. Der Vitamin-E-Gehalt ist abhängig von dem Zustand des Futters, ganz besonders bei eingelagerten Produkten, da das Vitamin E leicht zerfällt.

Im tierischen Organismus wird Vitamin E in der Leber, Lunge, Milz, im Fettgewebe und in der Hypophyse gespeichert.

Aufgaben

Vitamin E hat im Körper mehrere Aufgaben zu erfüllen. Früher wurde es lediglich als fruchtbarkeitssteigerndes Vitamin angesehen. Es kann die Funktion der Hypophyse (Hirnanhangdrüse) beeinflussen, welche wiederum durch Hormonausschüttungen die Gonaden der Tiere aktivieren kann. Doch das Vitamin E hat, wie man heute weiß, ein wesentlich breiteres Wirkungsspektrum. So hat es große Bedeutung für den Fettstoffwechsel. Es bewahrt die ungesättigten Fettsäuren vor einer Zerstörung (Oxidationsschutz) und schützt somit Zellwände, Hormone und Enzyme, an deren Aufbau die Fettsäuren maßgeblich beteiligt sind. Daher ist der Bedarf an Vitamin E um so größer, je mehr ungesättigte Fettsäuren von den Tieren mit dem Futter aufgenommen werden. Vitamin E ist zusätzlich in der Lage, die Wirkung von Vitamin A zu verstärken. Wer also den Vitamin-A-Haushalt seiner Tiere optimieren möchte, muss auch für einen ausgeglichenen Vitamin-E-Gehalt in der Nahrung Sorge tragen.

Mangelerscheinungen

Ein Anzeichen für Vitamin-E-Mangel könnte eine verminderte Fruchtbarkeit der Vögel sein, allerdings gibt es noch sehr viele andere Faktoren, die die Fruchtbarkeit senken können. Übrigens fördern zusätzliche Vitamin-E-Gaben die Fruchtbarkeit nicht weiter, wenn der Vitamin-E-Gehalt im Körper ohnehin schon ausreichend ist.

„Kellerpapageien“

Bei Papageien, die keinem natürlichen Licht ausgesetzt sind, muss besonders auf die Vitamin-D-Versorgung geachtet werden

Wellensittiche mit Keimfutter

Grüne Pflanzen und Getreidekeime enthalten viel Vitamin E

Auch Schädigungen des Nervensystems und des Gehirns treten auf. Infolgedessen kommt es zu Bewegungsstörungen wie Verdrehen des Kopfes. Wenn die Beine davon betroffen sind, werden die Tiere stark behindert und sterben, sofern sie keine Hilfe bekommen.

Des Weiteren besteht bei Jungtieren noch die Möglichkeit einer Muskeldystrophie (Ernährungsstörung), wenn sie zu wenig hochwertiges (tierisches) Eiweiß zu fressen bekommen. Hiervon könne nach HIMBERGEN (1992) auch der Muskelmagen betroffen sein. Daher muss jeder Züchter ein besonderes Augenmerk auf sein Aufzuchtfutter richten. Dieses sollte hochwertiges Eiweiß enthalten und auf keinen Fall billiges, aus pflanzlichen Abfallprodukten oder Tierhaaren hergestelltes Eiweiß.

Bedarf

DÜHR (1993a) gibt einen Tagesbedarf von 1-2 mg/kg Körpergewicht an. Ansonsten gibt es nur Richtwerte für Geflügel, für die ein Bedarf von 10-20 mg/kg Futter genannt wird (ROCHE 1980).

Hinweise

Von verschiedenen Züchtern ist mir berichtet worden, dass einige Papageien (besonders Amazonen) nach einer zusätzlichen Gabe von Vitamin E zu rupfen begannen.

Vitamin E ist sehr empfindlich und wird bei direktem Lichteinfall sehr schnell zerstört. Soll es also zusätzlich zum Futter verabreicht werden, ist darauf zu achten, dass es von den Tieren sehr schnell aufgenommen wird, um seine Wirkung nicht zu verlieren.

4.1.4 Vitamin K

Vorkommen

Das Vitamin K kommt in der Natur in zwei Formen vor, dem K_1 und K_2, allerdings spielt das Vitamin K_2 für den Vogel nur eine untergeordnete Rolle. Es wird im Darm mittels Mikroorganismen gebildet, jedoch nur in geringem Umfang. Daher ist das in Pflanzen vorhandene Vitamin K für Vögel von entscheidener Bedeutung. Es muss also ständig von außen neu zugeführt werden.

Aufgaben

Das Vitamin K kann beim Vogel in der Leber gespeichert werden und ist für eine störungsfreie Blutgerinnung unentbehrlich. Es fördert die Bildung des Prothrombins und anderer Gerinnungsfaktoren.

Mangelerscheinungen

Bedingt durch Vitamin-K-Mangel wird die Gerinnungsfähigkeit des Blutes herabgesetzt, was schon bei kleineren Verletzungen ausgesprochen starke Blutungen verursachen kann. Besonders tragisch enden häufig innere Blutungen, die in der Regel nicht oder viel zu spät erkannt werden.

Ebenfalls soll die Jungensterblichkeit bei Vitamin-K-Mangel erhöht sein.

Bedarf

Im Normalfall wird der tägliche Bedarf durch das angebotene Futter gedeckt. In bestimmten Situationen, wie zum Beispiel bei Antibiotikabehandlungen, wird allerdings die Darmflora geschädigt und eine Vitamin-K_2-Synthese über Darmbakterien verhindert. Daher sollte bis zur Genesung dem Futter Vitamin K zugefügt werden. WACHENDÖRFER et al. (1982) stellten einen erhöhten Bedarf bei einer Psittacose-Erkrankung fest.

Hinweise auf den Vitamin-K-Bedarf liegen für das Hausgeflügel vor, und diese wird mit 1,5-2 mg/kg Futter angegeben (ROCHE 1980). Dühr (1993a) gibt eine Zugabe von 2-8 mg/kg Futter an.

Hinweise

Einen besonders hohen Vitamin-K-Bedarf haben vermutlich die Feigenpapageien der Gattung *Psittaculirostris*. Diese ernähren sich im Freiland hauptsächlich von Vitamin-K-haltigen Früchten wie Feigen und dergleichen. Bei diesen Tieren kam es in der Obhut des Menschen immer wieder zu Todesfällen, bei denen eine innere Verblutung diagnostiziert wurde (FERGENBAUER-KIMMEL 1992, AECKERLEIN 1986). Allerdings führt MÜLLER (1996) an, dass die Sterblichkeit der Alttiere nach zusätzlichen Vitamin-K-Gaben nicht nennenswert zurückging, sondern erst, nachdem den Tieren zusätzlich ein Aminosäurepräparat über das Futter verabreicht worden war.

Ein Vitamin-K-Mangel kann möglicherweise auch an einer vermehrten Aufnahme des eigenen Kotes festgestellt werden, da der ausgeschiedene Kot viel Vitamin K enthält, sofern keine Erkrankungen des Darms vorliegen.

Vitamin K ist sehr lichtempfindlich, was bei der Lagerung zu beachten ist.

4.2 Die wasserlöslichen Vitamine

Die wasserlöslichen Vitamine können nicht im Organismus gespeichert werden und müssen daher ständig von außen zugeführt werden. Sie können aber auch nicht überdosiert werden, da die Überschüsse sogleich wieder ausgeschieden werden.

4.2.1 Vitamin-B-Komplex

Die Gruppe der Vitamine des B-Komplexes setzt sich aus neun wasserlöslichen Verbindungen sehr unterschiedlicher Struktur zusammen. Für den Tierhalter ist von Bedeutung, dass diese Vitamine bei einem Einsatz von Medikamenten wie Antibiotika oder Sulfonamide sehr schnell in Mitleidenschaft gezogen werden. Im Falle einer Behandlung Ihrer Vögel mit diesen Medikamenten sollte also Vitamin B in erhöhtem Maße von außen zugeführt werden.

Vitamin B_1

Vorkommen

Vitamin B_1 ist in der Regel in den meisten pflanzlichen und tierischen Nahrungsmitteln in ausreichendem Maße enthalten, besonders jedoch in Hülsenfrüchten, Samenkeimen, Hefen und Nüssen.

Aufgaben

Vitamin B_1 ist für die Funktion des Nervensystems mitverantwortlich. Auch das einwandfreie Arbeiten des Verdauungstraktes und ganz besonders der Kohlenhydratstoffwechsel sind abhängig von einer ausreichenden Menge an Vitamin B_1. Dies bedeutet, je mehr Kohlenhydrate verfüttert werden, desto höher ist der Bedarf an Vitamin B_1.

Mangelerscheinungen

Es können Beeinträchtigungen der Bewegung, Krämpfe und Lähmungen auftreten; sehr auffällig ist dabei ein nach rückwärts verdrehter Kopf.

Bedarf

Mangelerscheinungen sind recht selten zu beobachten, da der Vitamin-B_1-Bedarf bei einer abwechslungsreichen Fütterung immer gedeckt sein dürfte. Lediglich bei einer sehr schlechten oder extrem kohlenhydrathaltigen Ernährung kann eine Mangelsituation entstehen. In solchen Fällen, bei Krankheit oder besonderen Belastungen kann zusätzlich ein Vitamin-B-Präparat verabreicht werden. Nach DÜHR (1993a) reicht eine Gabe von 2-8 mg/kg Futter.

Hinweise

Vitamin B_1 ist empfindlich gegenüber Hitze, Licht und Luft. So gehen zum Beispiel beim Trocknen von Früchten zwischen 30-50 % des Vitamin B_1 verloren. Auch ein längeres Wässern von Gemüse und Obst führt zu Verlusten.

Vitamin B_2

Vorkommen

Vitamin B_2 kommt besonders in Futtermitteln tierischer Herkunft sowie in grünen Pflanzenteilen, Getreidekeimen und Hefen vor.

Aufgaben

Vitamin B_2 ist Bestandteil vieler Enzyme und hat somit große Bedeutung für den gesamten Stoffwechsel, insbesondere für die Energiegewinnung. Zudem wirkt es als Wachstumsfaktor und ist für den Aufbau des roten Blutfarbstoffs (Hämoglobin) wichtig.

Nüsse enthalten viel Vitamin B_1, aber auch viel Fett

Mangelerscheinungen

Ein Mangel an Vitamin B_2 kann eine schlechte Futterverwertung, Wachstumsstörungen, Befiederungsstörungen und Lähmungen (Verkrampfen der Zehen zur so genannten Faust) verursachen. Typisch ist auch das Absterben der Embryonen im Ei sowie eine hohe Todesrate der Küken nach dem Schlupf.

Bedarf

Bei einer guten Versorgung der Tiere ist ein Vitamin-B_2-Mangel eigentlich nicht zu erwarten. Nach DÜHR (1993a) sollte das Futter in Mangelsituationen mit 4-8 mg pro kg Futter versetzt werden.

Hinweise

Besonders vor und während der Zucht sollte auf eine optimale Vitamin-B_2-Versorgung geachtet werden, da hiervon der Zuchterfolg entscheidend abhängen kann.

Vitamin B_6

Vorkommen

Vitamin B_6 ist in vielen Futtermitteln enthalten, besonders aber in Getreidekeimen, Grünfutter und Hefe.

Aufgaben

Vitamin B_6 regelt in erster Linie den Eiweißstoffwechsel und beeinflusst daher auch den Energieumsatz. Vitamin B_6 kann das Körpergewicht regeln, da es für die Synthese der Fette benötigt wird. Des Weiteren ist es an der Bildung des roten Blutfarbstoffes beteiligt.

Mangelerscheinungen

Vitamin B_6-Mangel kann sich auf vielerlei Arten bemerkbar machen, da das Vitamin B_6 an vielen lebenserhaltenden Prozessen beteiligt ist. Es meistens zuerst ein leichter Gewichtsrückgang oder bei Jungtieren Wachstums- und Entwicklungsstörungen zu erkennen. Ein typisches Zeichen für Vitamin B_6-Mangel sind Störungen des Zentralnervensystems, was sich in Übererregbarkeit, Schräghalten des Kopfes sowie Krämpfen zeigen kann.

Bei Hühnervögeln wurde ein durch Vitamin B_6-Mangel ausgelöstes verstärktes Federpicken beobachtet. Ob dies auch auf Papageien zutrifft, ist bislang noch nicht geklärt. Die Fruchtbarkeit und ganz besonders die Schlupffähigkeit der Küken wird ebenfalls durch das Vitamin B_6 stark beeinflusst. Daher sollte ganz besonders vor der Brut auf eine optimale Versorgung geachtet werden.

Rupfende Rosakakadus

Es wird diskutiert, ob Vitamin-B_6-Mangel eine Ursache des Federrupfens sein könnte

Bedarf

Der Vitamin-B_6-Bedarf wird von DÜHR (1993) mit 3-8 mg/kg Futter angegeben. Hierbei ist aber zu berücksichtigen, dass bei erhöhter Eiweißfütterung der Vitamin B_6-Bedarf stark ansteigen kann.

Hinweise

Vitamin B_6 ist sehr licht- und hitzeempfindlich.

Vitamin B_{12}

Vorkommen

Das Vitamin B_{12} ist in Grünpflanzen nicht enthalten, sondern wird ausschließlich von Mikroorganismen gebildet und kommt daher auch nur in tierischen Futtermitteln vor. Es wird in allen Organen und Geweben eingelagert.

Hellrote Aras

Vitamin-B_{12} ist bei allen Wachstumsprozessen wichtig

Aufgaben

Vitamin B_{12} ist wichtig für die Blutbildung und den Stoffwechsel. Es ist maßgeblich am Aufbau der Zellkernsubstanz beteiligt und daher für alle Wachstumsvorgänge unentbehrlich. Es fördert ebenfalls die Futterverwertung bei proteinarmer Ernährung.

Mangelerscheinungen

Bei einem Vitamin-B_{12}-Mangel kann es zu Veränderungen des Blutbildes kommen. Sichtbare Anzeichen eines Mangels können Befiederungsstörungen, Störungen des Mauserablaufes, Hautveränderungen sowie allgemeine Wachstums- und Entwicklungsstörungen sein. Während der Brut können Schlupfprobleme sowie eine erhöhte Sterblichkeit der Küken auftreten. Die Schlupfrate kann drastisch absinken (unter 50 %), und selbst die geschlüpften Küken können Deformationen der Gliedmaßen sowie Leber-, Herz- und Nierenverfettungen aufweisen.

Bedarf

Der tägliche Bedarf wird von DÜHR (1993) mit 0,01-0,03 mg/kg Futter angegeben.

Hinweise

Wie die meisten Vögel sind Papageien in der Lage, mittels eigener Darmbakterien Vitamin B_{12} zu produzieren, allerdings verhindert die schnelle Darmpassage der Vögel die rechtzeitige Aufnahme. Somit wird der größte Anteil wieder mit dem Kot ausgeschieden. Durch Fressen des eigenen Kotes können die Vögel aber trotzdem die B_{12}-Vitamine nutzen, da diese bei der zweiten Darmpassage vollständig aufgenommen werden können. Aus diesem Grunde sollte das Papageiengehege so gestaltet werden, dass die Tiere ihren eigenen Kot erreichen können, ohne allerdings ständigen Kontakt mit diesem haben zu müssen.

4.2.2 Biotin

Vorkommen

Biotin ist in vielen Futtermitteln enthalten, besonders aber im Getreide und in Hefe. Ein Teil kann wiederum vom Vogel durch die entsprechenden Darmbakterien eigenständig produziert werden.

Aufgaben

Biotin fördert den Stoffwechsel im Organismus, hierbei besonders die Proteinsynthese und den Kohlenhydratstoffwechsel.

Mangelerscheinungen

Biotin-Mangel ruft Hautveränderungen hervor, die beim Vogel durch borkige Ablagerungen oder Risse an Schnabel und Füßen sichtbar werden. Des weiteren können allgemeine Wachstums-

und Befiederungsstörungen auftreten. Charakteristisch hierfür ist zum Beispiel das Steckenbleiben der Federn in ihrer Hülle. Die Embryonensterblichkeit kann bei Biotin-Mangel ebenfalls ansteigen.

Bedarf

DÜHR (1993) gibt einen Tagesbedarf von 0,1-0,3 mg/kg Futter an.

Hinweise

Die Biotinversorgung kann durch ranzige Fette im Futter, aber auch durch einen hohen Anteil an ungesättigten Fettsäuren beeinträchtigt werden. Ebenso kann Avidin, ein Protein im Eiklar, die Resorption (Aufnahme) des Biotins stören.

Wie bei allen Vitaminen, die durch Bakterien im Darm gebildet werden können, haben Antibiotika- und Sulfonamidgaben negativen Einfluss auf deren Bildung, da die Bakterien ebenfalls mit abgetötet werden können. Während der Behandlungsphasen sollten also die entsprechenden Vitamine vermehrt zugeführt werden.

4.2.3 Folsäure

Vorkommen

Folsäure ist in fast allen Futtermitteln zu finden. Einen besonders hohen Gehalt weisen Sojabohnen, Weizenkeime, grünes Gemüse und Bierhefen auf.

Aufgaben

Folsäure spielt im Stoffwechsel eine große Rolle, außerdem wirkt sie bei der Blutbildung mit. Weiterhin ist sie wichtig für das Immunsystem, indem sie die Antikörperbildung fördert. Ansonsten ist sie für die Aufrechterhaltung der Schleimhautfunktion im Verdauungssystem von Bedeutung.

Mangelerscheinungen

Ein Folsäure-Mangel ruft ebenfalls Wachstums- sowie Befiederungsstörungen hervor. Deutlich werden kann dieses durch Farbveränderungen des Gefieders. Weiterhin kann die Embryonensterblichkeit steigen und die Schlupfrate sinken.

Bedarf

Der Tagesbedarf soll nach DÜHR (1993) bei 0,5-1 mg/kg Futter liegen.

Hinweise

Folsäure ist hitze- und lichtempfindlich.

4.2.4 Nikotinsäure

Vorkommen

Gute Nikotinsäurelieferanten sind Getreide, Obst, Gemüse und Hefen. Der Nikotinsäurebedarf kann zu einem großen Teil durch den Abbau der Aminosäure Tryptophan gedeckt werden.

Aufgaben

Die Nikotinsäure ist Bestandteil vieler Enzyme und spielt für den Ab- und Aufbau von Kohlenhydraten, Fetten und Eiweißen eine große Rolle. Auch die Funktion des Nervensystems und der Haut ist abhängig von der Nikotinsäure.

Mangelerscheinungen

Nikotinsäure-Mangel macht sich durch Wachstums- und Befiederungsstörungen, Hauterkrankungen und Fruchtbarkeitsstörungen bemerkbar.

Bedarf

Der Nikotinsäure-Bedarf wird von DÜHR (1993) mit 20-70 mg/kg Futter angegeben.

Hinweise:

Bei einer einseitigen Maisfütterung kann es zu einem Nikotinsäure-Mangel kommen, da Mais einen sehr geringen Gehalt an Nikotinsäure besitzt und gleichzeitig auch arm an Tryptophan ist.

Nikotinsäuren sind lichtempfindlich.

4.2.5 Pantothensäure

Vorkommen

Pantothensäure kommt in fast allen Futtermitteln vor, besonders aber in Grünpflanzen, Hefe und in tierischen Organen wie Leber und Niere (pantothen kommt aus dem Griechischen und bedeutet: von allen Orten her).

Aufgaben

Die Pantothensäure ist ein Bestandteil des Koenzyms A und damit für den Stoffwechsel der Kohlenhydrate und Fette von Bedeutung. Weiterhin ist es wichtig für die Haut und die Schleimhäute.

Mangelerscheinungen

Ein Pantothensäure-Mangel ruft Wachstumsstörungen, eine Verringerung der Widerstandskräfte sowie Fruchtbarkeitsstörungen hervor. Außerdem bewirkt ein Pantothensäure-Mangel eine erhöhte Embryonensterblichkeit. Sichtbare Zeichen können Gefieder- und Mauserstörungen sein; außerdem treten Veränderungen der Haut, besonders am Schnabel und an den Augenlidern, auf.

Bedarf

Der Bedarf liegt bei ca. 10-20 mg/kg Futter (DÜHR 1993).

4.2.6 Cholin

Vorkommen

Cholin kommt in vielen Futtermitteln vor, vor allem aber in Hefe und tierischen Eiweißen.

Aufgaben

Im Organismus ist es an vielen Stoffwechselfunktionen wie zum Beispiel dem Fettstoffwechsel beteiligt.

Mangelerscheinungen

Ein Cholin-Mangel kann zu einem ungenügenden Fettabbau (z.B. in der Leber) und somit zu Funktionsstörungen führen. Eine weitere Folge können Wachstumsstörungen sein.

Bedarf

DÜHR (1993) gibt den Bedarf mit 800-1000 mg/kg Futter an.

Hinweise

Cholin hat nicht die Bedeutung anderer Vitamine für den Vogel, da es durch Methionin, Folsäure und Vitamin B_{12} ersetzt werden kann. In den ersten Lebenswochen sind junge Papageien noch nicht in der Lage, ausreichend Cholin eigenständig zu synthetisieren, daher ist während dieser Zeit eine ausreichende Versorgung mit Cholin von Bedeutung.

4.2.7 Meso-Inosit

Vorkommen

Meso-Inosit kommt in vielen pflanzlichen (besonders im Getreide) und tierischen Geweben vor.

Aufgaben

Meso-Inosit ist für das Wachstum von Bedeutung; außerdem ist es wichtig für den Transport der Fettsäuren im Organismus.

Mangelerscheinungen

In einer Mangelsituation kann es zu einer Leberverfettung und zu Fortpflanzungsstörungen kommen.

Hinweise

Das Meso-Inosit kann normalerweise von ausgewachsenen Vögeln ausreichend aus der aufgenommenen Nahrung gebildet werden, lediglich Jungvögel sind, ähnlich wie beim Cholin, noch nicht in der Lage, ausreichend Meso-Inosit zu bilden. Daher sollte während der Aufzucht auf eine ausreichende Versorgung mit Meso-Inosit geachtet werden.

4.2.8 Vitamin C

Vorkommen

Vitamin C kommt in allen Gemüse- und Obstsorten vor; einen besonders hohen Gehalt haben bekanntlich die Zitrusfrüchte, aber auch schwarze Johannisbeeren, Hagebutten, Paprikaschoten und Kartoffeln verfügen über einen hohen Vitamin-C-Gehalt. Tierisches Gewebe hat lediglich eine geringe Speicherwirkung.

Aufgaben

Vitamin C ist für die Bildung, aber auch für den Stoffwechsel des Bindegewebes von großer Bedeutung, fördert die Knochen- und Blutbildung und beeinflusst die Zellatmung und die Hormonbildung. Es stärkt das Immunsystem und hilft somit auch beim Vogel, Infektionskrankheiten abzuwehren.

Sanddorn

Sanddornbeeren sind reich an Vitamin C

Mangelerscheinungen

Beim Vogel kann es in Stress-Situationen (Krankheit, Transport, falsche Unterbringung usw.) zu einem Vitamin-C-Mangel kommen, da in diesen Fällen die Eigensynthese beeinträchtigt sein kann.

Vitamin-C-Mangel verursacht Fruchtbarkeitsstörungen und vermindert die Abwehrkraft.

Bedarf

Mit der Aufnahme des Futters wird der Vitamin-C-Bedarf eines Vogels gedeckt, sofern es einigermaßen abwechslungsreich ist. Vögel sind nämlich in der Lage, mittels der notwendigen Enzyme das Vitamin C aus Glucose eigenständig zu synthetisieren. Lediglich in Stress-Situationen empfiehlt sich eine Optimierung der Vitamin-C-Versorgung durch Gabe geeigneter Präparate.

Hinweise

Vitamin C ist sehr hitze- und lichtempfindlich, aber auch Sauerstoff und Feuchtigkeit können es zerstören. Daher kann Vitamin C nur sehr schlecht gelagert werden. – Tabelle 2 fasst das Wichtigste über Vitamine zusammen.

Tabelle 2: Das Wichtigste über Vitamine im Überblick

Vitamin	Funktion/Bedeutung	Mangelerscheinungen	Vorkommen
A	fördert Schleimhautbildung, Schutz der Sinnesorgane (Augen), fördert das Wachstum	Wachstumsstörungen, Schwächung der Abwehrkräfte und Schleimhäute	in Futtermitteln tierischer Herkunft
Provitamin A	wird in Vitamin A umgewandelt, Farbstoff		in Grünpflanzen, Karotten
D	Regulierung des Kalzium- und Phosphorstoffwechsels	Rachitis, Knochenentkalkung, Missbildungen der Eischale	als Vorstufe in Futtermitteln tierischer Herkunft
E	nimmt Einfluss auf den Gesamtstoffwechsel, Schutzfunktionen für andere Wirkstoffe, fördert die Funktion des Nervensystems, der Muskulatur und der Reproduktionsorgane	Infektionskrankheiten, Veränderungen an Muskulatur, Gewebe und Gefäßen, Unfruchtbarkeit	in Grünpflanzen, Getreidekeimen
K	fördert die Blutgerinnung	Störungen der Blutgerinnung	K_1 in Grünpflanzen, K_2 von Mikroorganismen im Darm gebildet
C	fördert die Bildung und den Stoffwechsel des Bindegewebes, ist beteiligt an der Bildung von Hormonen und der Zellatmung	Störungen des Allgemeinbefindens	in Grünpflanzen, Früchten, Gemüse,
B_1	fördert die Funktion des Nervensystems, des Verdauungstrakts und des Kohlenhydratstoffwechsels	allgemeine Schwäche, geringe Futteraufnahme, nervöse Störungen, Störungen des Blut- und Kreislaufs	in tierischen und pflanzlichen Futtermitteln

Fortsetzung Tabelle 2: Das Wichtigste über Vitamine im Überblick

Vitamin	Funktion/Bedeutung	Mangelerscheinungen	Vorkommen
B_2	fördert den Zellstoffwechsel und die Schlupffähigkeit der Küken	Faustbildung, schlechter Allgemeinzustand, verminderte Schlupffähigkeit	in tierischen u. pflanzlichen Futtermitteln, Grünfutter, Hefe,
B_6	regelt den Eiweißstoffwechsel und die Synthese der Fette	Übererregbarkeit, Schrägdrehen des Kopfes, Krämpfe	in tierischen und pflanzlichen Futtermitteln
B_{12}	fördert Stoffwechselvorgänge, erhöht die Schlupfrate	reduzierte Schlupfrate, schlechtes Blutbild, Hautentzündungen, geschädigte Schleimhäute	in tierischen Proteinen
Biotin	fördert Stoffwechselfunktionen, besonders die Proteinsynthese und den Kohlenhydratstoffwechsel	Borken an Zehen und Schnabel, Hautveränderungen	in tierischen und pflanzlichen Futtermitteln
Folsäure	fördert den Eiweißstoffwechsel, regelt die Schleimhautfunktion im Verdauungstrakt, fördert den Aufbau der roten Blutkörperchen und die Antikörperbildung	Wachstumsstörungen, struppiges Federkleid, Fortpflanzungsstörungen, geringe Schlupfrate	in allen Futtermitteln
Nikotinsäure	fördert den Stoffwechsel und das Wachstum	Stoffwechselstörungen, Hauterkrankungen	in Pflanzen
Pantothensäure	fördert den Stoffwechsel der Kohlenhydrate und Fette	Schwächung des Immunsystems, Schädigung der Schleimhäute	in allen Futtermitteln, besonders in Grünpflanzen
Cholin	fördert den Fettstoffwechsel	Wachstumshemmung	in allen Futtermitteln

5. Mineralstoffe

Neben den bisher besprochenen Nähr- und Wirkstoffen gibt es noch eine große Wirkstoffgruppe, die für den Aufbau und die Funktion des Vogelkörpers unentbehrlich ist. Gemeint sind die Mineralstoffe. Im Gegensatz zu den vorherigen Gruppen, die alle zu den organischen Substanzen gehören, zählen die Mineralstoffe ebenso wie das Wasser zu den anorganischen Stoffen. Die anorganischen Substanzen bleiben als Asche zurück, wenn man einen toten Vogel verbrennt. Die Asche entspricht ungefähr 5 % des ursprünglichen Gewichtes des Vogels, also entspricht der Anteil der Mineralstoffe beim lebenden Vogel ebenfalls ca. 5 % (AECKERLEIN 1986).

Obwohl über die Funktion der Mineralien im Vogelkörper immer noch wenig bekannt ist (BEZZEL & PRINZINGER 1990), kann mit Sicherheit gesagt werden, dass Mangelzustände erhebliche Auswirkungen auf die Gesundheit der Tiere haben. Ohne eine ausreichende Mineralstoffversorgung sind lebenswichtige Stoffwechselvorgänge nicht möglich. Die Mineralien sind essenziell; da sie aber mit dem Kot und der Harnsäure ausgeschieden werden, müssen sie regelmäßig mit dem Futter dem Organismus wieder zugeführt werden. Aber nicht alle anorganischen Substanzen werden in gleichen Mengen benötigt. Daher werden sie in die so genannten Mengen- und Spurenelemente eingeteilt. Nach LANG (1979) zählen zu den Mengenelementen Natrium, Chlorid, Kalium, Magnesium, Kalzium, Schwefel und Phosphor. Zu den Spurenelementen zählen Eisen, Fluor, Zink, Silizium, Kupfer, Vanadium, Zinn, Selen, Mangan, Jod, Nickel, Molybdän, Chrom und Kobalt.

Die Mineralstoffe übernehmen im Vogelkörper eine Reihe von lebenswichtigen Aufgaben wie zum Beispiel den Aufbau und Erhalt der Knochen, die Regelung der Druckverhältnisse der verschiedenen Körpersäfte, die Schaffung bestimmter Löslichkeitsbedingungen, und nicht zuletzt wirken sie zusammen mit verschiedenen Vitaminen bei zahlreichen Stoffwechselvorgängen mit.

Wie schon erwähnt, sind die Mineralstoffe essenziell und dürfen daher nicht in der Nahrung fehlen. Allerdings können die meisten Elemente im Organismus gespeichert und somit kurze Engpässe in der Versorgung überbrückt werden. So dienen zum Beispiel die Knochen als Kalziumspeicher. Dieses erleichtert die optimale Versorgung der Papageien etwas, da nicht täglich die benötigten Mengen zugeführt werden müssen. Das ist auch kaum durchzuführen, weil der Bedarf in Abhängigkeit von der Belastung der Tiere (Mauser, Brut) starken Schwankungen unterliegt. Wichtig ist jedoch, dass alle benötigten Elemente, über einen längeren Zeitraum gesehen, von den Tieren aufgenommen werden können. Daher ist es sinnvoll, den Papageien ständig eine entsprechende Mischung anzubieten, und zwar nicht über das Futter, sondern in einem Extranapf (hierzu später mehr). Im weitesten Sinne können die in diesen Mischungen enthaltenen Magensteinchen (Grit) auch noch mit zu den Mineralstoffen gezählt werden, allerdings übernehmen diese im Organismus nur eine mechanische Funktion (Zerkleinerung der Nahrung im Muskelmagen) und bilden somit eine Außenseiterposition.

Auch die Papageien im Freiland nehmen regelmäßig Mineralstoffe auf. Sie suchen dazu den Boden auf, und zwar vor allem dort, wo mineralhaltige Erde zutage tritt. Besonders bekannt sind hierfür die Steilhänge entlang der Flüsse im Amazonasgebiet. An diesen so genannten „Barreiros“ können riesige Schwärme Papageien beobachtet werden, die dort zu bestimmten Zeiten lehmhaltige Erde fressen (MUNN 1992). Allerdings nehmen die Papageien dort die lehmhaltige Erde anscheinend nicht nur auf, um ihren Mineralstoffbedarf zu decken, sondern auch, um ihren Körper mittels dieser Erde zu entgiften. Doch dazu später mehr.

Die Papageien sind also offenbar in der Lage, der Situation entsprechend zu reagieren und im Bedarfsfall eigenständig die erforderlichen Nahrungsbestandteile zu sich zu nehmen. Daher sollten, wie schon erwähnt, entsprechende Mineralstoffmischungen ständig zur Verfügung stehen.

5.1 Die Mengenelemente

5.1.1 Kalzium (Ca)

Wenn von Mineralstoffen die Rede ist, fällt den meisten Papageienhaltern vermutlich zuerst der Begriff Kalk ein, gemeint ist damit aber in der Regel das Kalzium. In der Tat gehört es zu den Substanzen, die in größeren Mengen vom Organismus benötigt werden, wo es zu ca. 99 % an das Skelett der Tiere gebunden ist. Außer für den Skelettaufbau wird Kalzium aber auch noch für die Blutgerinnung, die Aktivitäten der Muskeln und Nerven und für die Enzymaktivität benötigt.

Wenn man sich den hohen Kalziumgehalt der Knochen anschaut, wird sofort klar, dass während der Wachstumsphase der Jungtiere ein enormer Bedarf an Kalzium besteht, da ja das ganze Skelett erst aufgebaut werden muss. Aber auch die Eibildung erfordert einen großen Bedarf an Kalzium, um die Eischale in erforderlichem Maße bilden zu können. Nach AECKERLEIN (1986) benötigt zum Beispiel ein Huhn für die Erzeugung eines Eies ca. 2 g Kalzium. Steht diese Menge nicht zur Verfügung, ist anfangs mit einer dünneren Eischale und bei größerem Mangel mit so genannten Windeiern und später mit einer Einstellung der Eiproduktion zu rechnen. Wellensittiche benötigen nach NOTT und TAYLOR (1993) einen Kalkgehalt von 3-4 g Ca pro kg Futter, um Eier mit einer stabilen Schale legen zu können.

Wie schon erwähnt, dienen die Knochen als Kalziumspeicher, der in Zeiten eines erhöhten Bedarfs angegriffen werden kann. Dies geschieht zum Beispiel dann, wenn der Kalziumgehalt im

Prachtamazone

Eine gute Ernährung ist die Voraussetzung für ein schönes Gefieder

Blut zu sehr sinkt. Das bedeutet aber auch, dass die Knochen bei großen Belastungen zu viel Kalzium abgeben können und damit ihre Festigkeit verlieren. Man spricht in solchen Fällen von der Knochenerweichung, die bei heranwachsenden Tieren zur Rachitis, bei erwachsenen Tieren zur Osteomalazie führen kann (NEHRING 1972, KRONBERGER 1974). Die Folge davon sind Verkrümmungen der Beine, der Wirbelsäule und des Brustbeins, Verdickungen der Gelenke und Wachstumshemmungen. Die Bewegungsfreiheit der Tiere kann dadurch erheblich eingeschränkt werden. Ebenso kann der Schnabel in Mitleidenschaft gezogen werden, da seine Festigkeit ebenfalls von einer ausreichenden Kalziumversorgung abhängig ist. Im Extremfall können die Schnäbel derartig erweichen, dass die Papageien kaum noch Nahrung aufnehmen können.

Das Kalzium darf aber nicht für sich alleine betrachtet werden, wenn es um eine optimale Versorgung der Papageien geht. So spielen weitere Substanzen eine große Rolle, wie zum Beispiel das Vitamin D, da es ohne dieses Vitamin nicht zu einer normalen Verkalkung der Knochen kommen kann. Sehr wichtig ist auch der Phosphorgehalt des Futters. Wird zum Beispiel zu wenig Kalzium und Phosphor verabreicht oder ist das Verhältnis beider Substanzen ungünstig, steigt der Bedarf an Vitamin D (für Vögel D_3) stark an. Von großer Bedeutung ist, wie schon erwähnt, das Kalzium-Phosphor-Verhältnis des angebotenen Futters. Anzustreben ist ein Verhältnis von ca. 1,5-2 : 1 (KRONBERGER 1974, WOLF & KAMPHUES 1995). Dieses Verhältnis wird aber von den handelsüblichen Papageienfuttermischungen fast nie erreicht, sondern in diesen ist der Phosphorgehalt meistens wesentlich höher als der Kalziumgehalt (bis zu einem Verhältnis von 1 : 4). Bei derartigen Futtermischungen kommt man also nicht umhin, Kalzium zusätzlich anzubieten, wenn die Gesundheit der Tiere nicht beeinträchtigt werden soll.

Die Kalziumionen werden überwiegend im oberen und mittleren Teil des Dünndarms vom Organismus aufgenommen, ausgeschieden wird Kalzium über den Darm und die Niere.

AECKERLEIN (1986) weist auf Unverträglichkeiten zwischen Kalziumhaltigen Mineralstoffen und bestimmten Medikamenten (Tetracyclinen) hin, die nicht gleichzeitig verabreicht werden sollten, da sie sich gegenseitig in ihrer Wirkung beeinträchtigen.

5.1.2 Phosphor (P)

Die Versorgung mit Phosphor stellt für den Vogel in der Regel kein Problem dar, da dieser in den gebräuchlichen Futtermitteln ausreichend vorhanden ist. Oftmals ist die Phosphorversorgung sogar höher, als sie sein müsste. Kommt es dennoch zu einem Phosphatmangel, kann dieser zu einer Verschlechterung des Allgemeinzustandes der Papageien und zu Fruchtbarkeitsstörungen führen.

Phosphor ist, ähnlich wie das Kalzium, ein wichtiger Bestandteil der Knochen, erfüllt aber auch wichtige Aufgaben beim Stoffwechsel, hier besonders beim Energiestoffwechsel. Ferner spielt Phosphor noch eine Rolle für den Aminosäurestoffwechsel.

Wie beim Kalzium schon erwähnt, ist das Kalzium-Phosphor-Verhältnis von großer Bedeutung für den Organismus, da bei einem ungünstigen Verhältnis beider Substanzen die Resorption im Darm negativ beeinflusst werden kann. Phosphor wird wie das Kalzium überwiegend im Dünndarm der Vögel resorbiert.

5.1.3 Magnesium (Mg)

Magnesium ist ähnlich wie Phosphor in den meisten Futtermitteln in ausreichendem Maße vorhanden, so dass es unter normalen Bedingungen kaum zu einem Defizit kommen kann. Magnesium bildet zusammen mit Kalzium und Phosphor das Material zur Festigung der Knochen, ist Bestandteil vieler Enzymsysteme und wichtig für die Aufrechterhaltung des Blutspiegels und die Erregbarkeit von Nerven und Muskeln. Die Aufnahme erfolgt ebenfalls im Dünndarm.

Bei Magnesiummangel kann es zu Krämpfen, Herz- und Kreislaufstörungen und zu einer schlechteren Nährstoffverwertung kommen.

5.1.4 Natrium (Na) und Chlor (Cl)

Diese Mengenelemente können zusammen abgehandelt werden, da sie eng verknüpft sind. Allgemein bekannt ist die Verbindung aus Natrium und Chlor als Kochsalz (Natriumchlorid). Natrium ist in den meisten Futtermitteln enthalten, allerdings kann es bei einer reinen Körnerfütterung (die jedoch abzulehnen ist) durchaus zu einem Natriummangel kommen. Dies gilt auch für einige handelsübliche Futtermischungen.

Natrium, Chlor und auch das nachfolgend besprochene Kalium regeln den Druck der Körperflüssigkeiten (Gewebespannung), wobei Natrium und Chlor für die Druckregulierung außerhalb und Kalium innerhalb der Zellen verantwortlich sind. Um diese Funktionen ordnungsgemäß ablaufen zu lassen, ist es von Vorteil, wenn Natrium und Chlor in einem ausgewogenen Verhältnis im Organismus enthalten sind.

Dem Chlor kommt noch eine weitere Aufgabe zu: Es ist Bestandteil der Salzsäure (HCl) und damit auch des Verdauungssaftes im Magen.

Auch wenn Kochsalz unbedingt für den reibungslosen Ablauf der Körperfunktionen benötigt wird, muss doch vor einem Zuviel gewarnt werden, da schon ein Gehalt von 0,8 % im Futter die Gesundheit beeinträchtigen kann (HEIDENREICH 1979). Für völlig unverantwortlich halte ich es, Papageien die so genannten Lecksteine für Vieh anzubieten, wie ich es schon des Öfteren beobachten konnte. Denn auch Papageien können sich vermutlich sehr schnell an den salzigen Geschmack gewöhnen und größere Mengen zu sich nehmen, was mit Sicherheit zu schweren Schädigungen der Gesundheit führen wird. Kochsalz dürfte sich auch kaum als Heilmittel gegen das Rupfen eignen, wie es gelegentlich zu hören ist (vergl. HEIDENREICH 1979).

5.1.5 Kalium (K)

Ebenfalls sehr selten kommt es zu einem Kaliummangel, da diese Substanz in den meisten Futtermitteln ausreichend vorhanden ist. Häufiger kommt dagegen eine Überversorgung mit Kalium vor, die durch eine erhöhte Gabe an Natrium wieder ausgeglichen werden kann.

Das Kalium ist mitverantwortlich für die Aufrechterhaltung und Regulierung des osmotischen Druckes in den Zellen und für die Funktion der Muskeln.

5.1.6 Schwefel (S)

Schwefel ist besonders reichlich in Aminosäuren tierischer Herkunft (Methionin, Zystin) zu finden. Dagegen ist er nur wenig in den Aminosäuren pflanzlicher Herkunft enthalten. Für die Papageien ist eine optimale Versorgung mit Schwefel besonders während des Wachstums der Jungen und der Mauser wichtig, da es zur Bildung der Federn und des Schnabels unbedingt vonnöten ist. Daher kann es von Vorteil sein, während dieser Phasen das Angebot an tierischen Eiweißen zu erhöhen.

5.2 Die Spurenelemente

5.2.1 Eisen (Fe)

Der Großteil des im Organismus vorhandenen Eisens (ca. 70 %) ist im Hämoglobin, dem Blutfarbstoff, enthalten. Weitere Speicher sind die Leber und die Milz. Eisen ist weiterhin noch am Energiestoffwechsel beteiligt und hilft, Infektionskrankheiten abzuwehren. Daher steigt auch die Infektionsgefahr bei zunehmendem Eisenmangel und die Gefahr einer Anämie nimmt ebenfalls zu.

Eisen kann mit dem Futter nicht überdosiert werden, da die Aufnahme über die Darmschleimhäute reguliert und überschüssiges Eisen gleich wieder mit dem Kot ausgeschieden wird.

5.2.2 Kupfer (Cu)

Kupfer ist wie das Eisen an der Bildung des Hämoglobins beteiligt und fördert das Knochenwachstum sowie die Pigmentbildung. Kupfer und Eisen unterstützen sich gegenseitig in ihrer Wirkung. Das Kupfer ist überwiegend in der Leber und im Knochengewebe zu finden. Bei einem Mangel an Kupfer kann es ebenfalls zu einer Anämie und zu Wachstums- und Fruchtbarkeitsstörungen kommen.

5.2.3 Mangan (Mn)

Mangan kann nur in geringen Mengen im Körper der Vögel gespeichert werden und muss daher regelmäßig mit dem Futter zugeführt werden. Da es auch sehr schlecht vom Organismus resorbiert werden kann, ist der Bedarf recht hoch. Mangan ist mitverantwortlich für das Knochenwachstum, den Aminosäurestoffwechsel, die Muskelfunktionen und auch für die Fruchtbarkeit.

Da Mangan sehr wichtig für das Knochenwachstum ist, kann es bei verschiedenen jungen Vögeln sehr leicht zu einer Perosis, also einer Verkrümmung der Beine, kommen. Gefördert wird die Perosis noch durch gleichzeitigen Mangel an Cholin, Vitamin E und Biotin. Wie weit eine Perosis bei Papageien verbreitet ist, kann ich allerdings nicht sagen, da ich darüber keine Informationen habe. AECKERLEIN (1986) gibt an, dass Kakadus an einer Perosis leiden können. Mit Sicherheit dürfte aber die Fruchtbarkeit der Papageien durch einen Manganmangel gemindert werden. Des Weiteren kann es Probleme bei der Bildung der Eischale geben, die dadurch nicht die nötige Festigkeit erhält.

5.2.4 Zink (Zn)

Zink ist im Vogelorganismus in erster Linie in der Bauchspeicheldrüse, Leber, den Nieren und Knochen zu finden. Unter normalen Bedingungen dürfte es zu keinem Zinkmangel kommen, da es in den meisten Futtermitteln in ausreichender Menge vorhanden ist. Allerdings erschwert ein hoher Kalzium-Gehalt im Futter die Zinkaufnahme. Daher muss bei erhöhten Kalzium-Gaben auch die zugeführte Menge an Zink erhöht werden. Zink ist verantwortlich für die Bildung des Skeletts, der Haut und der Federn. Daher kann es bei einem Mangel zu Knochenmissbildungen sowie einer schlechten Befiederung kommen. Der Bruterfolg sinkt aufgrund einer schlechten Befruchtungsrate und einer erhöhten Embryonensterblichkeit.

5.2.5 Kobalt (Co)

Kobalt kann im Vogelkörper nur in ganz geringen Mengen nachgewiesen werden. Es ist ein Bestandteil des Vitamins B_{12} und somit sollte es, wenn die Versorgung mit dem Vitamin B_{12} gesichert ist, nicht zu einem Kobaltmangel kommen. Andere Vogelarten (Hühner und Enten) sollen sehr empfindlich auf eine Überdosierung von Kobalt reagieren (AECKERLEIN 1986).

5.2.6 Jod (J)

Der größte Teil des im Organismus vorhandenen Jods (ca. 80 %) befindet sich in der Schilddrüse. Dort stellt es einen Bestandteil des Schilddrüsenhormons Thyroxin dar. Das auffälligste Merkmal eines Jodmangels ist ein Anschwellen des Kropfbereiches, der durch eine Schwellung des Drüsengewebes der Schilddrüse entsteht. Besonders anfällig hierfür sind bekanntermaßen die Wellensittiche, die bei einseitiger Ernährung ausschließlich mit einer trockenen Sämereienmischung (Wellensittichfutter) ihren Jodbedarf nicht decken können. Die geschwollenen Schilddrüsen können zudem noch durch Druck auf die Trachea (Luftröhre) Atembeschwerden verursachen und Schluckbeschwerden hervorrufen. Besonders häufig sollen diese Schilddrüsenvergrößerungen in Gebieten vorkommen, in denen das Leitungswasser und damit das Trinkwasser der Vögel kein Jod enthält.

5.2.7 Selen (Se), Fluor (F), Chrom (Cr), Zinn (Sn), Vanadium (V), Nickel (Ni) und Silizium (Si)

Die hier genannten Spurenelemente dürften bei einer normalen Ernährung in ausreichender

Menge im Futter enthalten sein und somit den Bedarf dieser essenziellen Spurenelemente decken können. Da Vögel und damit auch Papageien besonders empfindlich auf eine Überdosis dieser Spurenelemente reagieren und sehr schnell verschiedene Vergiftungserscheinungen zeigen können, sollte auf zusätzliche Gaben verzichtet werden, oder man sollte, falls sie doch verabreicht werden, die Herstellerangaben genauestens beachten.

6. Wasser

Das Wasser ist zwar nicht zu den Mineralstoffen zu zählen, gehört aber dennoch in die Gruppe der anorganischen Bestandteile. Es ist lebensnotwendig, und ein völliger Wasserentzug wird bei allen Papageien innerhalb kürzester Zeit zum Tode führen. Es hat zwar immer wieder Versuche gegeben, in denen bewiesen werden sollte, dass Vögel aus besonders trockenen (ariden) Gebieten Wochen oder gar Monate lang ohne eine direkte Wasseraufnahme leben könnten, indem sie die Feuchtigkeit der Sämereien oder anderer Futtermittel nutzen (SOSSINKA 1972), doch sollten derartige Versuche, wenn überhaupt, nur zu wissenschaftlichen Zwecken durchgeführt werden. Wie alle Freilanduntersuchungen belegen, suchen alle Papageien regelmäßig Wasserstellen auf und nehmen dort Wasser zu sich oder betreiben Gefiederpflege. Daher muss den Tieren in der Obhut des Menschen permanent frisches Wasser zur Verfügung stehen, alles andere gehört in den Bereich „Tierquälerei".

Wasser ist das Lösungs- und Transportmittel für alle Stoffwechselvorgänge im Organismus. Sobald der Wassergehalt des Körpers zu sehr absinkt (ein Vogel besteht zu ca. 80 % aus Wasser), können also die Körperzellen nicht mehr mit Nähr- und Wirkstoffen versorgt werden, und der Vogel hat keine Überlebenschance. Da das Wasser ständig verbraucht wird (z.B. durch Ausscheidungen von Kot und Harnsäure), muss dem Körper auch immer wieder Wasser zugeführt werden. Ein Vogel kann keine großen Wassermengen im Körper speichern, da er aus Gewichtsgründen Probleme mit dem Fliegen bekommen würde. An die Notwendigkeit, wenig Wasser zu speichern, hat sich der Organismus angepaßt: Es wird kaum Wasser mit dem Kot ausgeschieden; ferner wird Harnsäure als solche und nicht in Form von stark wasserhaltigem Urin abgegeben; schließlich wird die Körpertemperatur nicht durch Schwitzen (wie bei vielen Säugern) reguliert.

Papageien wie auch die übrigen Vögel können lediglich durch die Atmung Wasser abgeben und dadurch für etwas Kühlung sorgen. Daher hecheln alle Papageien bei hohen Temperaturen sehr schnell. Bei Hitze wird sich so also zwangsläufig die Wasseraufnahme vergrößern.

Blaubauchpapagei

Frisches Trinkwasser sollte den Vögeln stets zur Verfügung stehen

Wellensittich

Im Grünfutter sind viele Ballaststoffe enthalten, die die Verdauung fördern

7. Ballaststoffe

Als Ballaststoffe bezeichnet man die Stütz- und Struktursubstanzen der Pflanzenzellen, die im allgemeinen unverdaulich sind und zudem keine Energie liefern. In früheren Jahren wurden die Ballaststoffe, da sie weder Energie noch Wirkstoffe liefern konnten, als wertlose Bestandteile der Pflanzen angesehen und daher abwertend „Ballast" genannt. Heute weiß man, dass diese Ballaststoffe wichtige Aufgaben im Organismus erfüllen. Sie regen die Tätigkeit des Darms an, fördern dadurch also die Verdauung und verhindern Darmträgheit und Verstopfungen. Gleichzeitig dienen sie auch den nützlichen Darmbakterien als Nahrung und fördern ihre Vermehrung.

Bei Papageien, die zu einer schnellen Verfettung neigen (Rosakakadus und viele Amazonen), empfiehlt sich ebenfalls eine Ernährung mit ballaststoffreichen Futtermitteln (Grünfutter, Gemüse und Getreide), weil dadurch zum Beispiel die Kohlenhydrate langsamer verdaut werden und somit der Blutzuckergehalt langsamer ansteigt.

Zu den besten Ballaststofflieferanten gehört das Getreide, aber auch das Gemüse und Obst. Übrigens darf die Rohfaser nicht mit den Ballaststoffen verwechselt werden, wie es häufig geschieht. Die Rohfaser ist der Teil, der nach dem Kochen mit Säuren oder Laugen übrigbleibt und macht lediglich 10-50 % des Ballaststoffanteils aus.

Selbstverständlich darf der Anteil der Ballaststoffe im Futter auch nicht zu groß sein, da ansonsten ebenfalls gesundheitliche Beeinträchtigungen zu befürchten sind.

Der Stoffwechsel

Wie schon erwähnt, ist der Stoffwechsel neben zwei weiteren Merkmalen, der Fortpflanzung und der Reizbarkeit, ein Charakteristikum für das Leben. Der Stoffwechsel lässt sich in drei Bereiche einteilen (vergl. BEZZEL & PRINZINGER 1990): die Aufnahme von Stoffen aus der Umwelt (Ernährung, Atmung), die Verarbeitung der Stoffe im Organismus (Aufrechterhaltung aller Körperfunktionen, körperliche Arbeit wie Fliegen usw.) und das Ausscheiden von Stoffen in die Umwelt. Diese Stoffwechselbilanz sollte bei ausgewachsenen Tieren weitestgehend ausgeglichen sein. Es sollten von einem Papagei also genau so viele Stoffe mit der Nahrung aufgenommen werden, wie benötigt. Überschüssige Nährstoffe werden zum Beispiel als Fett im Organismus abgelagert. Ein Hauptspeicherbereich für Fett ist beim Vogel der Bereich der Brust. Längs des Brustbeinkiels sind die Muskeln angesiedelt, die für das Fliegen benötigt werden und die Flügel auf- und niederbewegen. Diese Muskeln sollten gut ausgebildet und nicht verfettet sein.

Doch der Bedarf der Vögel ist nicht immer konstant und kann es auch nicht sein, da sie in bestimmten Situationen, wie zum Beispiel in der Mauser und Brut, erhöhte Leistungen zu verrichten haben. Daher haben sich Begriffe wie Grundumsatz, Erhaltungsstoffwechsel und Leistungsstoffwechsel eingebürgert, die genauer auf diese unterschiedlichen Situationen eingehen.

Der Grundumsatz gibt an, wie viel Energie ein Vogel aufbringen muss, um die Grundfunktionen seines Organismus aufrechtzuerhalten. Die Versuche zur Ermittlung des Grundumsatzes müssen daher in entsprechend temperierten Versuchsanlagen durchgeführt werden, in denen sich die Vögel nicht (oder kaum) bewegen dürfen. In eine derartige Situation wird allerdings ein Vogel, der in der Obhut des Menschen gehalten wird, wohl kaum einmal gelangen, da sich jeder gesunde Vogel viel bewegen wird, und auch die Umgebungstemperatur wird nur selten so hoch sein, dass keine (oder nur wenig) Energie für die Aufrechterhaltung der Körpertemperatur aufgewendet werden muss. Jeder Vogel wird also unter normalen Bedingungen mehr Energie umsetzen, als es dem Grundumsatz entspricht. Der Praktiker (Tierhalter) kann deshalb wenig mit Aussagen über den Grundumsatz anfangen; dennoch haben die Versuche zu diesem Thema einige bemerkenswerte Erkenntnisse erbracht. So konnte bewiesen werden, dass kleine Vögel einen höheren Grundumsatz als große Vögel haben. Das bedeutet für den Papageienhalter, dass kleine Papageien in Relation zur Körpermasse mehr fressen müssen als die größeren, um eine ausgeglichene Energiebilanz zu erhalten. Erklären lässt sich dieses durch das geringere und für kleine Vögel da-

Graupapagei

Die Flugmuskulatur sollte gut ausgebildet und nicht verfettet sein her auch schlechtere Verhältnis von Körperoberfläche und Körpervolumen. Kleinere Vögel kühlen demnach viel schneller aus als die größeren und müssen mehr Energie für die Aufrechterhaltung der Körpertemperatur aufbringen. Zu ähnlichen Ergebnissen kamen auch WOLF & KAMPHUES (1995) in Fütterungsversuchen. Sie ermittelten zum Beispiel für Agaporniden einen täglichen Futterbedarf von ca. 7 % des eigenen Körpergewichts, während Kakadus, Amazonen und Graupapageien lediglich 3-5 % ihres Körpergewichtes täglich verzehrten.

Für den Papageienhalter bedeutet das in der Praxis, dass zum Beispiel kleine Vögel nicht so lange hungern können wie die größeren, ohne gesundheitliche Schäden davonzutragen. Dies ist bei der Fütterung kleiner Papageien zu beachten.

Da, wie schon erwähnt, die Papageien sich aus vielerlei Gründen häufig bewegen und auch ihre Körpertemperatur aufrechterhalten müssen, liegt der tatsächliche Energieumsatz über dem Grundumsatz, und man spricht daher von dem Erhaltungsstoffwechsel. Dieser Erhaltungsstoffwechsel ist für den normal „laufenden Betrieb" des Papageien verantwortlich. Er beinhaltet also den Grundumsatz und die Aufwendungen für Aktivitäten (Nahrungssuche, Gefiederpflege, Fliegen usw.), Verdauung und Temperaturregulierung.

An dieser Stelle wird deutlich, dass es eigentlich keine genormten Richtwerte für den Erhaltungsstoffwechsel und somit auch für die benötigte tägliche Futtermenge geben kann, da die nötigen Aufwendungen immer von dem Umfeld des Tieres beeinflusst werden. So muss ein Papagei im Freiland möglicherweise enorme Leistungen vollbringen, um seine täglich benötigte Nahrungsmenge zu erhalten, weil seine Nahrungsplätze viele Kilometer von seinem Schlafplatz entfernt liegen. Dieser Vogel muss also sehr viel Energie alleine für seine Flugleistungen zur Verfügung stellen. Wird ein Papagei dagegen in der Obhut des Menschen in einem kleinen Käfig gehalten, schrumpft der Energiebedarf für körperliche Leistungen drastisch zusammen. Aber auch die verschiedenen Haltungssysteme der Papageienhalter unterscheiden sich enorm, was den Bewegungsraum der Tiere angeht. Grundsätzlich kann also gesagt werden, dass Papageien in großen Gehegen einen höheren Stoffwechsel aufweisen als Tiere in kleinen Gehegen.

Aber nicht nur die Größe des Geheges ist von Bedeutung, sondern auch die Bewegungsaktivitäten der Tiere. Wird ein Papagei zum Beispiel von seinen Artgenossen gejagt und gescheucht, hat dieser aufgrund seiner erhöhten Aktivitäten ebenfalls einen erhöhten Erhaltungsstoffwechsel. Ein weiterer Faktor ist die Umgebungstemperatur. Werden Papageien zum Beispiel ganzjährig im warmen Haus gehalten, verbrauchen sie weniger Energie als Tiere im Freien bei niedrigeren Temperaturen, da diese Vögel durch Verbrennung von Energie ihre Körpertemperatur hochhalten müssen. Das gilt ganz besonders für Tiere, die auch im Winter im Freien mit angrenzendem Schutzraum gehalten werden.

Es kann also keine starren Anleitungen für die Ernährung der Papageien geben, sondern das Umfeld muss über die Futtermenge, aber auch über die Futterzusammensetzung entscheiden.

Wie erwähnt, deckt der Erhaltungsstoffwechsel die Aufwendungen für die alltäglichen Bedürfnisse der Papageien. Alle weiter gehenden Leistungen wie Mauser, Brut und Wachstum werden nicht dazugezählt, sondern unter dem Begriff Leistungsstoffwechsel zusammengefasst. In seine Bilanz fließt der Grundumsatz, aber auch der Erhaltungsstoffwechsel mit ein. Zu Spitzenzeiten kann der Gesamtstoffwechsel drastisch ansteigen, was beim Futterangebot zu berücksichtigen ist. Es sollte aber nicht nur mehr Futter angeboten werden, sondern auch besonders auf seine Qualität geachtet werden. So kann es sinnvoll sein, pflanzliche Eiweiße während dieser Zeit zum

Teil durch tierische Eiweiße zu ersetzen, da diese aufgrund ihres für den Vogel geeigneteren Aminosäuregehaltes als hochwertiger einzustufen sind. Da das Eiweiß nicht oder nur in ganz geringem Maße im Körper gespeichert werden kann, muss für eine regelmäßige Zufuhr über das Futter durch den Tierhalter Sorge getragen werden.

Das trifft besonders für die legenden Weibchen zu, denn bei einigen Papageienarten sind die Eier im Vergleich zum Körper der Tiere recht groß. Wer sich einmal ein komplettes Gelege eines Agapornidenpaares angesehen hat, wird sich wundern über die Ei- und Kalkmasse, welche vom kleinen Weibchen innerhalb nur weniger Tage produziert werden muss. Bei größeren Papageien relativiert sich dieses Verhältnis ein wenig, da die Eier im Vergleich zum Körper nicht so groß sind und die Eizahl bei vielen größeren Arten geringer ist.

Aber auch während der Jungenaufzucht steigt der Stoffwechsel der Elterntiere an, da sie ständig Futter herbeischaffen müssen, um ihre Jungen zu versorgen. Die größte Steigerungsrate des Stoffwechsels ist während des Heranwachsens der Jungtiere zu verzeichnen. So nimmt zum Beispiel das Gewicht eines jungen Hyazintharas (*Anodorhynchus hyacinthinus*) in den ersten vier Lebenswochen von ca. 25 g auf mehr als 700 g zu. Es ist also eine enorme Leistung des Stoffwechsels nötig, um einen derartigen Körper entstehen zu lassen. Die Entwicklung der Federn, welche nach dem ersten Zunehmen der Masse einsetzt (beim Hyazinthara etwa ab der vierten Lebenswoche), stellt ebenfalls noch große Anforderungen an den Stoffwechsel der Jungvögel.

Aber auch eine normale Mauser der Altvögel kann den Organismus belasten und macht eine gesteigerte Stoffwechselleistung nötig, da die Federn neu gebildet werden müssen. Aus diesem Grunde mausern vermutlich auch viele Papageien erst nach der Brut, allerdings gibt es hier auch Ausnahmen, wie zum Beispiel einige Ara-Arten, die während der Brut mausern (siehe KÜNNE 1990). Ob bei Papageien ähnlich wie bei anderen Vögel (NEWTON 1966) während der Mauser die Körpertemperatur ansteigt, ist nicht bekannt, aber durchaus denkbar, da dadurch die Stoffwechselprozesse schneller ablaufen können. Eine Temperaturerhöhung zieht allerdings wiederum eine Erhöhung der Stoffwechselleistung nach sich, da die nach außen abgegebene Wärme ersetzt werden muss.

Für den Papageienhalter, aber ganz besonders auch für den Züchter, lässt sich daher ableiten, dass zu Zeiten einer erhöhten körperlichen Leistung mit der Gabe eines entsprechenden Futters reagiert werden muss. Geschieht dies nicht, werden die Reserven der Vögel angegriffen und meistens auch sehr schnell aufgebraucht, da, wie schon erwähnt, Vögel aus Gewichtsgründen nicht in der Lage sind, große Mengen zu speichern.

Freifluganlage

Papageien, die sich viel bewegen, haben einen höheren Grundumsatz

Die körperlichen Voraussetzungen für die Nahrungsaufnahme

1. Anatomie und Verdauungssystem

Auf die Anatomie und den Aufbau der Organe der Papageien soll an dieser Stelle nur soweit eingegangen werden, wie sie für die Ernährung von Bedeutung ist. Hierzu gehören Schnabel, Zunge, Schnabelhöhle, Speiseröhre, Kropf, Magen und der Darm. Beim Betrachten dieser Körperteile können große Unterschiede zwischen den Vertretern der verschiedenen Familien der Papageien festgestellt werden. So unterscheiden sich die Lori-Schnäbel schon auf den ersten Blick von denen der Kakadus oder Aras. Diese Unterschiede deuten auf unterschiedliche Arten des Nahrungserwerbs hin, da sich die Schnäbel im Laufe der Evolution wie alle anderen Körperteile an die Lebenssituation der Tiere angepasst haben. Das bedeutet, dass Papageien, die sich auf den Verzehr von Samen in harten Schalen spezialisiert haben, auch kräftige Schnäbel benötigen, um an die Samen zu gelangen. Die Pollen und Nektar fressenden Papageien benötigen dagegen keine kräftigen Schnäbel, da die Pflanzen den Nektar und die Pollen freizügig anbieten, damit ihre Befruchtung gewährleistet wird. Der Schnabel und die Zunge dieser Papageien müssen so aufgebaut sein, dass sie den Nektar und die Pollen aufnehmen können. Hierzu reichen schmale, zierliche Schnäbel aus.

Hyazintharas

Mit ihren kräftigen Schnäbeln können sie die hartschaligen Palmnüsse knacken

Der Papageienschnabel kann also durchaus Hinweise auf verschiedene Richtungen einer Spezialisierung in Bezug auf die Ernährung geben. Generell kommen dabei für Papageien vier Spezialisierungsmöglichkeiten in Betracht, die aber nicht immer strikt voneinander zu trennen sind. Es handelt sich dabei um Samen fressende (granivore), Frucht fressende (fructivore), Nektar und Pollen fressende (nectarivore) und, wenn auch nur wenige, Insekten fressende (insectivore) Vertreter unter den Papageien. Die Nuss fressenden (nucivoren) Papageien zähle ich mit zu den Samen fressenden, da die Nuss ebenfalls als Same betrachtet werden muss. Wie aber schon erwähnt, gibt es fließende Übergänge bei der Nahrungswahl, und daher ist es nicht immer möglich, anhand des Schnabels Rückschlüsse auf die Ernährungsgewohnheiten zu ziehen. So unterscheidet sich zum Beispiel der Schnabel des Gelbohr-Rabenkakadus (*Calyptorhynchus f. funereus*), einer der wenigen Papageien, die sich auf Insektennahrung spezialisiert haben, nur unwesentlich von den Schnäbeln seiner nächsten Verwandten, die sich überwiegend granivor ernähren.

Deutliche Zeichen einer Spezialisierung sind zum Beispiel am Schnabel des Nasenkakadus (*Cacatua tenuirostris*) zu erkennen, dessen Oberschnabel sich aufgrund der Länge hervorragend zum Ausgraben von Pflanzenwurzeln oder auch Insekten aus der Erde eignet (TEMBY & EMISON 1986). Aber auch der besonders große Schnabel der so genannten „Blauen Aras" deutet darauf hin, dass diese sich auf eine ganz bestimmte Nahrungsquelle spezialisiert haben, nämlich auf die durch eine extrem harte Schale geschützten Palmnüsse (PITTMAN 1994). Nur ein besonders ausgebildeter Schnabel mit den dazugehörigen Muskeln des Bewegungsapparates kann eine derartige Schale öffnen.

Der Schnabel hat also die Aufgabe, das Futter aufzugreifen und zum Abschlucken vorzubereiten. Dabei haben es sich alle Papageien zu Eigen gemacht, Sämereien zu schälen und die kleineren Samen im ganzen Stück zu verschlucken, die größeren Samen zu zerbeißen und mit der Zunge zum Schlund zu führen, wo sie dann hinuntergeschluckt werden. Viele Papageien wie zum Beispiel die Graupapageien und Amazonen können mehrere Samenkörner auf einmal aufnehmen und in dem Hohlraum zwischen Zunge und Unterschnabel einlagern, um sie dann Stück für Stück nach vorne zu schieben und zu schälen. Zum Schälen werden die Samen zwischen der Oberschnabelspitze und der Unterschnabelschneide gehalten und dann mit der Zunge fixiert. Sobald der Unterschnabel mit seiner Schneidekante einen Ansatzpunkt an der Schale gefunden hat, wird mit einem Biss die Schale aufgebrochen. Anschließend wird der Samen mit der Zunge gedreht und die Schale der anderen Seite entfernt (HOMBERGER & ZISWILER 1972, HOMBERGER 1980). Um die Samen besser halten zu können, ist der Schnabel mit so genannten Feilkerben und dem Quervorsprung versehen.

Auch Früchte werden, soweit eine Schale vorhanden ist, fast immer nur geschält verschluckt. Dabei werden sie meistens mit einem Fuß gehalten und dann kleine Stücke mit dem Schnabel abgebissen. Von diesen wird dann die Schale mit Hilfe von Schnabel und Zunge entfernt.

Bei all diesen Arbeiten erweist es sich als großer Vorteil, dass bei den Papageien sowohl der Unter- als auch der Oberschnabel beweglich gelagert ist. Erst dadurch wird der Schnabel zu einem universell einsetzbaren Werkzeug, mit dem nicht nur Nahrung aufgenommen, sondern auch noch die notwendige Gefiederpflege durchgeführt werden kann. Zudem eignet sich der Schnabel auch noch als Kletterhilfe (drittes Bein), zur Feindabwehr und zum Herrichten der Nisthöhle.

HOMBERGER (1980) stellt die Hypothese auf, dass die ursprünglichen Papageien durchweg Samenfresser gewesen sein müssen, die sich dann aber im Laufe der Zeit in verschiedene Richtungen weiterentwickelt haben. Daher sind bei allen Papageien-Arten noch die Feilkerben und der Quervorsprung im Oberschnabel sowie die Schneidekante des Unterschnabels und die besonders bewegliche Zunge vorhanden. Bei den heutigen Samenfressern sind diese Merkmale noch besonders ausgeprägt. Allerdings sind diese Papageien deshalb nicht unbedingt auf eine Ernährung angewiesen, die auf Samen oder Nüssen basiert, da der Schnabel sich auch für den Verzehr anderer Nahrungselemente eignet. Aus diesem Grunde unterscheiden sich die Schnäbel der Fruchtfresser auch nicht sonderlich von denen der Samenfresser. Lediglich die Unterkieferdrüse der Fruchtfresser ist größer und hat mehr Öffnungen als die der Samenfresser. Einige Arten besitzen eine mit Papillen besetzte Zunge, mit deren Hilfe sie den Fruchtsaft der Früchte auflecken können. Auch die Schneide des Unterschnabels ist bei den reinen Fruchtfressern nicht so scharf wie bei den Samen fressenden Papageien.

Gelbohr-Rabenkakadu

Im Gegensatz zu anderen Arten lässt sich seine Spezialisierung auf Insektennahrung nicht an der Schnabelform ablesen

Aber auch die Pollen und Nektar fressenden Papageien zeigen Feilkerben am Oberschnabel, auch wenn diese bei den meisten nur schwach ausgebildet sind. Diese Papageien weisen allerdings sehr lange, den Bedürfnissen angepasste Zungen auf, und auch die Schnäbel sind länger als bei den anderen Vertretern der Papageien.

Eine völlig andere Art der Nahrungsaufnahme wird von dem Borstenkopf (*Psittrichas fulgidus*) praktiziert (HOMBERGER 1980, LOW 1990). Er verschlingt ganze Fruchtstücke, die vorher nur geschält oder zerkleinert werden, wenn sie zu groß zum Abschlucken sind. Samen und Nüsse werden von ihm dagegen verschmäht. Der Schnabel, die Zunge und der Gaumen sind dieser Ernährungsweise optimal angepasst.

Für die Wasseraufnahme mit dem Schnabel haben sich im Laufe der Zeit unterschiedliche Methoden herausgebildet. So schöpfen zum Beispiel Kakadus das Wasser mit dem Unterschnabel auf und lassen es durch Anheben des Kopfes in den Schlund laufen. Die Loris dagegen können das Wasser mit der papillenbesetzten Zunge aufnehmen. Die Vertreter der „Echten Papageien" (Psittacinae) schöpfen das Wasser mit der Zunge, wobei sie Ober- und Unterschnabel ins Wasser halten. Lediglich die *Loriculus*-Arten und der Borstenkopfpapagei sind in der Lage, durch eine entsprechende Bewegung der Zunge und des Oberschnabels Wasser in die Mundhöhle zu pumpen.

Wie schon erwähnt, befinden sich an der Zunge und in der Mundhöhle Speicheldrüsen, die allerdings nur Schleim und keine Verdauungsenzyme produzieren. Die damit befeuchteten Nahrungsbestandteile können besser geschluckt werden. Die Nahrung wird vom Schlund über die Speiseröhre in einen erweiterten sackförmigen Teil der vorderen Speiseröhrenwand, den Kropf, weitergeleitet. Die Nahrung wird im Kropf eingeweicht, es werden jedoch keine Verdauungsenzyme hinzugegeben. Lediglich die mit der Nahrung aufgenommenen Fermente der Pflanzen und einige Bakterien können schon für eine leichte Verdauung im Kropf sorgen. Ein derartiger Kropf bietet den Papageien große Vorteile, da sie größere Nahrungsmengen innerhalb kurzer Zeit aufnehmen können, ohne ihr eigentliches Verdauungssystem zu überlasten. Die Nahrung wird also im Kropf gespeichert und praktisch für die Verdauung vorbereitet und steht dann, wenn der Magen sich genügend geleert hat, über einen längeren Zeitraum zur Verfügung. Das Futter wird also in kleinen Portionen in den Magen weitergeleitet. Aus diesem Grunde können es sich viele Papageien bei einem ausreichenden Futterangebot leisten, lediglich zweimal täglich, vormittags und nachmittags, auf Nahrungssuche zu gehen.

Der Kropf der Papageien wird aber nicht nur zur Deckung des eigenen Nahrungsbedarfs genutzt, sondern die hier gespeicherte Nahrung kann durch eine entsprechende Antiperistaltik wieder hochgewürgt und zur Fütterung des Partners oder der Jungen genutzt werden. Während der Aufzucht der Jungtiere gibt es keine Veränderung an der Kropfwand, wie sie zum Beispiel bei Tauben festgestellt wurde (NIETHAMMER 1933). Es werden also keine speziellen Verdauungssäfte, wie zum Beispiel die Kropfmilch der Tauben gebildet, sondern die Jungen werden mit dem gefüttert, was die Elterntiere zu sich nehmen. Allerdings verändert sich das Nahrungsspektrum der Elterntiere während der Aufzucht häufig erheblich.

Vom Kropf wird das Futter bei Bedarf in den Magen weitergeleitet, der bei den Papageien aus zwei Teilen besteht. Zuerst gelangt das Futter in den Drüsenmagen, der mit einer spindelförmigen, nur schwach ausgebildeten Muskulatur versehen ist. Die Aufgabe des Drüsenmagens besteht darin, der aufgenommenen Nahrung Verdauungssäfte (Salzsäure und Pepsin) hinzuzufügen und somit die Verdauung in Gang zu setzen. Zur weiteren Aufbereitung wird dieser Nahrungsbrei dann in den Muskelmagen weitergeleitet. Die Übergangszone zum Muskelmagen ist bei blütenbesuchenden und Frucht fressenden Papageien besonders dehnbar und ermöglicht die Speicherung größerer Futtermengen (BEZZEL & PRINZINGER 1990). Da die Nahrung dieser Papageien überwiegend aus weichen Bestandteilen besteht, ist die Muskulatur des Muskelmagens nur wenig ausgeprägt. Allein dieser Umstand verbietet es schon, die Ernährung dieser Papageien auf Körnerfutter umzustellen, wie es leider bei der Lorihaltung immer wieder vorgekommen ist.

Die sich überwiegend von Samen ernährenden Papageien besitzen dagegen einen verhältnismäßig großen Muskelmagen, der, wie der Name schon sagt, unter Zuhilfenahme der Muskulatur durch rhythmische Kontraktionen die Nahrung mechanisch zerkleinert. Die festen Nahrungsbestandteile werden durch das Gegeneinanderreiben der Muskeln praktisch zerrieben. Unterstützt wird der Vorgang durch die so genannten Magensteinchen. Dabei handelt es sich um kleine Kieselsteine von wenigen mm Durchmesser, die von den Vögeln gefressen werden und sich im Muskelmagen ansammeln. Darum ist gerade bei Samen fressenden Papageien darauf zu achten, dass ihnen ständig kleine Steinchen zur Verfügung stehen.

Hellroter Ara

Der gefüllte Kropf zeichnet sich deutlich ab

Der Darm der Papageien ist in zwei Bereiche eingeteilt, den Dünndarm und den Dickdarm. Im Dünndarm findet der größte Teil der Verdauung und der Resorption statt. Der erste Abschnitt des Dünndarms wird von dem Zwölffingerdarm (Duodenum) gebildet. In diesen münden die Gänge der Bauchspeicheldrüse (Pankreas) und der Leber (Galle). Aus diesen Gängen werden Verdauungssäfte in den Dünndarm abgegeben. Auf den Zwölffingerdarm folgt der Leerdarm (Jejunum), und den Abschluss bildet der Hüftdarm (Ileum). Die Länge und Beschaffenheit des Dünndarms ist auch bei den Papageien der natürlichen Nahrung entsprechend ausgebildet. So besitzen die Samen und Nuss fressenden Papageien in der Regel einen längeren Dünndarm, da diese Nahrungsbestandteile nicht so schnell verdaut werden können wie zum Beispiel Fruchtfleisch oder Pollen und Nektar. Der Dünndarm verläuft schlingenförmig durch die Leibeshöhle.

Auf den Dünndarm folgt der Dickdarm, in dem die nicht resorbierten Bestandteile der Nahrung eingedickt und dann zur Kloake weitergeleitet werden, wo sie als Kot ausgeschieden werden. Im Verhältnis zum Dünndarm ist der Dickdarm recht kurz und geradlinig. Während im gesamten Dünndarmbereich Enzyme zur Verdauung der Nahrungsbestandteile abgesondert werden, findet im Dickdarm der Papageien keine Enzymabsonderung mehr statt.

Die Nahrung wird durch entsprechende Kontraktionen der Muskulatur des Darmes praktisch durch den gesamten Darmbereich geschoben. (Übrigens besitzen Papageien keine Blinddärme.)

Die Leber ist beim Vogel im Vergleich zu den Säugetieren recht groß und über die Gallengänge mit dem Dünndarm verbunden. Sie ist extrem stark durchblutet und ein guter Wärmelieferant. Zur Aufgabe der Leber gehört es, das Blut zu entgiften, Glykogen, Proteine und Fette zu synthetisieren und zu speichern. In der Leber wird ebenfalls noch die Galle produziert und Harnsäure gebildet. Die Galle wird beim Papagei gleich in den Dünndarm geleitet, ohne in einer Gallenblase zwischengespeichert zu werden. Für die Gesundheit eines Papageis ist es unerlässlich, dass die Leber nicht geschädigt wird. Dieses kann aber sehr schnell durch Gifte (zu denen auch Medikamente wie zum Beispiel Pilzmittel zu zählen sind), durch Krankheitserreger, aber auch durch falsche Ernährung geschehen, da die Leber als Stoffwechsel-Hauptdrüse und Entgiftungsorgan an wesentlichen Stoffwechselvorgängen im Körper beteiligt ist. Für die Funktion der Leber ist ein ausgeglichener Aminosäurehaushalt von großer Bedeutung, allerdings kann eine zu hohe Verabreichung an eiweißhaltigen Futtermitteln die Funktion negativ beeinträchtigen. Auch während der Jungenaufzucht sollte daher auf eine ausgeglichene Fütterung geachtet werden, da besonders Jungvögel im Nestlingsstadium zu einer Leberdegeneration neigen können, wenn der Eiweißgehalt der Nahrung zu hoch war. Dies trifft besonders auf „zu groß geratene" Jungtiere zu, da ihr starker Wuchs vermutlich auf eine hohe Eiweißversorgung zurückzuführen ist. Vorsicht ist also bei einer Verfütterung von Hühnerei geboten, obwohl deren Zusammensetzung dem Eiweißbedarf von jungen Papageien sehr entgegenkommt (SCHÖNE 1977).

Ein Zeichen für eine geschädigte Leber können Farbveränderungen des Gefieders sein. So tauchen zum Beispiel gelegentlich in den blauen Gefiederpartien der Gelbbrustaras (*Ara ararauna*) gelbe Federn auf. Ähnliches gilt für Amazonen, die ebenfalls gelbgescheckte Bereiche in dem ansonsten grünen Gefieder aufweisen. Bei einem meiner Rotohraras (*Ara rubrogenys*) war das Brustgefieder stark mit roten Federn durchsetzt, was vermutlich auf eine Schädigung der Leber zurückzuführen war. Auch die abweichende Rotfärbung der Graupapageien dürfte in den meisten Fällen durch eine nicht korrekt arbeitende Leber verursacht werden. Diskutiert wird zur Zeit aber auch, ob nicht ein Mangel an Lysin für die Rotfärbung verantwortlich sein könnte. Ähnlich dürfte auch die Rotfärbung von Rosenköpfchen (*Agapornis roseicollis*) zu erklären sein, die von verschiedenen Züchtern beschrieben wurde (GROSSE 1978, BROCKMANN 1978 und 1979, PETERS 1978), da alle Autoren eine mangelhafte Ernährung für die Umfärbung verantwortlich machen. In der Vergangenheit ist es häufig vorgekommen, dass Papageien mit derartigen Gefiederveränderungen als Raritäten für sehr viel Geld angeboten wurden. Die Käufer erhielten aber nur einen kranken Vogel, dessen Gefieder nach einer Genesung, die häufig schon durch das Anbieten eines ausgewogenen Futters erzielt werden konnte, wieder die natürlichen Farben annahm.

Leider sind häufig Leberverfettungen bei Papageien zu beobachten, die entweder falsch ernährt und/oder in zu kleinen Käfigen gehalten wurden und sich somit nicht ausreichend bewegen konnten. Zur Leberverfettung neigen ganz besonders die Rosakakadus (*Eolophus roseicapillus*) sowie viele Amazonen, aber auch die Wellensittiche. Für die Gesundheit dieser Papageien ist besser, ihnen keine fetthaltigen Sämereien, zum Beispiel keine Sonnenblumenkerne, anzubieten, wenn sie nicht in großen Flugvolieren gehalten werden.

Die Harnorgane der Vögel unterscheiden sich wesentlich von denen der Säuger. So werden vom Vogel die stickstoffhaltigen Abbauprodukte des Eiweißstoffwechsels in Form von Harnsäure ausgeschieden. Die Harnsäure wird in der Leber und der Niere gebildet. Treten Erkrankungen der Niere auf, kann es schnell zu einer Anreicherung von Harnsäure im Blut und zu Ablagerungen in den Organen und besonders auch in den Gelenken (Gicht!) kommen. Negative Auswirkungen haben in dem Zusammenhang eine zu hohe Eiweiß- und Fettversorgung, aber auch Vitamin-A-Mangel und ganz besonders eine zu salzhaltige Ernährung. Auch bestimmte Medikamente können die Funktion der Nieren beeinträchtigen. Eine Schädigung der Nieren kann starken Juckreiz zur Folge haben, was sich beim Papagei möglicherweise durch das Rupfen und/oder Zerbeißen von Federn bemerkbar macht (ROBILLER 1991).

2. Die Sinnesorgane der Papageien

Von großer Bedeutung für das Auffinden der Nahrung in der freien Natur, aber auch in der Obhut des Menschen sind die Sinnesorgane der Papageien. Das wichtigste Sinnesorgan dürfte das Auge sein, da sich die Papageien in der Regel mit dem Sehsinn orientieren. Sie suchen also das Futter mit dem Auge. Das Futter (oder zumindest die Nahrungspflanze) muss demnach für frei lebende Papageien von weitem erkennbar sein. In der Obhut des Menschen ist dies für die Papageien zwar nicht von gleicher Wichtigkeit,

Venezuela-Amazone

Die Farbveränderung des Gefieders (am Flügel) ist möglicherweise auf eine unausgewogene Ernährung zurückzuführen

allerdings orten sie auch hier die Futternäpfe mit den Augen. Daher sollten diese in neu bezogenen Volieren so angebracht sein, dass die Vögel sie von den höchsten Sitzplätzen, die sie in der Regel zuerst besetzen, direkt einsehen können.

Einen weiteren wichtigen Sinn für die Ernährung stellt der Tastsinn dar. So besitzen der Schnabel, die Zunge und der Gaumen eine große Anzahl an Rezeptoren, die für die Nahrungsaufnahme von großer Bedeutung sind. Befindet sich die Nahrung erst einmal im Schnabel, kann sie von den Papageien nicht mehr erblickt werden, sondern die Tiere müssen anhand des Tastsinnes herausfinden, wie die Nahrung fixiert und bearbeitet werden muss und welche Teile verschluckt oder wieder fallengelassen werden müssen. Das ist besonders wichtig für das Schälen der verschiedenen Sämereien und Nüsse.

Über den Geschmackssinn gibt es unterschiedliche Meinungen, was Papageien betrifft. Während DELPY (1979) anführt, Papageien könnten verdorbenes Futter nicht erkennen und würden auch bedenkenlos künstlich hergestelltes Futter aufnehmen, habe ich ganz andere Beobachtungen gemacht. So lassen alle meine Papageien zum Beispiel verdorbene Nüsse liegen, und zwar auch schon dann, wenn ich optisch noch keine Veränderungen der Nüsse feststellen kann. Gleiches gilt für verdorbenes Obst und Gemüse. Erkennbar wird das Geschmacksvermögen vieler Papageien auch bei der Verabreichung von Medikamenten über das Wasser. Die Wasseraufnahme wird nämlich oftmals verweigert, sobald es Medikamente enthält, und zwar auch dann, wenn das Wasser keinerlei Verfärbungen aufweist. Ich habe es zum Beispiel nicht geschafft, einem Orangehaubenkakadu (*Cacatua sulphurea citrinocristata*) ein Wurmmittel über das Trinkwasser zu verabreichen. Das Tier nahm einfach kein Trinkwasser zu sich und wirkte nach einigen Tagen kränklich. Als ich dann normales Trinkwasser reichte, begann es gleich ausgiebig zu trinken. Allerdings kann ich nicht sagen, inwieweit der Geruchssinn bei den hier beschriebenen Fällen ebenfalls ein Rolle gespielt hat.

Der Geschmacks- und Geruchssinn ist nach BEZZEL & PRINZINGER (1990) bei den Vögeln nicht besonders ausgeprägt und spielt daher bei der Futteraufnahme keine große Rolle. Beim Papagei scheint dieses aber etwas anders zu sein (vergl. KOLAR 1969). So gibt es immer wieder Hinweise, dass Papageien Pflanzenteile, die in der unmittelbaren Nähe von vielbefahrenen Straßen gesammelt wurden, verschmähen. Für andere Vögel wird dieses Phänomen auch gelegentlich beschrieben (LEMKE 1986). Des Weiteren soll es vorkommen, dass mit chemischen Substanzen behandelte Früchte von Vögeln nicht gefressen werden (LEMKE 1985).

Für die Nahrungssuche dürften diese zwei Sinne jedoch kaum ein Rolle spielen. Lediglich dem Kea (*Nestor notabilis*) wird ein gutes Geruchsvermögen nachgesagt (MC CANN 1963, ZANDER 1976), da er größere Nasenlöcher als andere Papageien besitzt und die Nahrung häufig zuerst an die Nasenöffnungen führt, bevor er sie frisst. Weil er fremde Gegenstände immer mit der Zunge betastet, scheint er auch einen guten Geschmacksinn zu haben.

Der Gehörsinn der Papageien dürfte für die Nahrungsaufnahme keine besondere Rolle spielen.

3. Weitere für die Ernährung wichtige Körperteile

Die Füße und ganz besonders die Zehen der Papageien werden häufig zur Futteraufnahme mit eingesetzt. So nehmen viele Papageien das Futter nicht direkt mit dem Schnabel auf, sondern beißen es vom Baum oder dergleichen ab und halten es dann mit den Krallen fest, um anschließend mit dem Schnabel kleine Stücke abzubeißen. Der Fuß wird also bei der Ernährung entsprechend der menschlichen Hand eingesetzt. Der Hyazinthara ist sogar in der Lage, gleichzeitig mehrere der großen Paranüsse mit einem Fuß zu halten und diese nach und nach zu verzehren (KÜNNE 1993). Der Papageienfuß stellt also ein optimales Greif-, aber auch Kletterorgan dar. Von großer Bedeutung ist hierfür die Anordnung der Zehen, von denen je zwei nach vorne und hinten gerichtet sind. Sie ermöglichen einen großen Bewegungsradius beim Klettern, so dass die Papageien auch weiter entfernt hängende Nahrung erreichen können.

Die Gefiederfarbe spielt ebenfalls eine, wenn auch nur indirekte Rolle bei der Nahrungsaufnahme. Sie bietet dem Vogel eine gute Tarnung, auch wenn die bunte Färbung vieler Papageien dieses auf den ersten Blick nicht erkennen lässt. Die Tiere verschmelzen praktisch in den Baumwipfeln mit ihrer Umgebung.

Wellensittiche

Die beliebten Heimvögel bilden im Freiland große Schwärme

Papageien im Freiland

Auch in der heutigen Zeit, dem beginnenden einundzwanzigsten Jahrhundert, können wir nicht gerade behaupten, sehr viel über die Ernährung der frei lebenden Papageien zu wissen. Häufig sind es nur Bruchstücke, die uns aufgrund zufälliger Beobachtungen bekannt geworden sind. Intensive und langfristige Untersuchungen sind erst in jüngster Zeit eingeleitet worden, nachdem das Interesse an den Papageien allgemein gestiegen ist. Zurückzuführen ist dieses auch auf die ständig steigende Zahl an interessierten Papageienhaltern und -züchtern, die verständlicherweise so viel wie möglich über das Leben ihrer Tiere wissen möchten und dadurch die Papageien immer mehr ins Blickfeld der Öffentlichkeit rücken.

Die bisherigen Untersuchungen haben ergeben, dass sich die Ernährungsgewohnheiten der verschiedenen Papageienarten stark voneinander unterscheiden, und dieses kann selbst für sehr nahe verwandte Arten gelten. Daher sollte man sehr vorsichtig mit Verallgemeinerungen sein und nicht von einer Papageienart auf die andere schließen, wenn keine Untersuchungsergebnisse aus dem Freiland vorliegen. Leider ist das in der Vergangenheit häufiger geschehen, was zur Folge hatte, dass Tiere in der Obhut des Menschen völlig falsch ernährt wurden.

Im Laufe ihrer Entwicklungsgeschichte haben sich nämlich viele Papageien auf bestimmte Nahrungsressourcen spezialisiert, um ein gesichertes Auskommen zu haben. So weichen zum Beispiel die Ernährungsgewohnheiten verschiedener Amazonenarten, die sympatrisch (im gleichen Lebensraum) leben, voneinander ab. Sie ernähren sich also von verschiedenen Früchten oder anderen Futtermitteln. Dadurch wird der Kampf um das tägliche Futter aufgrund der unterschiedlichen Ernährungsgewohnheiten der verschiedenen Arten eingeschränkt.

Generell gesagt, mussten sich die Papageien, wie alle Lebewesen auch, den vorgefundenen Umweltbedingungen anpassen. Dieses trifft ganz besonders auf die Ernährung zu, wobei verschiedene Strategien entwickelt worden sind. So gibt es Generalisten, die sich von Sämereien ebenso ernähren können wie von Früchten verschiedener Arten oder auch von tierischen Eiweißen in Form von Insekten, ihren Larven oder anderem Getier. Diese Generalisten haben häufig bei sich ändernden Umweltbedingungen gute Überlebenschancen, da sie, was das Futter angeht, nicht sehr wählerisch sind und schnell neue Nahrungsgründe erschließen können. Diese Arten sind auch in der Obhut des Menschen verhältnismäßig leicht zu halten, da sie sich in der Regel sehr leicht auf ein Ersatzfutter umstellen lassen. Ein typisches Beispiel hierfür ist der Rosakakadu in Australien, der es sehr schnell gelernt hat, sich den veränderten Bedingungen im Lande, hervorgerufen durch den Ackerbau und die Viehzucht, anzupassen (ROWLEY 1990). Auch von anderen Papageien und Sittichen werden in Australien viele von den Siedlern angelegte Obstplantagen genutzt, in denen sie große Schäden anrichten können (FISHER 1993). Aber nicht nur Nutzpflanzen werden von den Generalisten als Futterquelle genutzt, sondern auch andere von den Siedlern mitgebrachte Gewächse, die der Verschönerung ihrer neuen Heimat dienen sollten (WOOD 1992). Ähnliches gilt zum Beispiel auch für die Rotohraras in Südamerika (BOUSSEKEY et al. 1992 u. 1994), die die Anbauflächen mit Erdnüssen zur Futtersuche nutzen.

Eine andere Gruppe stellen die so genannten Nahrungsspezialisten dar. Sie haben sich weitgehend auf eine bestimmte Nahrungsquelle spezialisiert und sind von dem Vorhandensein dieser Nahrung abhängig. Dieses hat oftmals den Vorteil, dass verschiedene Papageienarten mit unterschiedlichen Ernährungsgewohnheiten nebeneinander leben können, ohne sich gegenseitig Konkurrenz zu machen. Der Nachteil der Spezialisierung liegt aber darin, dass sie sich nicht so leicht auf anderes umstellen können und daher bei wechselnden Umweltbedingungen nicht so gute Überlebenschancen haben. Um derartige Tiere mit Erfolg halten und züchten zu können, ist es logischerweise erforderlich, sie entsprechend zu ernähren oder langsam auf ein entsprechendes Ersatzfutter umzustellen. Ein typisches Beispiel dieser Nahrungsspezialisten stellen die Blauen Aras (*Anodorhynchus*) dar (PITTMANN 1994), die sich auf verschiedene Palmnussarten spezialisiert haben. Dem Meerblauen Ara (*Anodorhynchus glaucus*) dürfte diese Spezialisierung vermutlich sogar das Ende seiner Existenz beschert haben, da er seit dem fast vollständigen Verschwinden seiner Nahrungspflanzen ebenfalls nicht mehr gesehen wurde und seitdem als ausgestorben gilt. Diese Papageienarten haben sich auch mit ihren körperlichen Merkmalen, wie zum Beispiel der Schnabelform, derartig auf ihre Nahrung eingestellt, dass ihnen eine Umstellung auf andere Nahrung sehr schwer fällt. Eine Besonderheit

Die „Blauen Aras" haben sich auf verschiedene Palmnussarten spezialisiert

wurde bei den Hyazintharas (*Anodorhynchus hyacinthinus*) entdeckt (LÜCKER 1995). Diese Hyazintharas beißen die noch in ihrem Ektocarp (Schale) und einer weiteren Faserhülle sitzenden Palmnüsse vom Baum ab und lassen sie auf den Boden fallen. Diese werden dann von Nagetieren, den Agutis, von ihren Hüllen befreit. Später fressen dann Hyazintharas diese geschälten Palmfrüchte. Auch Rinder nehmen gerne die kompletten Früchte auf, können aber die hartschaligen Früchte ebenfalls nicht nutzen, sondern scheiden sie unverdaut, aber vom Ektocarp befreit, wieder aus, welche dann wiederum von den Hyazintharas geknackt und gefressen werden können.

Insgesamt betrachtet haben wir aber noch sehr wenige Erkenntnisse über diese Zusammenhänge, und es sind noch weitere umfangreiche Untersuchungen nötig, um Näheres über die Ernährungsgewohnheiten der Papageien in ihren Ursprungsländern zu erfahren. Am besten bekannt dürfte die Ernährung der australischen Papageien sein. Da dieses Land nicht zu den Entwicklungsländern zählt, standen schon immer mehr Gelder für Forschungsarbeiten zur Verfügung. Aber auch hier kommen in jüngster Zeit immer wieder erstaunliche Ergebnisse zutage, wenn einmal eine Papageienart genauer untersucht wird. Zum Beispiel fanden SMITH und MOORE (1991) in einer Untersuchung an von Autos überfahrenen Nacktaugenkakadus (*Cacatua pastinator sanguinea*) heraus, dass deren Kröpfe zu jeder Jahreszeit größere Mengen an Insekten enthielten. Das deutet auf einen wesentlich höheren Bedarf an tierischen Eiweißen hin, als dieses bislang für Kakadus angenommen wurde. Sogar außerhalb der Brutzeit scheinen diese Kakadus einen hohen Bedarf an tierischen Eiweißen zu haben. Allerdings muss hier berücksichtigt werden, dass diese Tiere vermutlich täglich weite Entfernungen zurücklegen und dabei einen hohen Energieverbrauch haben.

Der Tagesrhythmus der verschiedenen Papageienarten im Freiland unterscheidet sich nur geringfügig. Früh morgens nach Sonnenaufgang fliegen sie außerhalb der Brutzeit einzeln, in kleinen oder auch größeren Schwärmen zu den Wasser- und Futterstellen (vergl. VOGELS 1995 und 1996). Generell kann gesagt werden, dass die Bewohner der bewaldeten Gebiete in kleineren Gruppen oder einzeln auf Nahrungssuche gehen, während die Bewohner der großen freien Flächen, wie etwa viele Sittiche oder Kakadus in Australien, aus Sicherheitsgründen große Schwärme bilden können. Mittags werden häufig Ruheplätze bezogen, um die wärmste Tageszeit im Schatten zu verbringen. Diese Ruhezeiten werden meistens zur Gefiederpflege, aber auch zur Pflege sozialer Kontakte benutzt. Am Nachmittag suchen sie dann noch einmal die Nahrungsgebiete auf, um zu fressen und Wasser aufzunehmen. Abends kehren sie zu ihren Schlafbäumen zurück. Da die Papageien nicht immer an den gleichen Orten das benötigte Futter vorfinden, sind sie gezwungen, häufig größere Wanderungen zu unternehmen, die oftmals in einem jahreszeitlichen Rhythmus durchgeführt werden.

Der Tagesablauf brütender Papageien sieht im Prinzip ähnlich aus, allerdings gehen die Partner in der Regel einzeln auf Nahrungssuche, solange das Nest nicht alleine gelassen werden kann. Da bei den meisten Papageienarten nur die Weibchen brüten, gehen normalerweise die Männchen auf Nahrungssuche. Eine Ausnahme machen hier viele Kakaduarten, da sie abwechselnd brüten und der Partnervogel in seiner „freien" Zeit Nahrung suchen kann. Natürlich können Papageien, die gerade Junge zu versorgen haben, nicht so lange Pausen einlegen wie die nicht brütenden Tiere, da sie sehr viel Zeit benötigen, um das Futter für die Jungen heranzuschaffen.

Wie schon erwähnt, unterliegen viele Papageienarten einem jahreszeitlichen Rhythmus, der von dem Nahrungsangebot abhängig ist. Selbst in den tropischen Urwäldern stehen nämlich nicht alle Nahrungsquellen ganzjährig zur Verfügung, so dass bei fast allen Papageienarten bestimmte Brut- und Ruhezeiten auszumachen sind. Dies hat auch mit der Spezialisierung der einzelnen Arten auf bestimmte Nahrungspflanzen zu tun. Während der Brutzeiten leben die Vögel meistens verstreut in kleinen Verbänden und schließen sich nach dem Brutgeschäft wieder zu größeren Gruppen zusammen.

Betrachtet man nun das Verbreitungsgebiet, das Verhalten und das Äußere der Papageien, können auch nach unserem heutigen Kenntnisstand schon Rückschlüsse auf die Art der Ernährung gezogen werden. Besonders offensichtlich ist das bei den Loris, deren Schnabel und Zunge sie eindeutig als Besucher von Blüten einstuft (Homberger 1980). Ihre Schnäbel sind denkbar ungeeignet zum Schälen von Sämereien. Auch die Ausbildung der Zunge deutet nicht auf einen Samenfresser hin. Dagegen weisen die großen Schnäbel einiger Papageien wie zum Beispiel der großen Aras oder auch des Palmkakadus (*Probosciger aterrimus*) eindeutig auf den Verzehr von hartschaligen Früchten hin, die nur unter größerer Krafteinwirkung geknackt werden können (Hoppe 1985, Behrens 1994). Die Schnäbel vieler anderer Papageien wie zum Beispiel die der Amazonen sind dagegen zum Verzehr von Sämereien oder Früchten verschiedener Arten gleich gut geeignet. Hier können aber die von den Tieren bewohnten Landschaften erste Aufschlüsse über die genutzten Nahrungsressourcen geben. So werden die Wald bewohnenden Papageien vermutlich kaum oder nur wenig Grassamen und dergleichen aufnehmen, weil diese dort einfach nicht oder nur im geringen Umfang wachsen. Diese Papageien ernähren sich also überwiegend von Früchten, die an Bäumen oder Sträuchern wachsen. Die Bewohner weitläufiger Grasebenen halten sich dagegen häufig auf dem Boden auf und nehmen die dortigen Grassamen und Samen weiterer kleinwüchsiger Pflanzen auf. Übrigens führen diese Papageien die Nahrung offensichtlich wesentlich seltener mit dem Fuß zum Schnabel, als das bei denjenigen Tieren der Fall ist, die ihre Nahrung nicht am Boden suchen (Vogels 1996).

Weitere Nahrungsspezialisten, zu denen zum Beispiel der Borstenkopfpapagei, der Kea, aber auch der Nasenkakadu gehören, können an einer vom normalen Papageienschnabel abweichenden Schnabelform erkannt werden. Diese hat sich im Laufe der Evolution den Ernährungsgewohnheiten der Tiere angepasst. So ernährt sich der Borstenkopf überwiegend von Früchten (Low 1990), während die beiden anderen genannten Arten häufig Wurzeln und dergleichen, aber auch Insekten und ihre Larven aus dem Boden graben.

Das Futter

Den Papageien in der Obhut von uns Menschen kann nur ein Ersatzfutter angeboten werden, da auf dem engen Raum unserer Volieren die Verhältnisse der freien Natur nicht geboten werden können. Dennoch sollte es unser Bestreben sein, die Tiere so natürlich wie möglich zu ernähren, um möglichst ihren Anforderungen an das Futter gerecht zu werden. Dieses bedeutet aber nicht, dass allen Tieren das gleiche Futter wie im Freiland geboten werden muss, aber es sollte zumindest ähnlich aufgebaut sein. Also sind Früchtefresser auch überwiegend mit Früchten, Samenfresser überwiegend mit verschiedenen Sämereien zu ernähren. Versuche, wie sie in vergangenen Jahren mit Loris durchgeführt wurden, die laut so genannter Fachleute erfolgreich auf Körnerfutter umgestellt wurden, sollten endgültig der Vergangenheit angehören.

Viele Papageien müssen in der freien Natur wesentlich mehr körperliche Arbeit verrichten als zum Beispiel Tiere in kleinen Gehegen. Sie verbrauchen also viel mehr Energie, die sie natürlich mit dem Futter wieder aufnehmen müssen. Dennoch können wir aus den Beobachtungen in der Natur lernen und die Haltungsbedingungen der Papageien aufgrund dieser Erkenntnisse optimieren, wie in den nächsten Kapiteln dargestellt wird.

Im folgenden Abschnitt wird zunächst eine Übersicht und kurze Beschreibung der zur Fütterung unserer Papageien geeigneten Futtermittel gegeben, anschließend werden Futterzusammenstellung und Fütterungsmethodik näher erläutert.

1. Sämereien

Eine Futtermischung, bestehend aus diversen Sämereien, wird von vielen Papageienhaltern als Körnerfutter bezeichnet und stellte in der Vergangenheit häufig das Hauptfutter, wenn nicht sogar das alleinige Futter für viele Papageien dar. Heute weiß man, das dem nicht so sein sollte, wenngleich die diversen Sämereien immer noch von großer Bedeutung für die Papageien sind. Das gilt übrigens auch für das pelletierte Futter, nur sind die Sämereien dort eben zermahlen.

Tabelle 3: Grobe Einteilung einiger Samen

Fettreiche Samen	Kohlenhydratreiche Samen	Proteinreiche Samen
Hanf	Ackerbohnen	Ackerbohnen
Kardi	Buchweizen	Erbsen
Kürbiskerne	Erbsen	Kürbiskerne
Leinsamen	Glanz	Mungbohnen
Negersaat	(= Spitzsaat)	Sonnenblumenkerne
Rübsen	Hafer	
Sonnenblumenkerne	Hirse	
	Mais	
	Mungbohnen	
	Reis	
	Weizen	

Da die Samen alles beinhalten, was die aus ihnen wachsenden Pflänzchen zum Start benötigen, können sie den Papageien vieles an benötigten Nährstoffen bieten. Hinzu kommt noch die gute Verdaulichkeit vieler Samen. Da nicht alle Samen über die gleichen Inhaltsstoffe verfügen, wirkt sich ein breites Angebot an unterschiedlichen Sämereien positiv auf die Gesundheit der Vögel aus (Aeckerlein 1986). So sind in den Ölsaaten die Fette, im Getreide die Kohlenhydrate und in den Hülsenfrüchten die Proteine stärker vertreten. Daher ist es wichtig, schon bei der Zusammenstellung der Sämereien auf die Bedürfnissen der einzelnen Papageien zu achten und entsprechende Saaten auszuwählen (hierzu später mehr).

Sonnenblumenfeld

Die Samen der Sonnenblume sind sehr fetthaltig und sollten nur sparsam verfüttert werden

1.1 Ölsaaten

Lange Zeit galten die Sonnenblumenkerne als das beste Futtermittel für Papageien, was nicht zuletzt darauf zurückgeführt wurde, dass sie von fast allen Papageien mit Vorliebe gefressen werden. Und da zudem häufig nach der Devise verfahren wurde, die Tiere wüssten schon, was gut für sie sei, wurden die Sonnenblumenkerne reichlich verfüttert, und die Futtermittelhersteller boten lange Zeit fertige Papageienfuttermischungen an, die zum überwiegenden Teil aus Sonnenblumenkernen bestanden.

Wer sich allerdings seine damit gefütterten Papageien genauer betrachtete und auch mal in die Hand nahm, konnte oftmals feststellen, dass die Tiere stark übergewichtig waren. Zurückzuführen ist dieses in den meisten Fällen auf eine Fehlernährung mit den fettreichen Sonnenblumenkernen, deren Fettgehalt bei über 50 % liegt.

Der eigentliche Kern ist bei den Sonnenblumen von einer dicken Schale umgeben, die genau so viel wiegt wie der Kern, was bei genauen Berechnungen der Futtermenge berücksichtigt werden muss. Die Schale der Sonnenblumenkerne ist entweder schwarz, schwarz-weiß gestreift oder weiß. Die gestreiften Sonnenblumenkerne werden am meisten verfüttert und haben nach meinen Beobachtungen das beste Verhältnis von Schale zu Kern, denn die Kerne sind besonders groß. Die weißen Sonnenblumenkerne haben häufig eine sehr große Schale, aber einen kleinen Kern, was sie unwirtschaftlicher werden lässt, zumal sie auch die teuersten sind. Sie werden von den meisten Papageien am liebsten gefressen, es soll aber angeblich keine Qualitätsunterschiede zwischen den verschieden gefärbten Sonnenblumenkernen geben. Allerdings ist die Schale der weißen Kerne etwas weicher, worin möglicherweise der Grund für die Beliebtheit zu sehen sein könnte. Ich verwende immer die gestreiften und habe bislang keine negativen Erfahrungen damit gemacht. Sonnenblumenkerne enthalten reichlich die Aminosäuren Lysin, Methionin und Zystin.

Wer Sonnenblumenkerne kauft, sollte auf Qualität achten. Sie sollten sauber und staubfrei abgepackt sein und nach Möglichkeit immer frisch, da überlagerte Ware schnell ranzig und somit wertlos werden kann.

Eine weitere ölhaltige Saat ist Kardi, das vom Äußeren den weißen Sonnenblumenkernen sehr ähnelt, allerdings viel kleiner ist. Auch Kardi wird von den meisten Papageien sehr gerne gefressen. Der geschälte Kern enthält nur einen geringfügig niedrigeren Fettanteil als die Sonnenblumenkerne, ist also aus dieser Sicht nicht unbedingt besser geeignet als diese.

Hanfsamen zählen ebenfalls zu den ölhaltigen Sämereien, doch ihr Wert für die Ernährung ist stark umstritten. Früher war Hanf bei vielen Sittichzüchtern beliebt, weil er den Bruttrieb, besonders den der Männchen, fördern soll. Allerdings können Papageien durch einen zu hohen Anteil an Hanf auch verfetten. Ein weiterer Nachteil von Hanfsamen liegt in der berauschenden oder auch narkotisierenden Wirkung, die durchaus die Gesundheit beeinträchtigen kann. SOMMER und SOMMER (1989) beschreiben Probleme mit Hanf während der Jungenaufzucht ihrer Graupapageien und führen ihren „Rauschzustand" auf Verunreinigungen der Saaten mit Blattresten oder Harzen von weiblichen Hanfpflanzen zurück, die Cannabinoide, also Rauschmittel, enthalten sollen. Nach dem Absetzen der Hanfsamen normalisierte sich das Verhalten der Tiere wieder. Aus diesem Grunde sollten Hanfsamen, wenn überhaupt, nur in kleinen Mengen vor und während der Brutzeit angeboten werden. Einige Züchter geben Hanf allerdings auch in der kalten Jahreszeit mit gutem Erfolg, wenn die Tiere bei niedrigen Temperaturen überwintert werden (RADKE 1998).

Ein bei vielen Papageien beliebter ölhaltiger Samen ist der Kürbiskern. In geringem Maße gereicht, stellen Kürbiskerne eine Bereicherung des Speiseplans dar und sollten mit Schale angeboten werden, um den Tieren dadurch etwas Beschäftigung zu bieten. Kleine Papageien und Sittiche können die Schalen natürlich nicht öffnen und müssen den Inhalt ohne Schale gereicht bekommen. Ähnliches wie für die Kürbiskerne gilt auch für Bucheckern, den Samen der Rotbuche.

Die kleineren ölhaltigen Sämereien wie Rübsen, Negersaat oder Leinsamen haben für die Ernährung der Papageien keine allzu große Bedeutung, können dem Körnerfutter aber ohne Problem in einem geringen Prozentsatz beigefügt werden. Lediglich beim Leinsamen ist Vorsicht angebracht, zumindest wenn die Körnermischung gekeimt werden soll, denn gewässerter Leinsamen klebt aufgrund seiner schleimigen Oberflächen leicht an den Keim- und Futtergefäßen fest.

1.2 Kohlenhydratreiche Samen

Zu den kohlenhydratreichen Samen sind hauptsächlich die aus Wildgräsern gezüchteten Getreidesorten zu zählen. Diese Samen stellen zwar ein besonders energiereiches Futter dar, das allerdings nur einen niedrigen Gehalt an essenziellen Aminosäuren wie zum Beispiel Lysin, aufweist (AECKERLEIN 1986). Daher sollte auf keinen Fall über einen längeren Zeitraum ausschließlich Getreide verfüttert werden, da dieses zu gesundheitlichen Problemen der Papageien führen würde. Ein Beispiel dafür sind die sich rot umfärbenden Agaporniden, die ausschließlich mit Hirse gefüttert wurden (PETERS 1978, GROSSE 1978, BROCKMANN 1979). Aber nicht nur einige Aminosäuren sind im Getreide untervertreten, sondern auch der Mineralstoffgehalt ist recht niedrig. Getreidesamen können entweder trocken, gekeimt oder auch im halbreifen Zustand gefüttert werden.

Eine der bedeutendsten Getreidesorten stellt die Hirse dar. Sie wird in vielen unterschiedlichen Varianten vom Handel angeboten und besonders von den kleineren Papageienarten gerne gefressen. Obwohl die Inhaltsstoffe der meisten Hirsesorten ziemlich identisch sind, werden doch nicht alle gleich gerne von den Tieren genommen. Hier sollte jeder Papageienliebhaber in Versuchen ermitteln, welche Sorte von seinen Vögeln bevorzugt wird. Häufig ist zu hören, dass die Rote Dakotahirse nicht so gerne gefressen wird, die übrigen Sorten wie zum Beispiel die Silber-, Gold-, Japan-, Plata- oder Senegalhirse dagegen lieber genommen werden. Leider bietet der Handel nicht immer Fertigmischungen an, die dem Geschmack der Tiere entsprechen, sondern hier bestimmt oftmals der Einkaufspreis die Zusammenstellung. Selbermischen ist daher häufig eine gute Alternative.

Besonders beliebt ist bei vielen Vögeln die Kolbenhirse, bei der sich die einzelnen Samenkörner noch in den Rispen befinden. Ob diese wirklich

Rote und Gelbe Kolbenhirse

Die Rote Kolbenhirse ist auch unter dem Namen Dakota-Hirse bekannt

noch besser schmecken, da die Körner etwa durch den Dreschvorgang nicht beschädigt sind, wie AECKERLEIN (1986) vermutet, oder ob es den Tiere einfach mehr Spaß bereitet, die Körner vom Kolben abzubeißen, kann nur vermutet werden. An dieser Stelle muss noch erwähnt werden, dass die Fütterung von Kolbenhirse nicht unumstritten ist, denn leider hat sie nicht immer die Qualität, die sie haben sollte. So hält CLAUSS (1998) es für völlig unnatürlich, dass Vögel trockene Samen aus trockenen Kolben herausklauben. Als weiterer negativer Punkt wird die Verunreinigung angeführt, die schnell zu Verpilzungen der Kolben führen kann. Zum ersten Punkt kann gesagt werden, dass fast die gesamte Ernährung der Papageien aus so genannten Ersatzfuttermitteln besteht, warum also nicht auch die Kolbenhirse! Zur Verschmutzung muss gesagt werden, dass diese auf alle Futtermittel zutreffen kann und jeder Papageienhalter beim Kauf auf äußerste Sauberkeit des Futters achten sollte (FONFARA 1998). Die Kolbenhirse vor dem Verfüttern zu waschen (HENTZLER 1973) halte ich nicht für gut, da die nassen Kolben anschließend sehr schnell verzehrt werden müssten, um Verpilzungen zu verhindern. Gleiches gilt übrigens auch für das Ankeimen der Kolben, von dem aus gesundheitlichen Gründen eigentlich abgeraten werden muss. Das Argument der Beschäftigung der Tiere sollte hier aber im Vordergrund stehen, da die Kolbenhirse viele Papageien anscheinend zu Aktivitäten anregt (HEMPEL 1989). Selbst kranke Papageien werden gelegentlich zur Futteraufnahme animiert, wenn ihnen Kolbenhirse angeboten wird.

Kolbenhirse wird auch besonders gerne im halbreifen Zustand gefressen und kann auch tiefgefroren gelagert werden. Zum Auftauen hält man die Kolben unter fließendes Wasser, um das beim Einfrieren den Körner entzogene Wasser wieder zuzuführen (MAIJER 1997). Allerdings sollten sie dann abgetrocknet und auch schnell von den Tieren verzehrt werden, um Verpilzungen zu vermeiden.

Zum hirseartigen Getreide zählen auch noch die als Dari und Milo bezeichneten Futtermittel, die sich ebenfalls gut als Papageienfutter eignen und in geringem Maße stets angeboten werden können.

Weitere kohlenhydratereiche Sämereien stellen unsere einheimischen Getreidesorten dar, von denen der Weizen und der Hafer sich besonders gut für die Ernährung der Papageien eignen. Gerste und Roggen werden nicht gerne angenommen. Der Weizen hat einen hohen Gehalt an Mineralien wie zum Beispiel Schwefel, der zur Federbildung von großer Bedeutung ist. Der Hafer zeichnet sich dagegen durch einen hohen Gehalt an den Aminosäuren Lysin und Zystin, sowie an ungesättigten Fettsäuren aus. Daher sollten Weizen und Hafer unbedingt auf dem Speiseplan stehen.

Reis verschiedener Sorten wird aufgrund des harten Korns von den Papageien zwar nicht gerne genommen, kann dem Körnerfutter aber dennoch in ungeschälter Form (Paddyreis) beigefügt werden. Gekocht eignet er sich jedoch ausgezeichnet zur Eingewöhnung von frisch importierten oder kranken Papageien.

Mais ist in vielen Futtermischungen enthalten, stellt aber in getrockneter Form nicht gerade einen Leckerbissen für Papageien dar, weil er recht hart ist. Daher sollte er für kleinere Papageien nur zerkleinert gereicht werden. Mais ist nicht besonders reich an Aminosäuren und Vitaminen und darf deshalb niemals in großen Mengen verabreicht werden, da ansonsten gesundheitliche Störungen zu befürchten sind.

Besonders beliebt bei den Krummschnäbeln ist dagegen halbreifer Mais. Nur wenige Papageien werden dieses Futter verschmähen. Aber Vorsicht, der Mais ist kein Alleinfutter, und um eine Mangelernährung zu verhindern, sollte er stark rationiert angeboten werden. Es empfiehlt sich, die Stücke in schmale Scheiben zu schneiden und auch nicht jeden Tag anzubieten. Zur Aufzucht von Jungtieren stellt der halbreife Mais ebenfalls ein gutes Zusatzfuttermittel dar und sollte daher tiefgefroren gelagert werden, um ihn zu jeder Jahreszeit anbieten zu können. Geerntet wird er dann, wenn die Maiskörner zwar schon ihre endgültige Größe haben, aber noch hellgelb und nicht ausgehärtet sind.

Es gibt noch weitere Getreidesorten oder auch Wildformen, deren Samen für die Papageienernährung in Frage kommen wie zum Beispiel der Glanz oder die verschiedenen bei uns wachsenden Wildgräser. Dabei können nicht nur die ausgereiften Samen gesammelt werden, sondern auch die halbreifen Ähren als Futter Verwendung finden. Wer seinen Tieren gern Abwechslung bieten möchte, findet hier ein weites Betätigungsfeld. Auch der Buchweizen, der zwar nicht zum Getreide zählt, aber ähnliche Inhaltsstoffe aufweist, stellt eine Bereicherung des Speiseplans dar.

Mais

Die drei Maiskolben haben einen unterschiedlichen Reifegrad; der mittlere würde sich zum Einfrieren eignen

1.3 Eiweißhaltige Futtermittel (Hülsenfrüchte)

Hier sind in erster Linie die Hülsenfrüchte (Leguminosen) zu nennen, zu denen die Erbsen, Bohnen, Sojabohnen, Wicken, aber auch die Erdnüsse gehören. Die Erdnüsse werden im Kapitel Nüsse näher beschrieben. Die Hülsenfrüchte zeichnen sich generell durch einen hohen Eiweiß- und Mineralstoffgehalt aus und stellen somit ein gutes Ergänzungsfuttermittel zu den übrigen Saaten dar. Auch der unterschiedliche Gehalt an diversen Aminosäuren gegenüber einigen Getreidesorten hebt ihre Wertigkeit. Allerdings gibt es bei der Verabreichung von Leguminosen einiges zu beachten. So eignen sich getrocknete Hülsenfrüchte aufgrund ihrer Härte kaum für Papageien und werden auch gar nicht oder, wenn doch, nur ungern gefressen. Sie sollten daher in gekeimtem Zustand, zumindest aber in Wasser gequollen gereicht werden. Als Kochfutter können sie ebenfalls Verwendung finden. Erbsen können auch frisch noch in der Schale angeboten werden und stellen für viele Papageien einen Leckerbissen dar.

Keimfutter

Der Nährwert des Keimfutters ist besonders groß, wenn die Keime kurz sind

Häufig wird vor dem Verfüttern von Leguminosen gewarnt, da diese schädliche oder gar giftige Inhaltsstoffe enthalten sollen. Dieses trifft zwar im Prinzip zu, jedoch sind diese Substanzen in so geringen Mengen enthalten, dass sie kaum Schaden anrichten können. Anders sieht dieses dagegen bei der Sojabohne aus: Diese enthält offenbar bestimmte Hemmstoffe, die den Eiweißstoffwechsel derartig behindern, dass es zu gesundheitlichen Problemen, und zwar besonders bei Jungvögeln kommen kann (GINSBERG 1992, VÍT 1993). Dieser hohe Gehalt an Protease-Inhibitoren ist aber, wie erwähnt, nur in der Sojabohne vorhanden und kommt dann zum Tragen, wenn diese roh verabreicht wird (JEROCH et al. 1993). Das gilt auch für ungetoastetes Sojaschrot, welches oftmals als Zusatzfutter dem Aufzuchtfutter beigefügt wird. Auch ich habe diesen Fehler einmal bei der Handaufzucht von Hyazintharas gemacht. Nachdem ich dem Aufzuchtfutter Sojaschrot beigefügt hatte, stellten die Jungvögel das Wachstum ein. Nach längerem Suchen nach der Ursache des Stagnierens der Gewichtszunahme und dem Wälzen entsprechender Literatur habe ich das Sojaschrot sofort vom Speiseplan gestrichen, und die Jungen nahmen schon zwei Tage später wieder an Gewicht zu. Sojaprodukte sollten also besser nicht für die Aufzucht der empfindlichen Jungtiere verwendet werden. Durch Kochen sollen zwar die schädigenden Substanzen zerstört werden, doch scheint dies nicht immer ganz der Fall zu sein. Übrigens verfärbt sich der Keim (Nabel) der Sojabohne beim Erhitzen oder Toasten dunkel, woran man erkennen kann, dass sie genießbar ist. Nahe Verwandte der Sojabohne, wie zum Beispiel die Mung- oder Kadjang-Bohnen, enthalten nur wenige dieser Hemmstoffe und können daher an Papageien verfüttert werden.

Ansonsten eignet sich eigentlich nur die Ackerbohne als Zusatzfutter für Papageien, die aber auch nur gekeimt angeboten werden sollte.

2. Keimfutter

Das Keimfutter kann generell in drei Bereiche eingeteilt werden, das Quellfutter, das eigentliche Keimfutter und das so genannte Grünkraut, die alle auf dem gleichen Grundprinzip basieren, nämlich dem Einweichen von Körnerfutter und der anschließenden Entwicklung der Sämereien. Unterschiede gibt es lediglich in dem Entwicklungsstand, in dem die Sämereien den Papageien angeboten werden.

So wird das Quellfutter lediglich zum Aufquellen in Wasser gegeben. Die Sämereien nehmen das Wasser auf, und die ersten Umwandlungsprozesse werden schon in Gang gesetzt. Ein wichtiger Vorteil dieser gequollenen Samen gegenüber den trockenen ist in der Aufweichung der Körner zu sehen. Sie können leichter gefressen und auch verdaut werden. Dieses gilt besonders für den im trockenen Zustand sehr harten Mais, aber auch für die meisten Leguminosen (Erbsen, Bohnen usw.). AECKERLEIN (1986) führt an, dass die enzymatische Aufspaltung des gequollenen Korns für den Organismus schwieriger sei, da die Verdauungssäfte nicht so leicht in das mit Wasser angefüllte Korn eindringen können. Nach meinen 25-jährigen Erfahrungen mit Quellfutter konnte ich bislang jedoch keinerlei negative Auswirkungen auf die Verdauung oder die Gesundheit meiner Tiere feststellen.

Tabelle 4: Einweichdauer diverser Samen (nach Nöcker)

Samen	Einweichzeit in Stunden
Sonnenblume	6
Gerste	6
Rettich	8
Hirse	12
Erbsen	12
Kürbis	12
Linsen	12
Roggen	12
Mungbohnen	12
Weizen	12
Buchweizen	16
Kichererbse	18
Adzukibohne	18

Über die Quelldauer der Sämereien gibt es unterschiedliche Ansichten. Aus praktischen Gründen belasse ich in der Regel die Körner 12-24 Stunden im Wasser. 24 Stunden werden von einigen Autoren als zu lange betrachtet, da der Samen dadurch Schaden nehmen und nicht mehr keimen oder gar verderben könne. So haben Ehlenbröker und Lietzow (1997) in einer von ihnen durchgeführten Untersuchung eine nötige Einweichzeit von sechs Stunden ermittelt, empfehlen aber ebenfalls aus praktischen Gründen eine Einweichzeit von 12 Stunden. Als ich vor 25 Jahren mit dem Keimen begann, habe ich in eigenen Versuchen bei einer 24-stündigen Einweichzeit keinerlei schädigende Auswirkungen auf die Keimfähigkeit der Samen sowie deren Zustand feststellen können. Nöcker (1987) gibt verschiedene Zeiten zum Einweichen der unterschiedlichen Sämereien an, aus denen sich eine allgemeine Einweichzeit von ca. zwölf Stunden ableiten lässt. Auch wenn einige Sämereien eine etwas längere Zeit zum Einweichen benötigen, reicht in der Praxis eine Zeit von zwölf Stunden, da sie ja anschließend nicht gleich eintrocknen, sondern zum weiteren Keimen feucht gehalten werden müssen. Aber auch für den Fall, dass sie gleich verfüttert werden, schadet die zu kurze Einweichzeit nicht.

Besonders gut zur Verfütterung an Papageien eignen sich die Sämereien, wenn sie nicht als Quellfutter, sondern als Keimfutter angeboten werden. Dazu müssen sie noch über einen Zeitraum von 24-48 Stunden aufbewahrt werden, bis sich kurze Keime entwickelt haben, die gerade durch die Samenhülle brechen. Längere Keime werden zum einen nicht mehr so gerne von den Tieren gefressen und verlieren zudem auch noch leicht an Nährwert, da ja Substanz zur Bildung des Keimes verbraucht wird. Um also ein zu langes Keimen der Samen zu verhindern, sollte immer nur so viel Keimfutter angesetzt werden, wie auch in dem entsprechenden Zeitraum verfüttert werden kann. Eine Lagerung im Kühlschrank wäre zwar durchaus möglich, erscheint mir aber nicht besonders sinnvoll, da auch bei Kälte ein Verpilzen der Samen möglich ist und das Futter dadurch unbrauchbar wird. Hier sollte also kein Risiko eingegangen werden.

Durch ein übermäßiges Keimen werden die Samen allerdings nicht unbrauchbar, sondern man kann sie sich weiterentwickeln lassen zu den so genannten Grünkräutern. Diese stellen ein ausgezeichnetes Grünfutter dar. Sie sind besonders für die Züchter von Interesse, die in ihrer näheren Umgebung kein Grünfutter im Freien sammeln können und auf eine Eigenzucht im Hause angewiesen sind.

Warum sollten die Sämereien nun aber im gequollenen oder gekeimten Zustand angeboten werden? Der harte und trockene Samen enthält alle notwendigen Nahrungsvorräte für den späteren Keimling, allerdings sind diese fest eingebunden und können von den Papageien nur schwer aufgeschlossen werden. Gelangt nun aber Feuchtigkeit in Verbindung mit Sauerstoff an den Samen, beginnt dieser mit einer Umwandlung seiner Inhaltsstoffe und sprengt gleichzeitig auch noch seine schützende Hülle. Während dieser ersten Wachstumsphase werden also die Inhaltsstoffe schon teilweise aufgespalten, aber auch neue Stoffe gebildet. So werden zum Beispiel

- Proteine in Aminosäuren,
- Fette in essenzielle Fettsäuren,
- Stärke in Maltose und Dextrin umgewandelt;
- der Gehalt an Proteinen, Enzymen und Vitaminen erhöht sich oder es werden auch neue gebildet;
- Mineralien und Spurenelemente werden in komplexere Formen umgebildet;
- Säuren und Gifte, die die Samen zum eigenen Schutz enthalten können, werden sehr schnell abgebaut.

An dieser Stelle wird der Wert eines guten Keimfutters deutlich, da es für die Gesunderhaltung der Papageien wesentlich besser geeignet ist als trockene Sämereien. So kann zum Beispiel Vitamin C in getrockneten Leguminosen kaum nachgewiesen werden, nach 24 Stunden Keimzeit dagegen schon 7-8 mg/100g und nach 48 Stunden 10-12 mg/100g (NÖCKER 1987). Ähnliches gilt auch für andere Vitamine (siehe Tabelle 5). Aber nicht nur der Vitamingehalt der Körner kann durch das Keimen gesteigert werden, sondern auch der Gehalt an Spurenelementen und Mineralien. Gekeimte Mungbohnen weisen zum Beispiel gegenüber trockenen Mungbohnen eine Erhöhung des Kaliumgehaltes um 80 %, des Kalziumgehaltes um 34 %, des Phosphorgehaltes um 56 %, des Natriumgehaltes um 69 % und des Gehaltes an Eisen um 40 % auf.

Ein weiterer Vorteil des Keimfutters gegenüber den trockenen Körnern ist die bessere Verdaulichkeit. Die Samen können im Muskelmagen leichter zerrieben und anschließend auch leichter aufgeschlossen werden. Befürchtungen von EHLENBRÖKER und LIETZOW (1997), die Umwandlung der Fette und Kohlenhydrate und die damit einhergehende Verringerung des Energiegehaltes sowie die kürzere Verweildauer im Papageienorganismus könne bei alleiniger Fütterung von Keimfutter zu einer Unterernährung und somit zu einer Abmagerung der Tiere führen, kann ich nicht teilen. Zum einen reagieren auch Papageien auf Unterernährung mit einer erhöhten Futteraufnahme, zum anderen sollten aber Papageien niemals nur mit Körnerfutter, auch wenn es gekeimt ist, gefüttert werden. Ich habe vor Jahren Versuche mit übergewichtigen Amazonen durchgeführt, um festzustellen, ob sie mit Keimfutter ihr Gewicht verringern würden. Leider blieben diese Versuche ohne Erfolg, die Tiere mussten radikal auf Diät gesetzt werden, um ihr Übergewicht abzubauen.

Tabelle 5: Die Steigerung des Vitamingehalts während des Keimens in mg/100g (nach NÖCKER)

Vitamin	Hülsenfrucht	Vitamingehalt vor dem Keimen	Vitamingehalt nach zwei Tagen Keimzeit	Vitamingehalt nach vier Tagen Keimzeit
B_{12}	Mungbohne	0,061	0,081	0,153
B_{12}	Erbse	0,036	0,127	0,236
E	Mungbohne	2,400	2,800	3,200
E	Kichererbse	2,000	2,300	2,600

Wie können die verschiedenen Sämereien nun am einfachsten gekeimt werden? Die Industrie bietet hierzu verschiedene Geräte wie zum Beispiel Keimsilos oder auch Keimgläser an. Leider muss ich gleich vorwegnehmen, dass ich mit diesen Geräten in meiner Anlage keine guten Erfahrungen gemacht habe, da die Sämereien immer wieder verpilzen. Vielleicht habe ich nicht immer sauber genug gearbeitet, allerdings vermute ich, dass die Ursache in den verschlossenen Gefäßen zu sehen ist. In ihnen kann sich meiner Meinung nach eine zu große Wärme entwickeln, die dann das Wachstum der Pilze enorm fördert. Dieses tritt besonders häufig auf, wenn die Umgebungstemperatur hoch ist. Ich habe daher meine eigene Methode entwickelt, mit der ich seit 25 Jahren zu meiner vollen Zufriedenheit arbeite. Dazu verwende ich zwei Eimer, von denen der etwas kleinere am Boden sehr viele kleine Löcher enthält, die mit einem Bohrer hinein gebohrt wurden. In den Eimer mit den Löchern gebe ich nun die zu keimenden Saaten. Der Eimer sollte dabei höchstens zu 2/3 mit Körnern gefüllt werden. Dann spüle ich das Ganze mit Leitungswasser mehrfach durch. Anschließend stelle ich diesen Eimer in den zweiten und fülle Wasser hinein. Die Eimer stehen bei mir im Keller, in dem die Temperatur zwischen ca. 14 °C im Winter und maximal 20 °C im Sommer schwankt. Nach meinen Erfahrungen sollte die Temperatur die 20 °C-Marke nicht überschreiten, da ansonsten die Gefahr der Verpilzung zu groß wird. Selbst bei 14 °C keimen die Samen noch ohne Probleme, wenn es auch etwas länger dauert.

Diese Arbeiten führe ich in der Regel morgens nach dem Füttern meiner Papageien durch. Nach zwölf Stunden, also abends, spüle ich dann das Keimgut mehrfach unter fließendem Wasser gut durch, wozu ich immer kaltes Wasser verwende. Anschließend stelle ich den Eimer wieder in den zweiten Eimer zurück, ohne ihn mit Wasser aufzufüllen. Um eine bessere Zirkulation der Luft zu erreichen, habe ich den unteren Rand des Eimers, der das Saatgut aufnimmt, teilweise mit der Säge entfernt (siehe Fotografie). Dadurch kann auch von unten durch die Bohrlöcher Luft an die Samen gelangen. Am nächsten Morgen wird das Keimgut wiederum kräftig durchgespült, das Wasser gut ablaufen gelassen und anschließend der erste Teil verfüttert. Zu diesem Zeitpunkt haben sich noch keine Keime gebildet, sondern man kann das Futter lediglich als Quellfutter bezeichnen. Allerdings ist es, wie schon erwähnt, bereits jetzt wesentlich wertvoller für die Ernährung der Papageien als das trockene Korn. Das übrige Keimfutter wird wieder in den Keller gestellt, wo es am Abend nochmals durchgespült wird. Am kommenden Morgen wiederholt sich das Ganze, und es wird wieder ein Teil verfüttert. Während der wärmeren Jahreszeit können nun schon die ersten Keime sichtbar werden. Das restliche Keimfutter wird dann bis zum nächsten Morgen aufbewahrt und verfüttert. Mit einem Ansatz kann also drei Tage gefüttert werden. Die Eimer müssen vor dem nächsten Einsatz gründlich gereinigt werden. Ich verwende dazu allerdings keine Reinigungsmittel, sondern lediglich warmes Wasser und eine gute Bürste. Es sollte dabei aber darauf geachtet werden, dass sich an keiner Stelle der Schmutz festsetzen kann.

Keimglas

Bei Verwendung derartiger Keimgläser sollte man sich strikt an die Gebrauchsanweisung des Herstellers halten, da es bei unsachgemäßer Handhabung schnell zu einer Verpilzung des Keimguts kommen kann

Keimeimer

Der durchlöcherte Eimer wird mit Keimgut gefüllt und in den zweiten Eimer gestellt. Anschließend werden sie mit Wasser gefüllt.

Auf diese Art und Weise keime ich, wie schon erwähnt, seit 25 Jahren das Keimfutter und habe noch niemals etwas wegwerfen müssen, weil es durch Pilzbefall verdorben war. Wichtig ist aber, dass das Futter regelmäßig unter fließendem Wasser kräftig abgespült wird. Ich halte es auch für völlig überflüssig, dem Keimwasser chemische Mittel beizugeben, um vorhandene Pilzsporen oder Bakterien abzutöten, wie es von KEMPEL (1997) empfohlen wird. Diese in der Regel giftigen Substanzen werden nämlich mit dem Wasser direkt von den Samenkörnern aufgenommen und gelangen dadurch in den Vogelkörper. Auf diese Weise können wir zwar die möglicherweise vorhandenen Krankheitserreger am Keimfutter vernichten, aber nach meinen Informationen weiß zur Zeit noch niemand, wie diese Gifte sich langfristig auf den Organismus der Tiere auswirken. Und nach meinen langjährigen Erfahrungen ist eine derartige Behandlung auch gar nicht nötig, wenn mit der nötigen Sorgfalt gearbeitet wird.

Eine weitere Methode zum Keimen ist die so genannte Siebmethode. Dabei wird ein Sieb mit Körnern gefüllt und in ein Gefäß mit Wasser gestellt. Ähnlich wie im Eimer kann der Inhalt des Siebes dann nach 12 Stunden regelmäßig unter fließendem Wasser abgespült werden. Die Luftzirkulation in dem Sieb dürfte noch besser sein als im Eimer, allerdings kann aufgrund der Größe in den meisten Sieben nicht so viel Futter auf einmal angesetzt werden und auch die Standfestigkeit der Siebe ist nicht so groß wie die der Eimer. Deshalb habe ich mich für die Eimer entschieden.

Wie schon erwähnt, kann man die Keime aber auch weiter wachsen lassen und dann die so genannten Grünkräuter ernten. Hierzu eignet sich Weizen besonders gut. Dazu wird eine dünne Schicht Erde in eine flache Schüssel gegeben und die gekeimten Samen in einer dünnen Schicht darüber gelegt. Sie sollten immer leicht feucht gehalten werden. Besonders gut gedeihen die Pflanzen in einem Minitreibhaus, welches aus einer großen Plastiktüte mit einigen Luftlöchern sehr leicht selber gebaut werden kann. Die Pflanzen sollten bis zum Verfüttern einen grünen Rasen gebildet haben. Dieses Weizengras stellt ein hervorragendes Futter dar, was sich zum Beispiel durch einen hohen Kalziumgehalt (0,24 % gegenüber 0,06 % im getrockneten Korn) widerspiegelt. Der Karotingehalt steigt ebenfalls drastisch an, gleiches gilt für die B-Vitamine, das Vitamin E und das Vitamin C. Wer also seinen Tieren kein anderes Grünfutter anbieten kann, sollte es unbedingt einmal mit selbstgezogenen Grünkräutern versuchen.

Wer beim Keimen immer auf Sauberkeit achtet und die Samen regelmäßig abspült, braucht keine Angst vor einer Verpilzung zu haben. Nur bei einer falschen Behandlung kann die Gefahr bestehen, die Gesundheit der Tiere durch verdorbenes Futter zu gefährden. Ich lasse das Keimfutter bis zu 24 Stunden in der Voliere stehen, ohne dass ich jemals eine Verpilzung entdecken konnte. Allerdings wird es in meinen Innenräumen, in denen das Futter steht, nicht sehr warm. Wer es im Sommer in sehr aufgeheizten Räumen oder gar in der prallen Sonne stehen hat, sollte die Näpfe lieber abends leeren und morgens neu füttern.

Welche Saaten eignen sich nun zum Keimen? Im Prinzip alle diejenigen, die den Tieren auch trocken angeboten werden. Ich verwende daher immer die normalen Körnermischungen, mit denen ich auch sonst füttere. Sehr gute Erfolge habe ich mit zwei unterschiedlichen Mischungen erzielt, die im 3-tägigen Wechsel angeboten werden. Sie zwingen die Tiere dazu, sich vielseitiger zu ernähren, was sich nach meinen Erfahrungen besonders positiv auf die Zucht auswirkt.

Mischung I	*Mischung II*
Buchweizen	Ackerbohnen
Hafer	Dari
Kardi	Erbsen
Kiefernsamen	Hirse
Paddyreis	Milo
Sonnenblumenkerne	Mungbohnen
	Weizen

Zum Schluss sei noch angemerkt, dass zum Keimen natürlich nur qualitativ hochwertige Samenmischungen verwendet werden sollten. Falsch gelagertes oder verdorbenes Futter wird kaum oder gar nicht keimen und kann sehr schnell den ganzen Ansatz verderben, was leicht am unangenehmen Geruch zu erkennen ist. Das Keimfutter sollte immer nur leicht riechen; starker Geruch deutet immer auf schlechtes Ausgangsmaterial oder zu lange Pausen zwischen den Spülungen hin.

3. Kochfutter

Einige Futtermittelproduzenten bieten so genanntes Kochfutter an, das aus einer Mischung diverser Saaten besteht. Häufig ist dabei der Anteil an Leguminosen und anderen harten Samen, die getrocknet nur ungern von Papageien gefressen werden, recht groß. Diese harten Sämereien können nach dem Kochen von den Papageien ohne Probleme zerkleinert und gefressen und auch besser verdaut werden. Dennoch hat das Kochen Nachteile, die nicht verschwiegen werden sollen. So vertragen die Enzyme, die für ein ordnungsgemäßes Funktionieren des Organismus unentbehrlich sind, keine Temperaturen über 40 °C. Aber auch viele Vitamine werden beim Kochen zumindest teilweise zerstört, wie auch die Angaben in Tabelle 6 auf der folgenden Seite verdeutlichen.

Im Prinzip erreicht man also mit dem Kochen der Saaten eigentlich genau das Gegenteil von dem, was man erreichen wollte, nämlich eine bessere Versorgung des Organismus mit den notwendigen Substanzen während der Brutzeit. Aus diesem Grunde sollte das Futter lieber gekeimt anstatt gekocht werden, denn durch den Keimprozess können die im Samen eingelagerten Substanzen von den Papageien zu einem wesentlich höheren Prozentsatz ausgenutzt werden und dadurch die Gesundheit und die Brutkondition entsprechend erhöhen.

Tabelle 6: Vitaminverlust beim Kochprozess (nach NÖCKER)

Vitamin	Verlust in %
A	10 - 30
B_1	25 - 45
B_2	40 - 48
B_{12}	45 - 55
C	70 - 80
D_2	gering
E	50
Biotin	bis 72
Pantothensäure	bis 44
Folsäure	bis 97
Inositol	bis 95
Lecithin	100

4. Früchte

Früchte sind mannigfaltig in der Natur zu finden und werden von vielen Tierarten gerne verzehrt, weil das Fruchtfleisch in der Regel sehr süß schmeckt. Diese Süße entsteht durch die Fruchtzucker, die von der Pflanze gebildet werden, um damit Tiere zu verleiten, die Früchte zu verzehren. Dies stellt eine geniale Strategie der Pflanzen dar, sich auszubreiten, denn im Normalfall verzehren die Tiere zwar die Früchte, der Kern wird aber an anderer Stelle von den Tieren unverdaut wieder ausgeschieden und kann dort möglicherweise zu einer neuen Pflanze heranwachsen. Auch die Papageien nutzen dieses Futterangebot, auch wenn sie sich nicht immer darauf beschränken, nur das Fruchtfleisch zu fressen, sondern auch die Kerne knacken.

Während einige Papageienarten wie der Borstenkopf sich fast ausschließlich auf den Verzehr von Früchten spezialisiert haben (LOW 1990), nehmen andere nur sporadisch Früchte auf, wie zum Beispiel einige australische Sittiche, die in den großen Trockengebieten überwiegend Samen als Nahrung vorfinden. Aber auch diese Sittiche verzehren gerne Früchte, wenn sie welche vorfinden (FISHER 1993). Daher sollten bei keinem Krummschnabel Früchte der verschiedenen Sorten auf dem Speiseplan fehlen, denn sie enthalten neben dem wohlschmeckenden Fruchtzuckern auch noch sehr viele Vitamine, Mineralstoffe, Fruchtsäuren, Pektine, Gerbstoffe und leicht resorbierbare Kohlenhydrate (JACOB 1985). Papageien im Freiland fressen aber nicht nur die süßen reifen Früchte, sondern auch die noch halbreifen, wie zum Beispiel grüne Bananen. Übrigens bekommen die Früchte in der Regel die bunte Färbung nicht, um zu zeigen, dass sie nicht mehr giftig sind, wie gelegentlich zu lesen ist, sondern das späte Einfärben soll ein vorzeitiges Fressen verhindern. Die meisten halbreifen Früchte enthalten kaum oder nur in geringem Umfang Giftstoffe (Blausäure) und können daher ohne Probleme auch schon im grünen Zustand verfüttert werden. So habe ich meinen Rotohraras zum Beispiel einen großen Ast mit einigen hundert grünen Pflaumen in die Voliere gehängt, von dem alle Pflaumen gefressen wurden. Keines der Tiere zeigte geringste Vergiftungserscheinungen. Allerdings muss ich hier erwähnen, dass meine Tiere in einer sehr guten Kondition waren und ich immer Erde und Tonerde anbiete, die mögliche Gifte aufnehmen und damit unschädlichen machen können. Wer Vergleichbares nicht anbietet, sollte jedoch vorsichtig sein.

Um Papageien in unseren Breiten artgerecht mit Früchten zu versorgen, muss nicht auf exotisches Obst zurückgegriffen werden, sondern auch unsere einheimischen Früchte stellen ein ausgezeichnetes Futtermittel dar. Im Folgenden sollen die wichtigsten Früchte für die Papageienernährung kurz vorgestellt werden.

4.1 Kernobst

Zum Kernobst zählen Äpfel und Birnen, die auf keinem Speiseplan fehlen sollten. Wer Äpfel kauft, sollte nicht nur auf das Aussehen achten, denn ent-

Obstsortiment

Frisches Obst ist für die meisten Papageien eine wichtiger Nahrungsbestandteil

scheidend sind die Inhaltsstoffe. Besonders bei Äpfeln gibt es große Geschmacksunterschiede; nicht alle werden von den Vögeln gleich gerne gefressen. Durch Futterversuche sollte daher jeder Papageienhalter die Lieblingsäpfel und -birnen seiner Tiere herausfinden. Damit möglichst viel vo diesem Obst gefressen wird, schneidet man es in kleine Stücke. Die Kerne müssen nicht entfernt werden. Scheuen und noch nicht eingewöhnten Tieren kann man halbe Äpfel auf Nägel stecken, die an den bevorzugten Sitzplätzen der Papageien in die Sitzstangen geschlagen werden.

4.2 Steinobst

Zum Steinobst zählen Kirschen, Pflaumen, Zwetschgen, Mirabellen sowie Pfirsiche, Aprikosen und Nektarinen, welche im Prinzip alle an Papageien verfüttert werden können. Sie können auch im nicht ausgereiften Zustand angeboten werden, allerdings fressen die meisten Papageien diese im reifen Zustand am liebsten, wobei auch die Kerne nicht verschmäht werden. Kirschen und Pflaumen können, um sie ganzjährig anzubieten, in der Tiefkühltruhe gelagert werden. Obwohl sie nach dem Auftauen etwas matschig sind, fressen die Papageien sie noch.

4.3 Beerenobst

Das Beerenobst hat ebenfalls einen sehr hohen Gehalt an Vitaminen und Mineralstoffen und stellt somit ebenfalls ein ausgezeichnetes Zusatzfutter dar. Hier kommen vor allem die Erdbeeren, Johannis- und Stachelbeeren in Frage. Diese können reif, aber auch halbreif angeboten werden und eignen sich ebenfalls zum Einfrieren. Des Weiteren bieten sich Himbeeren, Brombeeren und Heidelbeeren als Futter an.

4.4 Trauben

Die verschiedenen bei uns im Handel erhältlichen Weintrauben werden sehr gerne von Papageien gefressen, sollten aber, da sie häufig mit

Pestiziden in Berührung gekommen sind, unbedingt vor dem Verfüttern gewaschen werden, was übrigens auch für alle andere Obstsorten gilt.

4.5 Südfrüchte

Unter dem Begriff Südfrüchte versteht man die aus subtropischen Gebieten zu uns eingeführten Früchte, von denen sich für die Ernährung von Papageien besonders die Bananen und Apfelsinen sowie Mandarinen anbieten. Die Apfelsinen und Mandarinen werden überwiegend mit Pestiziden behandelt, weshalb sich das Entfernen der Schale vor dem Verfüttern empfiehlt. Die größeren Stücke teilt man am besten durch, damit sie nicht halb aufgefressen zu Boden fallen gelassen werden. Auch hier werden nicht alle Sorten gleich gerne gefressen, was im Übrigen auch für die Banane gilt, bei der es große Unterschiede im Geschmack gibt. Einige besonders große Sorten werden nicht so gerne genommen. Am liebsten werden die kleinen Bananen, gelegentlich auch Zuckerbananen genannt, von den Vögeln verzehrt. Diese können auch schon im grünen Zustand angeboten werden. Da die Bananen ebenfalls stark mit Pestiziden behandelt werden, sollte die Schale entfernt und die Banane in kleine Stücke geschnitten werden. Wer Bio-Bananen erwirbt, kann diese auch mit Schale anbieten. Braune matschige Bananen stellen kein gutes Papageienfutter dar und sollten lieber auf den Kompost wandern.

Bananenpflanze

Auch frei lebende Papageien verzehren sehr gerne grüne Bananen

Weitere exotische Früchte, die man überall bei uns kaufen kann, sind die Kiwi, die Mango, die Feige, die Kaktusfeige und die Papaya. Alle diese Früchte können dem Futter klein geschnitten beigefügt oder gesondert als Leckerbissen gereicht werden. Besonders die Papaya verfügt über eine stark antibakterielle und verdauungsfördernde Wirkung und kann deshalb in Problemfällen gut als Zusatzfutter gereicht werden, wie zum Beispiel bei der Handaufzucht, wenn die Jungtiere Verdauungsprobleme haben.

Eine weitere Frucht, die gelegentlich in der Vogelzucht Verwendung findet, ist die Avocado oder auch Avocadobirne. Da aber immer wieder Todesfälle nach dem Verfüttern von Avocados zu verzeichnen sind, sollte auf sie verzichtet werden (KUMMERFELD 1989, RUITER 1992).

4.6 Einheimische Wildfrüchte

Viele unserer einheimischen Wildfrüchte werden von den Papageien gerne gefressen und sollten daher den Speiseplan vervollständigen. Wer unsere Wildvögel beobachtet, kann an deren Fressgewohnheiten sehr schnell erkennen, welche Früchte als Futter geeignet sind, denn in der Regel ist das, was diese fressen, auch für Papageien genießbar. Hierbei fallen besonders die roten Beeren vieler Sträucher und Bäume auf, da diese zur Reifezeit weithin sichtbar sind.

4.6.1 Eberesche

Als erstes sei hier die Eberesche genannt. Im Volksmund heißt sie auch Vogelbeere, was auf ihre Bedeutung als Vogelfutter hinweist. Die Eberesche ist ein Baum, der gerade in der jüngsten Zeit wieder sehr häufig in öffentlichen Anlagen und auch in Privatgärten gepflanzt wird, da er besonders zur Fruchtreife einen herrlichen Anblick liefert. Aufgrund der Häufigkeit dieser Bäume ist es kein großes Problem, an die Früchte zu gelangen, lediglich die Höhe der Bäume kann gelegentlich Schwierigkeiten bereiten. Die Reifezeit beginnt im August und endet im September. Zu dieser Zeit können sehr häufig unsere einheimischen Vögel beim Fressen der Ebereschenbeeren beobachtet werden.

Da sich die Beeren aber auch konservieren lassen, stehen sie dem engagierten Halter ganzjährig zur Verfügung. Die einfachste Art der Konservierung stellt das Einfrieren dar. Die Beeren sollten im reifen Zustand gepflückt und entstielt eingefroren werden. Übrigens lassen sich die Beeren besonders einfach von den Stielen trennen, wenn zuerst die ganzen Trauben eingefroren, diese dann aus der Truhe genommen und zwischen den Händen gerieben werden. Dieses sollte allerdings sehr schnell geschehen, damit die Früchte nicht wieder auftauen. Selbstverständlich müssen sie vor dem Verfüttern völlig aufgetaut sein.

Wer keine Kühltruhe zur Verfügung hat, kann die Beeren auch trocknen und somit ganzjährig füttern. Allerdings leidet darunter etwas der Vitamingehalt dieser Früchte, denn gerade der hohe Vitamin-C-Gehalt dieser Beeren macht sie zu einem wertvollen Vogelfutter.

4.6.2 Hagebutte

Andere, in unseren Gefilden weit verbreitete Pflanzen mit Früchten, die sich ausgezeichnet als Zufutter für Papageien eignen, stellen die verschiedenen Sorten der Wildrose dar. Ihre Früchte, die Hagebutten, gibt es in unterschiedlichen Größen, und alle enthalten sehr viel Vitamin C, aber auch die Vitamine B und K sowie das Provitamin A. Von den Vögeln wird oftmals das Fruchtfleisch, am liebsten aber der Samen verzehrt. Da die Hagebutten für einen Wellensittich recht groß sind, sollten sie aufgeschnitten oder zerkleinert angeboten werden. Ebenso wie die Ebereschenbeeren können sie eingefroren oder auch getrocknet werden, um sie ganzjährig anbieten zu können.

Eberesche

Die Eberesche ist auch unter dem Namen Vogelbeere bekannt

4.6.3 Weißdorn

Eine bei uns ebenfalls recht häufig an Waldrändern, in lichten Wäldern und Hecken anzutreffende Pflanze ist der Weißdorn. Seine Beeren können im September geerntet und entweder frisch verfüttert, aber auch eingefroren oder getrocknet werden. Weißdornbeeren enthalten ebenfalls viel Vitamin C und sollen die Durchblutung fördern sowie leistungssteigernd wirken. Aber nicht nur die Beeren des Weißdorns kann der Vogelhalter reichen, sondern auch Zweige mit Knospen und vor allem Blüten werden von den Vögeln geschätzt.

4.6.4 Schwarzdorn

Nicht ganz so beliebt bei den Papageien wie der Weißdorn sind die Früchte des Schwarzdorns, auch Schlehe genannt. Erntet man diese aber nach den ersten Nächten mit Frost, haben sie einen weniger herben Geschmack und werden dann auch lieber gefressen. Den Schwarzdornbeeren wird nachgesagt, dass sie blutreinigend wirken. Wer die Möglichkeit hat, sie zu ernten, sollte sie daher auch seinen Tieren anbieten. Die Beeren können ebenfalls eingefroren werden. Übrigens dürfen alle hier genannten Früchte auch mit den stacheligen oder dornigen Zweigen ohne weiteres den Vögeln gereicht werden, denn die Verletzungsgefahr ist für die Vögel nur sehr gering, Probleme haben häufig nur wir Menschen beim Pflücken.

Die Schwarzdornbeere ist auch unter dem Namen Schlehe bekannt

4.6.5 Feuerdorn

Einen ebenfalls stacheligen Vertreter aus dem Pflanzenreich stellt der Feuerdorn dar. Dieser ist allerdings weniger in der freien Natur als in unseren Hausgärten anzutreffen, da er ursprünglich aus dem Mittelmeerraum stammt. Die Beeren des Feuerdorns können ebenfalls frisch gereicht und eingefroren oder getrocknet verfüttert werden. Beim Feuerdorn kann man die ganzen Zweige mit Früchten reichen. Die Zweige werden sehr gerne zum Schmücken von Ausstellungsvolieren genutzt.

Die Früchte der Berberitze werden sehr gern von Wellensittichen gefressen

4.6.6 Berberitze

Auch die Berberitze ist ein stacheliger Vertreter aus dem Garten, dessen Früchte besonders von Wellensittichen gerne verzehrt werden. Allerdings können die Beeren wegen ihrer Kleinheit und der dornigen Zweige, an denen sie hängen, nur unter Mühen geerntet werden. Trotzdem stellen sie eine gute Bereicherung des Speisezettels dar.

Neben den Weißdornbeeren kann man auch die Zweige mit Knospen anbieten

Liguster ist eine beliebte Heckenpflanze

4.6.7 Sanddorn

Eine sehr vitaminhaltige Frucht stellen die Beeren des Sanddorns dar; Sanddorn enthält beispielsweise Vitamin C, B, E und Provitamin A. Auch sollen die Beeren als Wurmmittel eingesetzt werden können. Wie alle vorher genannten Beeren kann man auch diese in der Kühltruhe lagern.

4.6.8 Liguster

Hatten bislang alle genannten Früchte eine rote oder orange Färbung, hebt sich der Liguster von diesen durch seine dunkelblau bis schwarz gefärbten Beeren ab. Liguster wird häufig als Hecke gepflanzt; in dieser Funktion kann er allerdings kaum Früchte ausbilden, da er dann ständig zurückgeschnitten wir. Hat man aber einmal die Möglichkeit, die dunklen Beeren zu ernten, sollte man es auf jeden Fall machen, denn besonders von den Sittichen werden sie gerne verzehrt.

4.6.9 Holunder

Den Holunder gibt es bei uns in zwei Varianten, die beide als Zusatzfutter geeignet sind, nämlich den Schwarzen Holunder und den roten Traubenholunder. Von beiden Arten sollten nur die vollreifen Beeren verfüttert werden, da es schon häufiger bei Sittichen zu Vergiftungserscheinungen nach dem Verzehr von Blatt- oder Rindenstückchen gekommen ist (SCHULZ 1979). Auch den Beeren des roten Traubenholunders wird nachgesagt, dass sie Vergiftungserscheinungen hervorrufen können, allerdings habe ich sie schon sehr häufig an alle meine Vögel verfüttert und noch nie Probleme dadurch bekommen. Auch in der freien Natur sind die reifen Beeren des Traubenholunders von vielen Vögeln sehr begehrt und oftmals kurz nach der Reife schon völlig aufgefressen.

4.6.10 Hainbuche

Zuletzt soll noch auf eine Frucht hingewiesen werden, die unter den Sittichhaltern nicht so bekannt ist, aber von vielen Tieren recht gerne gefressen wird. Hierbei handelt es sich um die Samen der Hainbuche. Diese kann man im Herbst, wenn sie trocken sind, pflücken und gleich verfüttern. Richtig getrocknet, ist aber auch eine längere Lagerung möglich.

4.6.11 Vorsichtsmaßnahmen beim Sammeln von Wildfrüchten

Um die Gesundheit der Tiere durch die Gabe von „Naturfutter" nicht zu gefährden, sind beim Sammeln der Beeren und Zweige bestimmte Punkte zu beachten. Von großer Wichtigkeit ist die Sauberkeit der Früchte. Aus diesem Grunde sollten sie nicht unmittelbar neben vielbefahrenen Straßen gesammelt werden, da sich die Abgase der Autos mit all ihren schädlichen Substanzen auf die Beeren legen können oder aber auch durch den Stoffwechsel der Pflanzen direkt in die Früchte eingelagert werden. Ähnliches gilt für Unkrautvernichtungsmittel und andere Gifte, die leider immer noch Verwendung finden. Wenn also der Boden unter den Sträuchern oder Bäumen keinerlei „Wildwuchs" aufweist, ist Vorsicht angebracht. Wachsen dagegen unter den Sträuchern viele Wildpflanzen, kann in der Regel davon ausgegangen werden, dass hier keine Herbizide oder auch andere Mittel zum Einsatz gekommen sind. Bevor also geerntet wird, sollte sichergestellt werden, dass die zu erntenden Früchte keine Schadstoffe enthalten.

Tabelle 7: Inhaltsstoffe einiger Früchte in mg/100g (nach Wirths 1984)

Frucht	Mineralstoffe [mg]				Vitamine [mg]			
	Kalium	Kalzium	Phosphor	Eisen	A	B_1	B_2	C
Apfel	130	7	10	0,4	0,010	0,03	0,03	11
Birne	115	16	20	0,3	0,015	0,05	0,03	5
Aprikose	250	15	20	0,6	0,250	0,04	0,05	9
Kirsche	200	14	20	0,4	0,045	0,03	0,03	9
Pfirsich	200	5	30	1,2	0,070	0,05	0,05	10
Pflaume	210	13	15	0,4	0,033	0,07	0,04	5
Brombeere	190	30	30	0,9	0,045	0,03	0,05	17
Erdbeere	140	25	30	0,9	0,008	0,03	0,05	62
Heidelbeere	65	10	10	0,7	0,020	0,02	0,02	21
Himbeere	170	40	45	1,0	0,007	0,02	0,05	25
Rote Johannisbeere	230	30	25	0,9	0,006	0,04	0,03	35
Schwarze Johannisbeere	300	45	40	1,3	0,023	0,05	0,04	170
Stachelbeere	200	30	30	0,6	0,034	0,02	0,02	34
Weintraube	255	20	25	0,5	0,005	0,05	0,03	4
Apfelsine	130	30	15	0,4	0,011	0,06	0,03	36
Banane	260	6	20	0,4	0,025	0,03	0,04	8
Kiwi	20	30	25	0,7	0,050	0,01	0,04	93
Papaya	155	13	11	0,2	0,350	0,03	0,03	37

5. Gemüse

Die einzelnen Gemüsesorten stellen ebenfalls ein ausgezeichnetes Zusatzfutter für viele Papageienarten dar und können erheblich zur Überwindung von Ernährungsfehlern beitragen. Sie enthalten in der Regel kein Fett, nur mäßig Protein und Kohlenhydrate und somit auch wenig Brennwerte (Energie), sind dagegen aber reich an Mineralstoffen und Vitaminen. Die unterschiedliche Zusammensetzung der verschiedenen Gemüsesorten empfiehlt eine möglichst vielseitige Verwendung. Ganz besonders dem Vitamin A in seiner Vorstufe als Karotin kommt eine große Bedeutung zu, denn es ist in nahezu allen Gemüsearten vorhanden, besonders reichlich in Möhren, Spinat und Petersilie. Aber auch die verdauungsfördernden Ballaststoffe sind im Gemüse in ausreichender Menge enthalten.

Gemüsesortiment

Eine vielfältige Ernährung mit diversen Gemüsesorten sollte gewährleistet werden

Die für die Ernährung der Papageien wichtigsten Gemüsesorten sollen nachfolgend kurz besprochen werden, auf einige weitere wie dem Salat und der Petersilie wird dagegen im Abschnitt über Grünfutter näher eingegangen.

5.1 Wurzelgemüse

Als erstes seien hier die Möhren genannt, weil sie den höchsten Karotingehalt aller Gemüsesorten haben. Außerdem werden sie von vielen Papageien sehr gerne gefressen. Man kann die Möhren, in kleine Stücke geschnitten, reichen oder auch kleingeraspelt mit Aufzuchtfutter oder Eifutter vermengen. Aber nicht nur die Frucht, sondern auch das Grün der Möhren soll den Papageien angeboten werden. Möhren werden in verschiedenen Sorten angebaut, von denen nach meinen Erfahrungen die süßlicheren am liebsten gefressen werden.

Auch der Rettich und die Schwarzwurzel eignen sich gut als Papageienfutter, ebenso wie die Radieschen; allerdings werden diese nicht von allen Papageien auf Anhieb akzeptiert, sondern müssen über einen längeren Zeitraum immer wieder angeboten werden. Das gleiche gilt für Sellerie, und zwar für den Knollen- wie auch den Staudensellerie. Haben sich die Tiere aber erst einmal an den Geschmack gewöhnt, wird er gerne verzehrt.

Als letztes Wurzelgemüse soll noch die Rote Beete oder auch Rote Rübe erwähnt werden, die ebenfalls ein gutes Papageienfutter darstellt. Von ihr können sowohl die Knollen als auch die Blätter samt Stängel angeboten werden, wobei sich nur die Knolle länger lagern lässt und somit ganzjährig angeboten werden kann. Nach dem Verzehr von Roter Beete verfärbt sich der Kot stark rot, was normal ist, aber dem Halter leicht einen Schrecken einjagen kann, wenn er den Kot zum ersten Mal sieht.

5.2 Fruchtgemüse

Von dem so genannten Fruchtgemüse kommt ebenfalls einiges als Papageienfutter in Frage,

Schnittlauch

Von diesem Zwiebelgemüse kann man sowohl die grünen Pflanzenteile als auch die Zwiebelchen verfüttern

wie zum Beispiel die Erbsen und Bohnen. Da diese aber im ausgereiften Zustand als zu hart von den Papageien verschmäht werden, können sie nur im ganz frischen Zustand oder aber gequollen gereicht werden. Deshalb wird in dem Abschnitt über Sämereien (Eiweißhaltige Futtermittel) näher auf sie eingegangen.

Ein weiteres Fruchtgemüse, das ohne Probleme von vielen Krummschnäbeln angenommen wird, ist der Paprika, der als Gemüse- und als Gewürzpaprika angeboten wird. Obwohl die Gewürzpaprikasorten sehr scharf sein können, werden sie gerne verzehrt. Paprika wird am sinnvollsten in kleine Stücke geschnitten. Besonders gerne wird der sich im Innern des Paprikas befindende Fruchtkern mit den Samenkernen gefressen. Als weiteres Nachtschattengewächs bietet sich die Tomate an, die zwar nicht von allen Papageien gerne genommen wird, trotzdem aber regelmäßig, in Stücke geschnitten, angeboten werden sollte. Gleiches gilt für Gurken unterschiedlicher Sorten sowie die Zucchini.

Besonders gerne werden von vielen Papageien Honigmelonen gefressen, die mittlerweile auch ganzjährig bei uns zu erwerben sind und daher im Futterangebot nicht fehlen sollten. Nicht so beliebt ist dagegen das Fruchtfleisch des Kürbisses, es wird aber auch nicht generell abgelehnt. Von diesem werden aber die im Inneren befindlichen Kürbiskerne sehr gerne geknackt.

Zum Schluss soll noch ein Fruchtgemüse erwähnt werden, das von fast allen Papageien ohne Eingewöhnungszeit und mit großer Vorliebe gefressen wird: der Zuckermais. Er ähnelt dem Futtermais und kann wie dieser den Krummschnäbeln im halbreifen Zustand angeboten werden.

5.3 Zwiebelgemüse

Zum Zwiebelgemüse zählt die so genannte Küchenzwiebel in all ihren Variationen. Sie stellt ein gutes Zusatzfutter dar und kann regelmäßig, kleingeschnitten oder auch als Ganzes, den Papageien angeboten werden. Aber nicht nur die getrocknete Zwiebel, sondern auch das Zwiebellaub kann im frischen Zustand verfüttert werden. Gleiches gilt für den Knoblauch, der häufig sehr gerne gefressen wird. Wer diesen allerdings seinen Vögeln in der Wohnung anbieten möchte, sollte bedenken, dass sich dadurch ein strenger Knoblauchgeruch ausbreiten wird. Den Papageien schadet dieser aber nicht und der Knoblauch wird ihre Gesundheit positiv beeinflussen.

Der Schnittlauch gehört ebenfalls zum Zwiebelgemüse und stellt ein gutes Grünfutter dar, welches auch auf der Fensterbank gezogen werden kann. Von diesem lässt sich ebenfalls die ganze Pflanze, auch noch mit Erde an den Zwiebeln, verabreichen.

5.4 Kohlgemüse

Das Kohlgemüse ist das einzige Gemüse mit Ausnahme von Salat, bei dem ich sehr vorsichtig

Tabelle 8: Inhaltsstoffe einiger Gemüsesorten in mg/100g (nach WIRTHS 1982)

Gemüse	Mineralstoffe [mg]				Vitamine [mg]			
	Kalium	Kalzium	Phosphor	Eisen	A	B_1	B_2	C
Erbsen (grün)	120	10	50	0,8	0,035	0,10	0,05	10
Feldsalat	325	27	38	1,5	0,500	0,05	0,06	27
Gurken	105	11	15	0,4	0,021	0,01	0,02	1
Kohlrabi	165	50	35	0,6	0,030	0,05	0,03	36
Kopfsalat	150	15	25	0,4	0,090	0,05	0,05	7
Kürbis	270	15	30	0,6	0,230	0,05	0,05	6
Mais	330	15	255	o. A.	o. A.	0,35	0,20	o. A.
Möhren	235	30	25	0,6	1,120	0,05	0,05	5
Paprika	165	9	20	0,6	0,230	0,05	0,05	107
Radieschen	160	20	15	0,9	0,003	0,02	0,02	18
Rettich	245	25	20	0,6	0,001	0,05	0,02	22
Rote Beete	260	25	35	0,7	0,002	0,02	0,03	8
Schwarzwurzel	180	30	40	1,9	0,002	0,05	0,02	2
Sellerie (Knolle)	235	50	60	0,4	0,002	0,05	0,05	6
Spinat	540	85	35	5,2	0,600	0,05	0,20	37
Tomate	285	13	25	0,5	0,130	0,05	0,03	23
Zwiebeln	160	30	40	0,5	0,005	0,03	0,03	8
Petersilie (Blatt)	600	145	75	4,8	0,730	0,10	0,20	100
Schnittlauch	435	165	75	13	0,050	0,15	0,15	47

bin, da zum Beispiel alle Blattkohlsorten Verdauungsstörungen bei den Papageien hervorrufen können. Deshalb habe ich den Blattkohl gänzlich vom Speiseplan gestrichen. Kohlrabi, Broccoli oder auch Blumenkohl wird dagegen gerne von vielen Papageien gefressen und kann nach meinen Erfahrungen auch ohne Probleme, gereicht werden. Vor dem Verfüttern sollte man diese Gemüsesorten jedoch in kleine Stücke schneiden.

Auch die Knolle des Fenchels, der zwar nicht zu den Kohlgemüsesorten zählt, kann den Papageien geschnitten gereicht werden.

In Tabelle 8 (oben) wird exemplarisch der Mineralstoff- und Vitamingehalt einiger Gemüsesorten zusammengefasst.

6. Grünfutter

Das Grünfutter stellt eine wichtige Bereicherung des Speiseplans der Papageien dar und dieses nicht etwa, weil es einen hohen Nährstoffgehalt aufweist, sondern weil es reich an Vitaminen, Mineralien und weiteren Substanzen wie einem hohen Rohfasergehalt ist. Das Grünfutter wird am besten im eigenen Garten angebaut oder aber dort erworben, wo die Qualität garantiert werden kann, denn viele Papageien, und zwar ganz besonders die kleinen, können sehr heftig auf mit Schadstoffen belastete Futtermittel reagieren. Gerade beim Salat sollte hierauf besonders geachtet werden.

Die hier beschriebenen Futterpflanzen können entweder gebündelt in die Volieren gehängt oder an einer sauberen Stelle auf dem Boden angeboten werden. Da es den meisten Papageien offensichtlich Freude bereitet, die Pflanzen eigenständig zu zerkleinern, empfiehlt es sich nicht, diese dem Futter bereits zerkleinert beizufügen. Wer in seinen Außenvolieren über Naturboden verfügt, kann die Samen vieler Pflanzen auch dort einsäen; allerdings dürften nur die wenigsten zur Reife gelangen, da sie schon vorher von den Papageien ausgegraben und gefressen worden sind.

Viele Grünpflanzen enthalten Wirkstoffe, die sich positiv auf die Gesundheit unserer Papageien auswirken. Um möglichst viele dieser Wirkstoffe nutzen zu können, ist es sinnvoll, ein breit gefächertes Spektrum an Pflanzen zu verfüttern, auch wenn man keinen direkten Nutzen aus dieser Vielfältigkeit zu ziehen scheint. Manche Substanzen wirken aber besonders im Zusammenspiel mit den Wirkstoffen aus anderen Pflanzen, was natürlich nur dann gegeben ist, wenn vielseitig gefüttert wird.

Da in unseren Breiten eine große Anzahl an möglichen Futterpflanzen in der freien Natur und auch in unseren Gärten zu finden sind, soll an dieser Stelle aus Platzgründen nur auf die wichtigsten eingegangen werden. Der interessierte Leser wird im Fachhandel weitere Veröffentlichungen zu diesem Thema finden (zum Beispiel BIELFELD 1993, SCHNABEL 1998).

6.1 Vogelmiere (*Stellaria media*)

Wohl kein Grünfutter ist bei Vogelhaltern bekannter und bei den Papageien beliebter als die Vogelmiere; sie trägt also ihren Namen nicht zu Unrecht. Die Vogelmiere kann fast zu jeder Jahreszeit auf Kulturflächen gefunden werden, und alle Bestandteile können den Papageien als Futter dienen (GRUNERT 1999). Mit Sicherheit erkennt man die Pflanze an ihren kleinen weißen Blüten. Die Blütezeit erstreckt sich praktisch über die gesamte Vegetationsperiode von März bis Oktober. Während dieser Zeit reifen auch die Samen, die ebenfalls gerne von Papageien gefressen werden. Diese Futterpflanze sollte stets frisch angeboten werden, und zwar ganz besonders während der Brutzeit. Ist kein eigener Garten vorhanden, kann diese Futterpflanze auch in großen Kübeln angepflanzt werden. Wird sie unter Glas gehalten, lässt sie sich ganzjährig ernten.

6.2 Löwenzahn (*Taraxacum officinale*)

Vom Löwenzahn kann ebenfalls die gesamte Pflanze angeboten werden. So stellen die frisch austreibenden Blätter schon im zeitigen Frühjahr ein ausgezeichnetes Grünfutter dar. Es empfiehlt sich, nicht nur sie anzubieten, sondern die verdickte Wurzel mit auszugraben, da diese ebenfalls gerne gefressen wird. Einige Papageien, die sich auch in der freien Natur von Wurzeln ernähren, wie zum Beispiel der Kea oder der Wühlerkakadu lieben es, die Wurzel selber auszugraben. Dazu kann kultivierter Löwenzahn in Kübeln in die Volieren gestellt werden.

Aber auch die Blüten und Samen im halbreifen und reifen Zustand werden gerne gefressen. Dabei ist allerdings Vorsicht geboten, denn die Samen fliegen nach dem Ausreifen wie kleine Fallschirme durch die Volieren, wenn sie nicht gefressen worden sind, und sind sehr schwer wieder zu entfernen. Daher empfiehlt BIELFELD (1993), die sich nach der Blüte schließenden Blütenköpfe über dem Samenstand abzuschneiden. Die Samenköpfe können auch tiefgefroren gelagert werden, um sie den Tieren zu jeder Jahreszeit anzubieten. Löwenzahnblätter verfügen übrigens über einen sehr hohen Gehalt an Vitamin A, nämlich ca. 1,3 mg/100 g, im Vergleich dazu enthält Feldsalat nur 0,65 mg/100 g und Möhren 1,6 mg/100 g (ELMADFA et al. 1995).

6.3 Huflattich (Tussilago farfara)

Vom Huflattich erscheinen schon im zeitigen Frühjahr die Blüten, die von vielen Papageien wie zum Beispiel den Loris gerne gefressen werden. Aber auch die Samen werden im halbreifen oder reifen Zustand nicht verschmäht. Die erst nach den Blüten wachsenden Blätter sind als Grünfutter nicht von Bedeutung.

6.4 Hirtentäschelkraut (Capsella bursa-pastoris)

Das Hirtentäschelkraut ist auf vielen Ödflächen, an Wegrändern sowie in den meisten Gärten während der gesamten Vegetationsperiode zu finden. Die ganze Pflanze kann den Tieren angeboten werden, wobei mit Vorliebe die halbreifen und reifen Samen gefressen werden, und zwar besonders gerne von vielen Sittichen.

6.5 Rainfarn (Tanagetum vulgare)

Ein weiterer Name des Gemeinen Rainfarns ist Wurmkraut, womit auf die Wirkung eines seiner Inhaltsstoffe, des Thujons, hingewiesen wird. Dieser Stoff wird anscheinend von einigen Wurmparasiten, die sich im Darm der Papageien ansiedeln, nicht gut vertragen. Um das Thujon nicht überzudosieren, sollte der Rainfarn nicht ständig angeboten werden. Ansonsten kann er als ganze Pflanze in blühendem oder reifem Zustand angeboten werden.

6.6 Wegerich (Plantago spp.)

Zu den leicht zu findenden Pflanzen gehören bei uns die verschiedenen Vertreter des Wegerichs. Diese wachsen auf vielen Brachflächen und Wegrändern. Es können alle Pflanzenteile verwertet werden, wobei von Sittichen am liebsten der Samen gefressen wird, welcher häufig bis bis in

Rainfarm

Da die Pflanze zur Bekämpfung von Darmparasiten Verwendung findet, wird sie auch Wurmkraut genannt

den November hinein zur Verfügung steht. Alle Wegericharten, im Besonderen aber der Spitzwegerich, haben eine antibakterielle Wirkung und können zum Beispiel gegen Durchfall eingesetzt werden.

6.7 Petersilie (Petroselinum crispum)

Da die wild wachsende Petersilie bei uns nicht anzutreffen ist, wird auf die Gartenform zurückgegriffen. Diese ist leicht zu kultivieren, kann auch im Blumentopf gezogen oder in jedem Supermarkt käuflich erworben werden. Sie stellt ein besonders hochwertiges Grünfutter mit einem hohen Gehalt an Vitaminen und Mineralstoffen dar. Leider wird sie nicht von allen Papageien gerne gefressen, sie sollte aber immer wieder angeboten werden, um die Tiere an den Geschmack zu gewöhnen. Weigert sich ein Papagei hartnäckig, Petersilie zu verzehren, kann diese klein geschnitten unter das übrige Futter gemischt werden. Häufiger wird vor giftigen Inhaltsstoffen gewarnt, die in der heutigen Petersilie allerdings in derart geringen Mengen enthalten sind, dass sie völlig vernachlässigt werden können.

6.8 Salat

Salat wird häufig als ausgezeichnetes Grünfutter bezeichnet, was auch zutrifft, wenn bestimmte Regeln beachtet werden. Das gilt besonders für den Kopfsalat. Dieser muss stets trocken angeboten werden. Wer ihn also vor dem Füttern wäscht, sollte die Blätter auch wieder abtrocknen lassen. Zudem sollte der Salat wirklich frisch sein und keine verdorbenen Bereiche aufweisen, um Verdauungsstörungen zu vermeiden. Außerdem haben die im Winter in Gewächshäusern gezogenen Salate häufig einen sehr hohen Nitratgehalt, was gesundheitsschädlich sein kann. Doch dies ist leider immer noch nicht alles, denn viele zum Kauf angebotenen Salate sind mit Pestiziden behandelt worden, die ebenfalls der Gesundheit der Papageien schaden. Wer seinen Tieren dennoch Salat anbieten möchte, sollte die verschiedenen Sorten also am besten im eigenen Garten anbauen, um die Qualität des Salates gewährleisten zu können.

Für den Anbau eignen sich die so genannten Kopfsalate, aber auch die anderen Schnittsalate. Gefüttert werden können alle Pflanzenteile, auch die Blütenstände mit Samen.

6.9 Spinat und Mangold

Diese beiden Grünpflanzen können ebenfalls hervorragend im eigenen Garten angebaut werden, und weiterhin trifft das für den Salat Erwähnte auch auf diese Pflanzen zu.

6.10 Salatkresse (*Lepidium sativum*)

Wer nicht die Möglichkeit hat, Grünfutter zu sammeln oder im Garten anzubauen, mag auf die Salatkresse zurückgreifen, die in flachen Schalen sogar ohne Erde gezogen werden kann. Kressesamen ist in jeder Samenhandlung und in vielen Supermärkten mit einer Anzuchtanleitung erhältlich, so dass an dieser Stelle entsprechende Ausführungen unnötig sind. Schon nach wenigen Tagen können die Sprösslinge verfüttert werden.

6.11 Topinambur (*Helianthus tuberosus*)

Die aus Mexiko stammende, auch Knollige Sonnenblume genannte Pflanze ist bei uns seit längerem als Zierpflanze bekannt, kann aber auch gut als Futterpflanze verwendet werden, und zwar alle Pflanzenteile (GEIL 1998). So können die Samen, aber auch die Grünteile an Papageien verfüttert werden. Die verdickten Wurzelknollen können ganzjährig ausgegraben und vielen Papageien angeboten werden.

Topinambur (Bild rechts)

Neben den Knollen können auch alle anderen Pflanzenteile verfüttert werden

7. Ungeeignete Futter- oder Volierenpflanzen

Generell kann gesagt werden, dass viele Vogelarten, also auch die Papageien, nicht so heftig auf Pflanzengifte reagieren wie zum Beispiel Säugetiere. Dies mag daran liegen, dass Vögel durch die Aufnahme bestimmter Substanzen wie tonhaltiger Erde (Heilerde) in der Lage sind, diese Gifte im Körper abzubauen und auszuscheiden. Dennoch gibt es Pflanzen, deren Gifte unseren Tieren schaden und die daher nicht in der Reichweite unserer Vögel angepflanzt werden sollten. Leider sind aber zurzeit noch nicht alle Pflanzen bekannt, die für Papageien giftige Bestandteile enthalten. Aus diesem Grunde sollte der Papageienhalter lieber Vorsicht walten lassen und lediglich die Pflanzen auswählen, deren Unbedenklichkeit bekannt ist.

Pflaumen

Die Steine halbreifer Pflaumen enthalten nur wenig Blausäure

Zu den bedenklichen Arten, die komplett oder in Teilen giftig sind, gehören zum Beispiel Seidelbast, Goldregen, Liguster, Ginster, Heckenkirsche, Gemeiner Wacholder, Robine, Eibe, Lebensbaum, Schneeball, Sadebaum, Stechpalme, Efeu, Pfaffenhütchen, Rosmarinheide, Eisenhut, Sturmhut, Aronstab, Tollkirsche, Fingerhut, Herbstzeitlose, Lupinen, Oleander, Dieffenbachie, Avocado und Holunder. Wie schon erwähnt, sind häufig nicht die ganzen Pflanzen giftig, sondern nur bestimmte Teile. So kann man vom Holunder die vollreifen Früchte problemlos verfüttern, während die Blätter und die frische Rinde Gifte enthalten, die die Gesundheit unserer Pfleglinge gefährden können. So wurde von jungen Prinzessin-von-Wales-Sittichen (*Polytelis alexandrae*) berichtet (WOIDA 1980), die praktisch von ihren Eltern vergiftet wurden, da diese permanent Blätter des Holunders an die Jungen verfütterten. Die Alttiere zeigten dagegen keinerlei Vergiftungserscheinungen. Allerdings müssen nicht immer alle Pflanzen, vor deren Verfütterung gewarnt wird, den Papageien auch wirklich schaden. So verfüttere ich schon seit vielen Jahren die roten Beeren des Traubenholunders, obwohl diese immer wieder als giftig eingestuft werden. Ich konnte bislang noch nie Vergiftungserscheinungen an meinen Tieren beobachten. Viele unserer einheimischen Singvögel fressen die Früchte des Traubenholunders ebenfalls sehr gerne, wenn er die entsprechende Reife hat. Auch die als sehr giftig geltenden Früchte von Efeu und Eibe werden von einheimischen Singvögeln gefressen, allerdings scheiden sie die giftige Kerne unverdaut wieder aus. Die Sittiche und Papageien werden diese Kerne vermutlich aber knacken und den Inhalt fressen, weshalb von einer Verfütterung abgesehen werden sollte.

Häufig wird auch vor einer Fütterung von Steinfruchtsamen (Kirsche, Pfirsich, Aprikose, Pflaume) und auch Apfel- und Birnensamen gewarnt, da diese das giftige Amygdalin (Blausäure) enthalten. Doch habe ich zum Beispiel schon riesige Mengen halbreifer Pflaumen an meine Papageien verfüttert, ohne dass diese Anzeichen einer Vergiftung zeigten. Allerdings biete ich meinen Tieren ständig lehm- und tonhaltige Erde an, die möglicherweise die Gifte abgebaut hat und somit die Tiere nicht erkranken ließ. Die Aufnahme derartiger Erde wird auch für freilebende Papageien

Nuss-Sortiment

Folgende Nüsse sind abgebildet (von links nach rechts): Walnüsse, Paranüsse, Kokosnuss; Pinienkerne, Zirbelnüsse, Nüsse der hiesigen Haselsträucher, handelsübliche Haselnüsse, Pecannüsse

beschrieben, die zum Beispiel in großer Anzahl an den Steilufern der Flüsse im Amazonasgebiet anzutreffen sind, wo der kaolinhaltige lehmige Boden zutage tritt (MUNN 1992). Es wird vermutet, dass die Papageien diesen Lehm benötigen, um die Blätter, Samen und Früchte der dortigen Pflanzen aufnehmen zu können, ohne sich an den eingelagerten Giftstoffen zu vergiften.

Aber auch wenn derartige Erde gereicht wird, sollten Papageienhalter lieber vorsichtig sein, wenn sie sich nicht ganz sicher sind, ob eine Pflanze für Papageien genießbar ist. Es kommt auch häufiger vor, dass sich einzelne Tiere überwiegend oder gar ausschließlich von einer Nahrungsquelle ernähren und auch ihre Jungen füttern. Dadurch gelangen dann wesentlich mehr Giftstoffe in den Körper als bei einer abwechslungsreichen Ernährung.

Wie schon erwähnt, reagieren Jungtiere heftiger auf giftige Substanzen als Alttiere. Diese Erfahrung machte auch ein Züchter, der einem Paar Graupapageien während der Jungenaufzucht Kiefernzweige reichte (KEUP 1989). Daraufhin verendeten die Jungtiere, die weißlichen klebrigen Kot abgesetzt hatten. Hier ist zu vermuten, dass der extrem klebrige Kiefernharz eine normale Verdauung verhinderte und zum Tod der Jungen führte. Ansonsten stellen Nadelhölzer keine Gefahr für Papageien dar, sind aber aufgrund der Nadeln auch nicht besonders für eine Gehegebepflanzung geeignet, sieht man einmal von der Kiefer ab.

Besondere Vorsicht ist auch bei den unzähligen verschiedenen Arten der Zimmerpflanzen angebracht, da es hier nur sehr wenige Informationen über ihre Giftigkeit für Sittiche und Papageien gibt.

8. Nüsse

In diesem Abschnitt werden all die Futterbestandteile besprochen, die allgemein als Nüsse bezeichnet werden, auch wenn einige von ihnen im wissenschaftlichen Sinne keine Nüsse sind. So ist zum Beispiel die Erdnuss keine Nuss, sondern gehört zu den Leguminosen, ist also mit der Erbse verwandt. Ähnliches gilt noch für weitere so genannte Nüsse, doch soll an dieser Stelle nicht näher darauf eingegangen werden.

Leider liefern die Nüsse im Papageienfutter häufiger Grund zur Sorge, was verschiedene Ursachen hat. Zum einen haben die meisten Nüsse einen sehr hohen Fettanteil (zwischen 40-80 % ihrer Inhaltsstoffe), zum anderen werden sie außerdem von den meisten Papageien sehr gerne gefressen, was bei einem zu großen Angebot an Nüssen schnell zu einer Verfettung der Tiere führen kann. Noch ein weiterer Grund spricht gegen Nüsse. Sie tragen nämlich häufig Pilze und deren Sporen auf oder unter der Schale. Ein gesunder Papagei wird diesen Pilzen vermutlich trotzen können, aber leider sind nicht alle Vögel so gesund, wie sie eigentlich sein sollten. Besonders gefährdet sind Papageien mit geschädigten Schleimhäuten, da sich hier leicht Pilzsporen festsetzen können. Eine weitere Gefahr geht von den Mycotoxinen aus, die häufig von Pilzen ausgeschieden werden. Diese können Papageien auf direktem Wege vergiften, falls sie in ausreichender Menge aufgenommen werden. Trotzdem muss nicht auf eine Fütterung mit Nüssen verzichtet werden, wenn diese sparsam dosiert angeboten werden. Ich persönlich verzichte allerdings auf Erdnüsse, da ihre Schalen besonders leicht Pilzsporen aufnehmen. Wichtig beim Kauf der Nüsse ist, dass man sich auf den Lieferanten verlassen kann und keine überlagerte Ware bekommt. Hier sollte auf keinen Fall nur auf den Geldbeutel geschaut werden.

Allerdings habe ich in der letzten Zeit den Eindruck gewonnen, dass oftmals die Ursachen für eine Erkrankung in der falschen Ecke gesucht werden, denn ein gesunder Papagei kann einiges wegstecken, bevor er zum Beispiel an Pilzen ernsthaft erkrankt. Deshalb sind vielfach nicht die mit Pilzsporen versetzten Nüsse für den Ausbruch einer Pilzerkrankung verantwortlich zu machen, sondern der schlechte Allgemeinzustand der Tiere, bedingt durch eine falsche Ernährung oder Haltung. Dennoch soll hier die Gefährlichkeit von verdorbenen Nüssen nicht heruntergespielt werden, da Pilzerkrankungen zu den häufigsten Krankheitsbildern bei Papageien zählen.

Wie schon erwähnt, werden die Nüsse wie z.B. Hasel-, Zirbel-, Wal-, Paranüsse, aber auch die Pinienkerne oder Kiefernsamen von vielen Papageien sehr gerne und auch in großen Mengen gefressen. Diese fetthaltigen Futtermittel sollten sparsam eingesetzt werden, vor allem wenn den Tieren keine großen Volieren zur Verfügung stehen. Einige Papageien wie die Rosakakadus oder auch viele Amazonen neigen sehr leicht zu Verfettungen und sollten daher keine oder nur wenige Nüsse erhalten, auch wenn sie diese noch so gerne fressen. Festzustellen ist eine Verfettung sehr leicht durch das Befühlen der Brustmuskulatur. Wenn hier ein Fettpolster gefühlt werden kann, muss das Tier gleich auf Diät gesetzt und somit dem Futter die fetthaltigen Bestandteile entzogen werden.

Doch nicht nur der hohe Fettgehalt mindert den Wert der Nüsse als Papageienfutter, sondern auch die leichte Verderblichkeit kann sich nachteilig auswirken. Besonders betroffen davon sind die in den Nüssen reichlich vorhandenen und auch wertvollen ungesättigten Fettsäuren wie zum Beispiel die Linolsäure. Diese oxidieren sehr leicht durch den Sauerstoff, und die Ölsaaten werden ranzig und schmecken bitter. Gerade in den geschälten Nüssen (aber auch in anderen ölhaltigen Sämereien) kann der Sauerstoff schnell Schaden anrichten. Aus diesem Grund sollten alle ölhaltigen Sämereien immer möglichst frisch gekauft und schnell verbraucht werden. Übrigens kann man das Futter einiger Papageien, die sich von Natur aus von ölhaltigen Sämereien ernähren, stets ein wenig kalt gepresstes Öl über das Futter geben, um den Gehalt an ungesättigten Fettsäuren im Futter zu erhöhen. Dies empfiehlt sich besonders bei Hyazintharas und Palmkakadus. Dabei sollte besonders auf die Qualität des Öls geachtet und möglichst ein Produkt mit der Bezeichnung „nativ extra“ verwendet werden, da dieses kalt gepresst wird und somit für eine gesunde Ernährung am wertvollsten ist. Welches Öl nun das bessere ist, ob Olivenöl, Sonnenblumenöl, Distelöl oder eines der vielen anderen Ölsorten, wird von Fachleuten gegenteilig diskutiert und kann hier nicht eindeutig beantwortet werden. Wer sicher gehen will, sollte einfach die verschiedenen Sorten abwechselnd verwenden.

Bei der Verabreichung der hartschaligen Nüsse muss selbstverständlich darauf geachtet werden, dass die Tiere die Schale selbständig öffnen können. Dies gilt im Besonderen für die sehr hartschaligen Paranüsse, die nur von den ganz großen Aras zu knacken sind. Den kleineren Papageien müssen die Schalen geöffnet werden.

Allerdings sollte man hier nicht übertreiben, denn viele Papageien lieben es, die Schalen eigenständig zu öffnen. Dies beschäftigt die Tiere, was besonders für die kleinen Pinienkerne gilt, die nach meinen Erfahrungen sehr gerne von vielen Kakadus gefressen werden. Wer also zum Beispiel den Helmkakadu (*Callocephalon fimbriatum*) pflegt, sollte auf keinen Fall versäumen, diese kleinen Nüsse anzubieten.

Erwähnt werden müssen an dieser Stelle noch die verschiedenen Palmnüsse, die aber nur für die Ernährung der Hyazintharas sowie der Lear-Aras (*Anodorhynchus leari*) von Bedeutung sind (PITTMAN 1994). Diese Nüsse werden in jüngster Zeit häufiger von Fachhändlern angeboten und sollten, falls sie in gutem Zustand sind, von den Haltern entsprechender Tiere unbedingt verfüttert werden.

Tabelle 9: Inhaltsstoffe einiger Nüsse. Alle Angaben beziehen sich auf 100 g frische Nüsse (nach DUMONT 1997)

Nuss-Sorte	Kcal	Fett [g]	Eiweiß [g]	Kohlenhydrate [g]	Ballaststoffe [g]	Vitalstoffe [g]
Cashewnüsse	568	42	18	31	3	Vitamin A, B_1; Magnesium, Kupfer, Eisen
Erdnüsse	561	48	25	8	11	Vitamin A, B_1, B_2, Niacin, Folsäure, Magnesium, Mangan, Kalium, Phosphor, Eisen, Kalzium
Haselnüsse	636	62	12	11	8	Vitamin A, B_1, B_2, C; Magnesium, Mangan, Kalium, Phosphor, Kalzium
Kokosnüsse	342	36	4	5	10	Kalium, Eisen, Kupfer
Paranüsse	660	67	14	4	8	Vitamin B_1, E; Kupfer, Magnesium
Pekannüsse	692	72	9	4	9	Vitamin B_1, E; Kupfer, Magnesium, Mangan, Zink
Pinienkerne	575	51	24	7	7	Vitamin B_1, E; Kupfer, Magnesium, Mangan, Eisen
Pistazien	574	52	18	12	11	Vitamin B_1, Kupfer, Magnesium, Eisen
Macadamianüsse	676	73	8	0	15	Magnesium, Mangan
Mandeln	569	54	19	4	15	Vitamin B_2, E; Niacin, Pantothensäure, Kupfer, Magnesium, Mangan, Kalium, Kalzium
Walnüsse	654	63	14	11	6	Vitamin A, B_1, B_2, C; Folsäure, Magnesium, Mangan, Kupfer

9. Proteine tierischer Herkunft

Protein (Eiweiß) gehört, wie schon erwähnt, zu einer der wichtigsten Nährstoffgruppen für alle Tiere, somit auch für Papageien. Es wird für den Aufbau und Erhalt von Muskulatur und Organen benötigt. Da es ständig verbraucht wird, muss es dem Organismus immer wieder zugeführt werden. Besonders während der Mauser, der Brut und der Entwicklungsphase der Jungtiere ist der Proteinbedarf wesentlich höher als zu anderen Zeiten. Aber auch Tiere, die besonders aktiv sind (in Flugvolieren), haben einen größeren Bedarf an Aufbaustoffen als jene, die zum Beispiel in kleinen Käfigen gehalten werden. Aber nicht jedes Protein ist für den Organismus gleich wertvoll. Für die Papageien ist das Protein um so wertvoller, je mehr es in der Zusammensetzung dem eigenen Protein ähnelt. Gerade in den Zeiten erhöhter Belastung sind Eiweiße tierischer Herkunft denen pflanzlicher Herkunft überlegen. Auch Papageien benötigen also zu ihrem Wohlbefinden und vor allem für eine erfolgreiche Zucht Eiweiße tierischer Herkunft. Neuere Untersuchungen deuten sogar darauf hin, dass der Bedarf höher sein könnte, als bislang angenommen wurde. Die meisten Papageien und Sittiche sind also mit Sicherheit nicht die reinen Körnerfresser, für die sie lange Zeit gehalten wurden. Erste Beweise für den Verzehr von Kleintieren lieferten die frisch importierten Papageien nach der Aufhebung der Einfuhrsperre. Viele dieser Tiere waren von Bandwürmern befallen. Diese Bandwürmer benötigen für ihre Entwicklung einen Zwischenwirt. Die Zwischenwirte nehmen die Eier der Bandwürmer auf, und es entwickeln sich die Larven. Wird nun der Zwischenwirt samt Larve von einem Papagei gefressen, entwickelt sich die Larve zum Bandwurm weiter. Ein Papagei muss also auf jeden Fall kleine lebende Tiere gefressen haben, wenn er unter Bandwurmbefall leidet. In der Tat steigen die Beobachtungen von Fleisch fressenden Papageien im Freiland immer weiter an. So beschreibt zum Beispiel ROBILLER (1991), dass Tritonkakadus (*Cacatua galerita triton*) im Freiland kleine Eidechsen und Vögel verzehren.

Es soll aber an dieser Stelle nicht verschwiegen werden, dass die Fütterung mit tierischen Produkten nicht unumstritten ist, zumal bei Papageien, die nicht dem Brutgeschäft nachgehen oder körperlich nicht stark beansprucht sind. Allerdings hat sich bei vielen erfolgreichen Züchtern eine Zufütterung mit tierischen Eiweißen zumindest während der Brutzeit als positiv herausgestellt.

In meinen Volieren konnte ich Blaustirnamazonen (*Amazona aestiva*) beobachten, die sich eine Zwergwachtel, die in der gleichen Voliere gehalten wurde, fingen und völlig verzehrten. Ähnliches wurde mir von einem Züchter beschrieben, dessen Graupapageien sich in der selben Voliere gehaltene Zebrafinken fingen und verzehrten (STOLTENBERG, pers. Mitteilung). Nach diesen Beobachtungen wurden weitere mögliche Futtertiere natürlich sofort aus den Volieren entfernt.

FERGENBAUER-KIMMEL (1992) gibt an, dass eines ihrer Edelpapageien-Weibchen (*Eclectus roratus*) während der Jungenaufzucht diese zu rupfen begann. Nach einer Erhöhung der täglichen Ration aus tierischen Eiweißen (durchgedrehtes Rinderherz, vermischt mit Hartkäse von der Menge einer großen Haselnuss) stellte das Weibchen das Rupfen gleich wieder ein. In einem weiteren Fall gelang die Aufzucht von Frühlingspapageichen (*Loriculus vernalis*) erst, nachdem sie täglich 70-80 Mehlkäferlarven erhielten (FERGENBAUER-KIMMEL 1985)

Da die Fütterung von Papageien mit lebenden Insekten, wie sie in der freien Natur von vielen Papageien gefressen werden, nicht gerade einfach ist, kann auch hier auf Ersatzprodukte ausgewichen werden. So können zum Beispiel Fertigprodukte für andere Tierarten durchaus als Futter für Papageien herangezogen werden. In

Markknochen

Gekochte Röhrenknochen dienen der Eiweißversorgung und als Spielzeug

erster Linie lassen sich hierfür Pellets für Hunde mit einem besonders hohen Fleischanteil verwenden. Hierbei sollte aber darauf geachtet werden, dass diese Pellets wirklich Fleisch enthalten. Leider ist nicht in allen Produkten wirklich Fleisch enthalten, sondern nur tierische Abfallprodukte. Hier sollte also auf Qualität geachtet werden. Es haben Züchter auch schon mit Forellenfutter gute Erfolge erzielt, da dieses einen sehr hohen Proteingehalt aufweist.

Aber nicht nur Fertigprodukte, sondern auch Fleisch von Hähnchen, Schwein, Rind oder Schaf eignet sich als Zusatzfutter. Sehr häufig wird Rinder- oder Schweineherz verwendet. Dieses Fleisch kann durchgedreht, gekocht und dann in kleinen (!) Portionen den Papageien gereicht werden (Fergenbauer 1979, Repp 1981). Aber auch hier muss wieder auf die Qualität verwiesen werden, da diese nicht immer so ist, wie sie sein sollte. Gerade für Papageien ist es sehr wichtig, dass das angebotene Fleisch frei von jeglichen Rückständen wie Medikamenten oder auch Hormonen ist. Auf einer recht sicheren Seite ist derjenige, der das Fleisch in einem Bioladen oder bei einem Biobauern kauft.

Wer seine Tiere gleichzeitig mit tierischen Eiweißen versorgen und sie zudem noch beschäftigen möchte, kann auf die so genannten Markknochen zurückgreifen. Hierbei handelt es sich um Röhrenknochen, die mit Knochenmark angefüllt sind. Diese Knochen, in Scheiben gesägt und anschließend gekocht, stellen gerade für größere Papageien ein beliebtes Spielzeug dar und liefern zusätzlich noch Fleisch. Gekochtes Fleisch kann übrigens auch sehr gut portionsweise eingefroren werden. Aber auch Fleisch, das normalerweise auf den Mittagstisch kommt, darf verwendet werden, wenn es nicht oder nur minimal gewürzt wurde. Besonders die Knochen von Hähnchen oder Koteletts werden sehr gerne abgenagt.

Einen weiteren Eiweißlieferanten stellt das Hühnerei dar, und zwar in gekochter Form. Hartgekochtes Ei wird schon seit Jahrzehnten von vielen Vogelzüchtern als Aufzuchtfutter für die Jungtiere mit mehr oder weniger Erfolg eingesetzt. Das Hühnerei enthält ca. 15 % Eiweiß und ca. 32 % Fett (Aeckerlein 1986) und kann somit den Bedarf an tierischen Eiweißen der Jungtiere abdecken. Für das Eifutter gilt aber das Gleiche wie für das übrige eiweißhaltige Futter. Es sollte nur als Zusatzfutter gereicht werden und damit einen Anteil von ca. 5 % der Tagesration nicht überschreiten, und dies auch nur während der Brutzeit. Das Hühnerei kann zum Beispiel zerbröselt mit dem übrigen Aufzuchtfutter oder mit geriebenen Möhren vermengt gereicht werden. Rohes Ei darf auf keinen Fall verfüttert werden, da eine Übertragung von Krankheitserregern nicht ausgeschlossen werden kann. Um alle Erreger abzutöten, sollten die Eier 10-15 Minuten gekocht werden. Der Fachhandel bietet ebenfalls fertiges Eifutter an, das zur Aufzucht eingesetzt werden kann.

Eine weitere Quelle von tierischen Eiweißen, die immer noch von vielen Papageienhaltern genutzt wird, sind Milchprodukte wie Quark, Joghurt und Käse. Allerdings ist bei der Verfütterung dieser Produkte Vorsicht angebracht, da diese Milchzucker enthalten, der von den Papageien aufgrund des ihnen fehlenden Enzyms Laktase nicht aufgeschlossen und somit auch nicht genutzt werden kann (AECKERLEIN 1986). Daher sollte der Gehalt an Laktose nach AECKERLEIN die 4 %-Grenze auf keinen Fall überschreiten, um die Verdauung der Tiere nicht zu stören. Da es bis auf wenige Ausnahmen auch keinen zwingenden Grund gibt, Milchprodukte an Papageien zu verfüttern, sollten diese möglichst ganz vom Speiseplan gestrichen werden. Eine Ausnahme stellen jedoch Tiere mit einer stark geschädigten Darmflora da, wie es zum Beispiel nach der Verabreichung von Antibiotika der Fall sein kann. In solchen Fällen gebe ich immer gerne Joghurt, und zwar Bio-Joghurt mit lebenden Kulturen. Diese Kulturen entsprechen zwar nicht denen einer intakten Darmflora, doch siedeln sie sich vorübergehend im Papageiendarm an und verhindern dadurch das Ansiedeln pathogener Erreger und übernehmen kurzzeitig die Aufgabe der papageieneigenen Laktobazillen. Die Versorgung mit tierischem Eiweiß steht in diesem Fall also im Hintergrund. Damit die Vögel den Joghurt auch bestimmt aufnehmen, gebe ich ihn meistens mittels Kropfkanüle direkt in den Kropf, und zwar einmal täglich über 3-5 Tage.

Eine weitere Möglichkeit, den Gehalt des Futters an tierischen Eiweißen zu erhöhen, besteht in der Gabe von lebenden Futtertieren, die entweder gezüchtet oder auch selber gesammelt werden können.

Gesammelte Futtertiere kommen nach meinen Erfahrungen aber nur wenig in Betracht, weil viele Insekten für die Papageien einfach zu klein sind, um sie damit ausreichend versorgen zu können. Größere Futtertiere wie zum Beispiel Regenwürmer oder auch Schnecken beherbergen zudem noch häufig Parasiten wie Würmer und dergleichen, die sehr leicht auf Papageien übertragen werden. Daher sollten diese nicht auf dem Speiseplan stehen. Kann eine Infektion dieser Futtertiere mit Parasiten oder Krankheitserregern ausgeschlossen werden, stellen sie dagegen ein gutes Lebendfutter dar, wie es von vielen Papageien auch im Freiland genutzt wird (ROTH 1982). Dagegen können Blattläuse, die an vielen einheimischen Pflanzen zu finden sind, in der Regel ohne Bedenken angeboten werden. Sie werden am einfachsten samt Pflanze in die Voliere gegeben, wo die kleinen Plagegeister von vielen Papageien gerne gefressen werden, und zwar besonders die helleren Arten (PETERS 1974). Hierbei ist allerdings darauf zu achten, dass von den Pflanzen keine Gefahr für die Papageien ausgehen kann, diese also genießbar sind, und dass im näheren Umfeld des Pflanzenstandortes keine Pestizide zum Einsatz gekommen sind. Die Aufnahme von Blattläusen wird in jüngster Zeit auch häufiger für frei lebende Papageien beschrieben (HOFMANN & METTKE 1994a und b). Gleiches gilt für andere Wirbellose wie zum Beispiel Termiten (SAZIMA 1989).

Wer weitere Futtertiere anbieten möchte, wird in erster Linie auf gezüchtete Tiere zurückgreifen wie zum Beispiel auf Mehlkäferlarven, auch Mehlwürmer genannt. Den Mehlwürmern wird viel Negatives nachgesagt, doch handelte es sich dabei vorwiegend um Fälle, in denen sie so genannten Weichfressern als Hauptfutter angeboten wurden. In der Papageienhaltung sollten sie höchstens als Zusatzfutter (zum Beispiel während der Jungenaufzucht) gereicht werden, wenn das Nahrungsangebot ohnehin sehr vielfältig gestaltet wird. Werden außerdem nur die frisch gehäuteten Mehlwürmer gefüttert, gibt es keine Probleme mit dem gefährlichen Chitinpanzer, den diese Tiere noch nicht haben. Übrigens wird er von den meisten Papageien nicht mitgefressen. Um den Vitamin-, Mineral- oder auch Aminosäurengehalt der Nahrung zu erhöhen, empfehlen einige Autoren, die Mehlwürmer mit diversen Substanzen zu bestreuen, bevor sie den Tieren als Futter angeboten werden (ESSMANN 1975, SCHÜRER 1982). Da die Mehlwürmer in der Papageienhaltung aber nur als Zusatzfutter dienen, kann die Versorgung mit weiteren Zusatzstoffen auf andere Art und Weise geschehen.

Auch Fliegenlarven können als Vogelfutter Verwendung finden, wenn bestimmte Regeln eingehalten werden. So sollte sich der Darm der Larven völlig geleert haben, bevor sie angeboten werden. Die Entleerung ist normalerweise daran zu erkennen, dass eine dünne dunkle Linie entlang der Tiere, die den Darminhalt andeutet, verschwunden ist. Dieses ist wichtig, da er aufgrund der Ernährungsgewohnheiten der Maden (Aasfresser) sehr viele pathogene (krankheitserregende) Keime enthalten kann. Fliegenmaden sind in vielen Futtermittelhandlungen oder auch in Fachgeschäften für Angler erhältlich. Fliegenmaden müssen unbedingt in geeigneten Futterschalen gereicht werden, da sie sich auch an glatten Wänden fortbewegen und somit sehr leicht entkommen können.

Einige Züchter bieten ihren Papageien auch neugeborene Mäuse an (Robiller 1992), doch ist es bestimmt nicht jedermanns Sache, diese kleinen nackten, vielleicht sogar noch lebenden Tiere in den Futternapf zu legen. Hinzu kommt noch, dass die Mäuse selbst gezüchtet werden müssen, da sie kaum irgendwo käuflich zu erwerben sind. Einige Kakaduarten sollen Jungmäuse besonders gerne fressen und dadurch möglicherweise zu einer Brut angeregt werden. Meine Versuche damit scheiterten allerdings kläglich, da die Kakadus die Mäuse nicht annahmen.

Im Handel erhältlich sind dagegen Garnelen in getrockneter Form, die als Hühnerfutter verwendet werden; aber auch Papageien verabscheuen sie nicht. Allerdings können diese Garnelen, falls sie feucht gelagert werden, sehr schnell verpilzen und somit verderben. Gelegentlich wird auch vor dem hohen Salzgehalt dieser Meerestiere gewarnt, allerdings konnte ich dadurch keine negativen Auswirkungen auf meine Tiere feststellen.

Es gibt noch viele weitere Tierarten, die als Lieferanten für tierisches Eiweiß dienen könnten. Allerdings ist ihre Beschaffung oder Züchtung nicht immer ganz einfach, und der damit erforderliche Aufwand steht vielfach in keinem Verhältnis zum Nutzen. Aus diesem Grunde soll auch an dieser Stelle nicht näher darauf eingegangen werden.

10. Mineralstoffe

Wie im ersten Teil dieses Buches schon beschrieben wurde, sind die Mineralstoffe für jeden Papagei lebensnotwendig und müssen ständig über das Futter zugeführt werden. Dabei brauchen die Mineralstoffe allerdings nicht unbedingt nur im Futter enthalten zu sein, sondern können auch getrennt verabreicht werden. Von der Futtermittelindustrie werden inzwischen viele fertige Mineralstoffprodukte angeboten, die entweder über das Futter gestreut oder aber in einem Extranapf angeboten werden. An dieser Stelle möchte ich aber gleich einwenden, dass wir bis heute immer noch nicht genau wissen, welche Mineralstoffe in welcher Dosierung unsere Papageien überhaupt benötigen. Aus diesem Grunde ist es ratsam, sich nicht nur auf ein fertiges Produkt zu verlassen, sondern alle möglichen Quellen zu nutzen, um die Tiere optimal zu versorgen.

In jüngster Zeit wird von Tiermedizinern immer wieder auf das Missverhältnis von Phosphor und Kalzium hingewiesen, da dieses Verhältnis mitentscheidend für einen gut funktionierenden Stoffwechsel der Tiere ist. Der Phosphoranteil im angebotenen Futter wie zum Beispiel dem Körnerfutter ist in der Regel viel zu hoch. Nun macht es aber meiner Meinung nach wenig Sinn, die Futterbestandteile so zu wählen, dass das Kalzium in ausreichendem Maße vorhanden ist. Da der tatsächliche Kalziumbedarf der Tiere auch noch stark schwankt, ist es nur schwer möglich, die benötigten Mengen zu ermitteln und zu verabreichen. Aus diesem Grunde halte ich auch nicht viel davon, eine Mineralstoffmischung, über das tägliche Futter gestreut, zu verabreichen, da die Tiere dadurch leicht zur Aufnahme einer bestimmten Menge gezwungen werden. Sinnvoller ist es, das Mineralstoffgemisch in einer größeren

Menge in einem zusätzlichen Napf anzubieten, damit die Tiere sich nach Bedarf bedienen können. Lediglich wenn sich Papageien hartnäckig weigern, von diesem Angebot Gebrauch zu machen, muss diese Mischung der täglichen Futterration beigemengt werden. Aber auch in solchen Fällen ist es ratsam, weiterhin Mineralstoffe in einem Extragefäß anzubieten, denn nach meinen Erfahrungen wird dieses Angebot doch irgendwann von den Vögeln genutzt.

Um die Mineralstoffprodukte für Papageien interessanter zu gestalten, bietet der Fachhandel diese in unterschiedlichen Formen an. Viele Papageien finden zum Beispiel gefallen daran, die angebotenen Picksteine, Kalksteine oder wie auch immer sie genannt werden, einfach zu zernagen, und nehmen dadurch ebenfalls kleinere Mengen auf. Nach meinen Erfahrungen sollten immer mindestens ein fester Grit- oder Pickstein und ein zusätzliches Mineralstoffgemisch angeboten werden. Ein mit Vitaminen angereichertes Mineralstoffgemisch ist nicht empfehlenswert, da diese unter Licht- und Sauerstoffeinfluss sehr leicht zerfallen und unwirksam werden. Hier sollte sich der Papageienhalter nicht von der Werbung blenden lassen und eine Vitaminversorgung getrennt vornehmen.

Wer möchte, kann sich die Picksteine aber auch selber anfertigen. So werden zum Beispiel die Kalksteine für den „Loro Parque" auf Teneriffa wie folgt hergestellt:

Zutaten für ca. 50 Kalksteinblöcke:

1 kg grob gemahlene Muschelschalen
2 kg gelöschter Kalk
1 Teelöffel fein gemahlene Holzkohle
¼ kg Meersalz
1 kg rote Dachziegel, grob gemahlen
3 kg Kalkstein
¼ kg grob gemahlenen Sepia-Schulp
1 kg Zement (als Bindemittel)

Alle Zutaten werden mit Meerwasser zu einem zähen Teig vermengt und anschließend in die Formen verteilt. Nach dem Härten werden sie aus den Formen genommen und noch weitere zwei Wochen an einer trockenen, schattigen Stelle gelagert. Anschließend können sie mit einem Draht in die Volieren gehängt werden.

Es müssen aber nicht immer so aufwendige Kalksteine hergestellt werden. So können auch einfache Gasbeton-Steine, mancherorts auch Ytong genannt, in Stücke gesägt und ebenfalls mittels eines Drahtes in die Voliere gehängt oder an einer sauberen und trockenen Stelle auf den Boden gelegt werden. Hierbei ist jedoch darauf zu achten, dass den Steinen keine für die Papageien giftigen Substanzen beigefügt wurden. Manche Papageien, so zum Beispiel meine Hyazintharas, nutzen das verputzte Mauerwerk als Mineralstofflieferant, so dass ich die Wände immer wieder neu verputzen muss. Übrigens kann ich an diesen Nageaktivitäten genau den Mineralstoffbedarf der Tiere erkennen, da zu Zeiten der Eiablage immer intensiver genagt wird.

Die Mineralstoffversorgung sollte aber nicht nur mittels käuflicher oder selbstproduzierter Steine oder Gemische erfolgen, sondern auch über das Anbieten der unterschiedlichsten natürlichen Gegenstände wie zum Beispiel Zweigen und Ästen von Sträuchern, Holzkohle oder auch einfach nur Erde oder Lehm. Dies sollte aus zwei Gründen geschehen. Zum einen wissen wir, wie schon erwähnt, noch gar nicht genau, welche Spurenelemente oder auch Mengenelemente die Papageien wirklich benötigen, zum anderen bieten diese Materialien einen hohen Grad an Beschäftigung und verhindern somit das Aufkommen von Langeweile. Die Rinde vieler Zweige, aber auch ihr Holz enthalten sehr viele Mineralien und werden von den meisten Papageien sehr gerne zernagt. Bevorzugt werden hier die Weichhölzer wie Weide, Hasel oder auch Birke, welche den Tieren regelmäßig frisch angeboten werden sollten.

Holzkohle sollte möglichst selber hergestellt werden, da man nie genau weiß, was in der vom Handel angebotenen Holzkohle für Zusatzstoffe enthalten sind. Das Herstellen dieser Holzkohle ist ganz einfach, man benötigt dazu nur etwas größere Holzstücke (zum Beispiel ausgediente Sitzstangen), die man entweder in einem offenen Feuer im Garten oder im Kamin leicht verkohlen lässt. Diese angekohlten Holzstücke enthalten noch die gesamten Mineralstoffe des Holzes und werden von den Papageien gerne zernagt.

Abbruchkante mit lehm- und tonhaltiger Erde

Sie enthält zudem viele Mineralstoffe

Auch Erde enthält sehr viele Mineralien und sollte daher regelmäßig angeboten werden. Hierzu kann einfach saubere und unbelastete Gartenerde in einer Schale auf den Boden der Voliere gestellt werden. Ich biete meinen Tieren schon seit vielen Jahren ein Gemisch aus Erde, Lehm und Ton an, das ich einer abgebrochenen Uferböschung eines Baches entnehme. Diese Mischung wird von all meinen Papageien sehr gerne angenommen. Sie dient aber nicht nur der Mineralstoffversorgung, sondern die unregelmäßigen Oberflächen der winzig kleinen Gesteinspartikelchen in den Tonerden sind zusätzlich in der Lage, Nahrungsgifte oder andere schädliche Stoffwechselprodukte zu binden. Die Absorptionsfähigkeit dieser Partikel wird im Organismus durch einen Austausch von Ionen noch verstärkt (HELLMIß & SCHEITHAUER 1999). Auch in der freien Natur nehmen viele Papageien ton- oder lehmhaltige Erde auf, wie zum Beispiel die Papageien Südamerikas an den Lehmabbrüchen der Flussufer. Diese Erde ist ebenfalls sehr reich an Mineralien. MUNN (1992) vermutet aber, dass die Tiere diese Erde aufnehmen, um mit der Nahrung aufgenommene Gifte abzubauen.

Eine weitere Methode, den Kalkbedarf der Papageien zu decken, besteht in der Fütterung von Sepia und Eierschalen. Beides ist jedoch umstritten. Die Sepiaschale stammt von Tintenfischen und kann zum Beispiel auch an unserer Nordseeküste gesammelt werden. Dieser Rückenschulp des Tintenfisches ist sehr grobporig und bietet somit Brutstätten für Pilze und andere Krankheitserreger. Trocken gelagert stellen sie jedoch einen guten Kalklieferanten dar und werden gerne von den Papageien zernagt. Wer seinen Tieren also Sepia anbieten möchte, kann diese vorher erhitzen, um Krankheitserreger abzutöten. Eierschalen müssen unbedingt vor dem Verfüttern stark erhitzt werden, um dies zu erreichen. Ansonsten ist die Gefahr der Übertragung von Krankheitserregern durch die Eierschale sehr groß, da viele Krankheiten von den Hühnern auf die Papageien übergehen können. Angeblich sollen zwar auch durch Erhitzen Krankheitserreger, die an der Eischale haften, nicht abgetötet werden können und somit Papageien infizieren (DIETZE 1980), doch sind mir solche Fälle aus der Praxis nicht bekannt. Ich kann mir dies auch nur schwer vorstellen, wenn die Eischalen in kochendem Wasser gelegen haben. Die Eierschalen müssen natürlich vor dem Verfüttern zerkleinert werden. Auch Berichten, dass Papageien durch das Anbieten von zerkleinerten Eierschalen zu Eierfressern werden sollen, also

Kalksteine variieren in Form und Material. Rechts ist ein Schulp abgebildet.

die eigenen Eier auffressen, kann ich nur wenig Glauben schenken. Wer aber sicher gehen will, sollte auf Eierschalen völlig verzichten.

Kleine Steinchen, die zwar nicht direkt zu den Mineralien zählen, sollten ebenfalls in verschiedenen Größen angeboten werden (siehe Kapitel „Magensteinchen"). Teilweise sind diese oder auch zerkleinerte Muscheln oder Ähnliches bereits in den handelsüblichen Mineraliengemischen enthalten.

Zum Schluss noch kurz ein Wort zum Pelletfutter. Dieses enthält normalerweise schon alle nötigen Mineralstoffe, doch zu Zeiten eines erhöhten Bedarfs reichen diese anscheinend nicht immer aus. Daher sollte zu diesen Zeiten (Eiablage, Mauser, Krankheit) das Mineralstoffangebot erhöht werden, was besonders für das Kalzium gilt.

11. Magensteinchen

Pflanzen- und besonders die Körnerfresser haben in der Regel einen gut ausgebildeten Muskelmagen, in dem die Nahrung durch rhythmische Kontraktionen mechanisch zerkleinert und mit Verdauungssäften angereichert wird. Um diese Arbeit zu erleichtern, nehmen viele Vögel kleine Steinchen auf, die beim Zermahlen der Nahrung behilflich sind. Leider gibt es bisher nur wenige Informationen über die Wirksamkeit der Magensteinchen beim Papagei, so dass man nur von Untersuchungen an anderen Vogelarten auf die Papageien schließen kann. So wurde bei Brieftauben herausgefunden, dass bei einer Ernährung ohne Kieselsteinchen zuerst Mauserstörungen auftraten, anschließend Gewichtsverluste registriert wurden und Jungtiere sogar starben (LAHAYE & CORDIEZ 1978).

Wir können vermutlich davon ausgehen, dass zumindest für die Körner fressenden Papageien die Magensteinchen eine ähnlich wichtige Bedeutung haben. Daher sollten sie für die Papageien ständig zur Verfügung stehen. Sie müssen nicht dem Futter direkt beigefügt werden, sondern können entweder in einer Schüssel getrennt gereicht werden oder als Bestandteil des Sandes, der als Bodengrund Verwendung findet, ständig in großer Auswahl vorhanden sein.

Die Magensteinchen, auch Grit genannt, verbleiben nur einige Zeit im Muskelmagen und müssen immer wieder ersetzt werden. Nach KRONBERGER (1947) sind Steinchen mit rauher Oberfläche besser geeignet als glattwandige, da diese die Nahrung leichter zermahlen können. Außerdem empfiehlt dieser Autor, den Grit getrennt von anderen Mineralstoffen zu verabreichen und nicht die gelegentlich im Handel angebotenen Kombipräparate zu verwenden, da es durch ihre Kombination zu einer Überversorgung mit Mineralstoffen kommen könne. Tatsächlich enthalten einige vom Handel angebotenen Grit-Präparate keine Steinchen, sondern nur Muschelbruch oder

Marmorbruch, die aber eigentlich der Kalziumversorgung dienen und nicht als Magensteinchen fungieren.

Da ich in meinen Volieren immer Sand mit einem Anteil Kies der unterschiedlichsten Körnungen als Bodengrund verwende, verzichte ich auf eine Zusatzfütterung mit Magensteinchen. Wer die Steinchen getrennt verabreichen möchte, kann zum Beispiel auf sauberen Aquarienkies zurückgreifen, der in jeder Zoohandlung zu bekommen ist. Die Größe der Steinchen sollte zwischen ein und mehreren Millimetern variieren, da die Papageien sie nicht nur verschlucken, sondern mit größeren Steinchen gerne spielen und im Schnabel reiben.

12. Aufzuchtfutter

Aufzuchtfutter wird das Futter genannt, welches speziell zur Aufzucht von Jungtieren verwendet wird. Hierbei kann generell zwischen zwei Varianten unterschieden werden. Zum einen wird eine fertige Futtermischung, die in der Regel zu Pulver gemahlen wurde, als Aufzuchtfutter für die Handaufzucht von Papageienküken bezeichnet. Dieses Futter braucht nur noch der Anleitung entsprechend mit warmem Wasser angerührt zu werden und kann dann den Küken mit einem Löffel oder einer Futterspritze verabreicht werden. Bei diesem Futter handelt es sich meistens um ein Alleinfutter, das also ohne weitere Zusätze verfüttert werden kann. Die Erfahrung hat aber gezeigt, dass sich viele Jungtiere besser entwickeln, wenn man ab einem bestimmten Alter der Küken dem Brei zum Beispiel geschälte Sonnenblumenkerne oder auch Obst beimengt. Ansonsten sollte man sich aber genau an die dem Futter beiliegende Anleitung halten. Näheres hierzu kann in dem Kapitel über die Handaufzucht nachgelesen werden.

Ebenfalls als Aufzuchtfutter wird das Futter bezeichnet, welches während der Brutzeit dem

Aufzuchtfutter kann allein verfüttert werden

Eifutter ist ein Zusatzfutter

normalen Futter der Papageien beigemengt wird. Hierbei handelt es sich also nicht um ein Alleinfutter, sondern lediglich um Futterzusätze, die den erhöhten Bedarf an Proteinen und Vitaminen während der Jungenaufzucht abdecken sollen. Dieses Aufzuchtfutter wird gelegentlich auch Weichfutter oder Eifutter genannt und kann in vielfältiger Form über den Fachhandel bezogen werden. Das Aufzuchtfutter sollte in den meisten Fällen leicht angefeuchtet als krümelige Masse angeboten werden (ca. einen Esslöffel pro Paar von der Größe der Graupapageien und Tag). Wer eine gekeimte Körnermischung anbietet, kann diese auch mit dem Aufzuchtfutter vermengen. Zum Anfeuchten eignen sich ebenfalls zerriebene Möhren oder anderes Gemüse und Obst. Wichtig ist aber in jedem Fall, dass das Futter regelmäßig erneuert wird, damit es nicht verderben kann, und dass man sich an die Anweisungen auf der Verpackung hält.

Das Aufzuchtfutter sollte aber nicht erst dann geboten werden, wenn Junge zu versorgen sind, denn oftmals benötigen Papageien einen längeren Zeitraum, um sich an neues Futter zu gewöhnen. Außerdem kann eine Futterumstellung die Tiere stimulieren und das Brutgeschehen auslösen oder vorantreiben. Daher reiche ich immer schon zu Beginn der Brutzeit das Aufzuchtfutter (Näheres in dem Abschnitt „Tägliche Futterrationen"). Auch die sich oftmals einer Brutsaison anschließende Mauser erfordert eine optimierte Versorgung mit allen wichtigen Nahrungsbestandteilen, weshalb auch hier die Gabe von einem derartigen Aufzuchtfutter sinnvoll sein kann.

13. Pelletiertes Futter

Während Futter in Form von Pellets für Haustiere, wie z.B. Hunde, schon seit langer Zeit im Handel erhältlich ist, wird pelletiertes Futter für Papageien erst in jüngerer Zeit angeboten. In der Regel werden diese Nahrungsmittel dabei unter Verwendung von Hitze zubereitet. Während die Pellets in den ersten Jahren eine rundliche Form von einigen Millimetern Durchmesser hatten, wird heute versucht, durch Färbung und Form der Pellets den Vögeln beim Fressen mehr Abwechslung zu bieten. Normalerweise soll den Papageien und Sittichen das Fertigfutter im trockenen Zustand vorgesetzt werden.

Welchen Vorteil sollen die Pellets gegenüber herkömmlichen Futtermethoden bringen? Als Argumente für eine Pelletfütterung werden von den Herstellern häufig folgende Punkte aufgeführt:

- Die Versorgung der Tiere mit allen lebensnotwendigen Mengen- und Spurenelementen ist optimal gewährleistet;
- durch das Erhitzen des Futters werden Nährstoffe freigesetzt und für den Vogel leichter zugänglich gemacht;
- die Papageien können sich keine „Leckerbissen" aussuchen und dadurch einseitig ernähren;
- die Papageien können nicht mehr verfetten;
- die Papageien fressen weniger als bei einer Ernährung auf Körnerbasis, da Pellets vollständig verwertbar sind;
- durch das Erhitzen des Futters wird dieses vollständig sterilisiert, also alle vorhandenen Keime wie z.B. Pilzsporen abgetötet;
- es wird eine höhere Reproduktionsrate (größere Eier und Küken mit besserer Gesundheit, erhöhte Fruchtbarkeit und Schlupfrate, früheres Reifen der Jungvögel) erzielt;
- die Gefiederfarben sind leuchtender;
- die Papageien leben länger;
- Pellets sind zu 100 % fressbar, daher bleiben keine Reste wie Samenhülsen übrig;
- die Fütterung der Papageien nimmt weniger Zeit in Anspruch.

Wenn man also das Werbematerial der Pellethersteller studiert, kann man eigentlich nur zu dem Ergebnis kommen, dass eine optimale

Tritonkakadu

Pellets sollten nicht als Alleinfutter gereicht werden

Fütterung unserer Tiere eben nur mit Pellets zu erreichen ist. Hierbei muss berücksichtigt werden, dass die Hersteller und Vertreiber dieser Pellets natürlich mit ihren Produkten Geld verdienen wollen und diese daher immer nur in schillernden Farben darstellen. Leider schießen meiner Meinung nach dabei einige über das Ziel hinaus, da immer wieder versucht wird, die Wertigkeit des Pelletfutters mit einer Mischung aus trockenen Sämereien zu vergleichen. Das Ergebnis dieser Vergleiche ist immer das gleiche, die Samenmischung enthält im Vergleich zu den Pellets nicht alle für die Ernährung eines Papageis nötigen Bestandteile. Diese Feststellung kann nicht bestritten werden, allerdings wird kaum ein Papageienliebhaber seine Tiere ausschließlich mit trockenen Körnern füttern, sondern diese werden lediglich, wenn überhaupt, einen kleinen Teil des Speiseplans ausmachen. Wenn also verschiedene Fütterungsmethoden miteinander verglichen werden, dann muss die ganze den Tieren zur Verfügung stehende Futterpalette berücksichtigt werden und nicht nur ein Ausschnitt davon.

Um das Für und Wider einer Pelletfütterung näher zu erörtern, sollen die oben aufgeführten Punkte näher betrachtet werden. Das Hauptargument der Pelletbefürworter ist immer wieder die optimale Ernährung der Papageien mit allen lebenswichtigen Stoffen. An diesem Punkt muss aber widersprochen werden, denn bis heute ist nur sehr wenig über die Ernährung freilebender Papageien bekannt. So ist es meines Wissens nach noch bei keiner Papageien- oder Sittichart gelungen, das gesamte Nahrungsspektrum zu erfassen. Nur von wenigen Arten ist ein größerer Ausschnitt der möglichen Nahrung bekannt, bei den meisten Arten aber sind nur Einzelbeobachtungen gelungen, die keine Rückschlüsse auf das restliche Nahrungsspektrum zulassen. So kommen in jüngster Zeit immer wieder erstaunliche Ergebnisse zutage, wenn einmal eine Papageienart genauer untersucht wird. Zum Beispiel fanden SMITH und MOORE (1991) in einer Untersuchung an von Autos überfahrenen Nacktaugenkakadus heraus, dass ihre Kröpfe zu jeder Jahreszeit größere Mengen an Insekten enthielten. Dieses deutet auf einen wesentlich höheren Bedarf an tierischen Eiweißen hin, als dieses bislang für Kakadus angenommen wurde. Sogar außerhalb der Brutzeit scheinen diese Kakadus einen hohen Bedarf an tierischen Eiweißen zu haben.

Wenn also niemand genau sagen kann, wovon sich die Papageien ernähren, kann auch niemand ein optimales Futter anbieten. Wir können unseren Tieren immer nur ein Ersatzfutter anbieten, das dem Futter freilebender Vögel möglichst nahe kommen sollte. Es wird aber niemals ein optimales Futtermittel für alle oder einen Großteil der Papageien geben, da sich die Ernährungsweisen selbst nahe verwandter Arten im Freiland gewaltig unterscheiden können. Hyazintharas benötigen zum Beispiel ein viel fetthaltigeres Futter als die meisten anderen Ara-Arten (vgl. PITTMAN 1994) und Feigenpapageien haben einen stark erhöhten Bedarf an Vitamin K (DÜHR 1993). Die Hersteller von Pelletfutter können also nur versuchen, ein Futter herzustellen, das den Bedürfnissen der meisten Papageien entgegenkommt. Solange es nicht den wirklichen Bedürfnissen der einzelnen Arten angepasst wird, kann es meiner Meinung nach den meisten Tieren nicht als Alleinfutter angeboten werden. Da wir, wie schon erwähnt, noch gar nicht genau wissen, was die Papageien und Sittiche alles an Mengen- und Spurenelementen benötigen, können möglicherweise auch bei einem nach modernsten technischen Verfahren hergestellten Futter Mangelerscheinungen bei den Tieren auftreten. Auch die immer wieder angeführten langen Versuche mit pelletiertem Futter stellen meiner Meinung nach keinen Beweis für die Qualität dieses Futters dar, denn viele Papageien gehören mit zu den robustesten Vogelarten, die in der Obhut des Menschen gehalten werden. So sind mir Papageien bekannt, die 15 bis 20 Jahre überwiegend mit Sonnenblumenkernen und Nüssen gefüttert wurden und trotzdem in einem recht guten Zustand sind.

Auch die Aussage, dass die Nährstoffe durch Erhitzen während der Herstellung der Pellets besser für die Tiere verfügbar gemacht werden, als dieses bei anderem Futter der Fall ist, ist meiner Meinung nach nicht ganz korrekt. Dieses gilt wiederum nur für den Fall der ausschließlichen Fütterung von trockenen Sämereien. Werden die Samen jedoch gekeimt oder gekocht, sind die Nähr- und Wirkstoffe den Vögeln ebenso zugänglich wie im Pelletfutter. Außerdem sollten die Sämereien nur einen Teil des täglichen Futters darstellen. Wenn die Körnermischung gekeimt wird, besteht auch nicht die Gefahr, dass Vitamine durch Erhitzen zerstört werden und diese anschließend nicht wieder beigemengt werden müssen. Generell gesagt gilt für Papageien das Gleiche wie für uns Menschen: Je frischer die Nahrungsmittel sind und je weniger sie behandelt wurden, desto höher ist ihr Vitamingehalt und Nährwert.

Ein weiteres häufig zu hörendes Argument für die Verwendung von pelletiertem Futter ist, dass die Tiere sich hierbei nicht ihr Lieblingsfutter aussuchen und sich somit einseitig ernähren können. Eine einseitige Ernährung kann es aber nur dann geben, wenn täglich zu viel Futter angeboten wird. In solch einem Fall werden die Papageien in der Regel ihre Leckerbissen wie Sonnenblumenkerne und Nüsse vorrangig fressen und sich einseitig ernähren. Wer seine Tiere aber häufig und mit Interesse beobachtet, wird sehr schnell herausfinden, wie,viel sie fressen, und kann die tägliche Futterrationen dementsprechend zusammenstellen. Dadurch kann auch ein Verfetten der Papageien verhindert werden, zu dem besonders viele Amazonen, aber auch einige Kakadus wie der Rosakakadu neigen. Diesen Tieren sollten fetthaltige Sämereien entzogen oder aber stark reduziert angeboten werden. Andererseits benötigen einige Papageien wie zum Beispiel Hyazintharas besonders fetthaltiges Futter. Es wäre völlig falsch, diesen Nüsse oder auch Sonnenblumenkerne vorzuenthalten.

Auch das Versprechen, Papageien könnten bei einer alleinigen Ernährung mit Pellets nicht mehr verfetten, scheint nicht den Tatsachen zu entsprechen, denn es wurde in Versuchen festgestellt, dass zum Beispiel Amazonen mehr Pelletfutter zu sich nehmen, als sie eigentlich benötigen würden (WOLF, pers. Mitteilung).

Diese wenigen Beispiele machen deutlich, warum es nicht möglich ist, ein einheitliches Fertigfutter für Papageien herzustellen. Auch dem Hinweis, mit Pellets gefütterte Papageien würden ca. 1/3 weniger Futter fressen als mit Körnern ernährte, kann ich nichts Positives entnehmen. Der einzige Vorteil einer Futterersparnis könnte im finanziellen Bereich zu sehen sein, allerdings spielen hier natürlich die Beschaffungskosten für das Futter die entscheidende Rolle. Für die Papageien kann ich keinen Vorteil im geringeren Futterverbrauch erkennen. Ich halte es sogar für nachteilig, wenn zu leicht verdauliches Futter verwendet wird, da das Futter der Papageien im Freiland häufig auch nicht gerade leicht verdaulich ist und der Organismus der Tiere sich darauf eingestellt hat. Es kann also nicht darum gehen, besonders leicht und vollständig verwertbare Produkte zu entwickeln, sondern das Futter sollte den natürlichen Bedürfnissen der Papageien entsprechen.

Ein Vorteil des pelletierten Fertigfutters scheint auf den ersten Blick in der Zubereitung unter Hitzeeinwirkung zu liegen, werden hierbei doch alle eventuell vorkommenden Keime abgetötet. Dies trifft auch für die meisten Krankheitserreger zu, sieht man einmal von wenigen Ausnahmen (z.B. BSE - Rinderwahnsinn) ab. Allerdings darf nicht vergessen werden, dass Pellets zum Beispiel auch einen optimalen Nährboden für diverse Pilzsporen darstellen. Es ist also nicht nur wichtig, wie die Pellets hergestellt werden, sondern es ist noch viel wichtiger, wie diese anschließend behandelt und gelagert werden. Pellets sollten immer absolut trocken gelagert werden, und man darf auch auf gar keinen Fall mit feuchten Händen in das Behältnis greifen. Häufig wird die Luftfeuchtigkeit im Lagerungsraum unterschätzt und das Futter zu lange gelagert. Haben sich aber erst einmal Pilzsporen auf den Pellets niedergelassen, breiten sie sich in der Regel blitzschnell aus und verderben das Futter. Leider ist dies nicht gleich mit dem bloßen Auge zu erkennen, und die verdorbenen Pellets werden noch verfüttert. Das Gleiche gilt übrigens auch für Handaufzuchtfutter, nur ist hier die Gefahr für das Küken noch größer, da sein Immunsystem noch nicht so gut arbeitet wie das eines erwachsenen Tieres. Ich bin sicher, dass so mancher Züchter sein Fertigfutter ganz schnell wegwerfen würde, wenn er es einmal näher untersuchen lassen würde. Übrigens schützt auch das Einfrieren des Futters nicht unbedingt vor einer Durchsetzung mit Pilzsporen, wenn der Behälter nach der Entnahme aus der Kühltruhe gleich geöffnet wird. Gerade tiefgefrorenes Futter nimmt augenblicklich Feuchtigkeit aus der Luft auf und damit auch die in der Luft befindlichen Pilzsporen. Wenn dieses Futter dann nicht gleich aufgebraucht wird, können sich Pilze dank der aufgenommenen Feuchtigkeit aus der Luft besonders gut entwickeln. Der Vorteil einer keimfreien Herstellung kann sich also ganz schnell ins Gegenteil umkehren, wenn die Pellets nicht sachgemäß gelagert und behandelt werden.

Hier sind wir an einem Punkt angelangt, an dem ich darauf hinweisen möchte, dass man sich beim Kauf von Pellets absolut auf das verlassen muss, was der Händler anbietet. Dieses betrifft zum einen die Sauberkeit und Frische des Futters, zum anderen aber auch die Inhaltsstoffe der Pellets. So ist wohl kaum ein Züchter in der Lage, die Zusammensetzung und Herkunft der Zusatzstoffe des pelletierten Futters zu überprüfen. So ist es nur schwer festzustellen, ob die Angaben des Herstellers wirklich stimmen oder ob er nicht doch billig erworbene minderwertige Bestandteile verwendet hat. Leider geben die Hersteller in der Regel auf den Verpackungen nicht genau an, was wirklich im Futter enthalten ist. So wird zum Beispiel häufig nur der Rohprotein-Anteil aufgeführt, nicht aber, ob es sich dabei um pflanzliche oder tierische Proteine handelt. Selbst wenn es sich um Proteine tierischer Herkunft handelt, wird kaum einmal angegeben, ob es sich um Erzeugnisse aus Abfallprodukten wie unverdaulichen Knochenresten, Tierhaaren und Häuten oder aus hochwertigem Fleisch handelt. Wer also pelletiertes Futter verwendet, muss den Angeben des Herstellers und Händlers vertrauen. Wer sein Futter selber zusammenstellt, kann dagegen an Hand von Keim-, Geruchs- und Geschmacksproben selber die Qualität überprüfen.

Kann eine Fütterung mit Pellets anstelle einer herkömmlichen Fütterung die Situation der Papageien in Menschenobhut entscheidend verbessern? Ich glaube nicht, es sei denn, die Tiere würden lediglich mit trockenen Sämereien gefüttert. Eine ausgewogene abwechslungsreiche Ernährung wird normalerweise keine Mangelerscheinungen hervorrufen. Behauptungen aus der Werbung, die Pelletfütterung könne die Reproduktionsrate erhöhen, größere Eier und gesündere Küken zur Folge haben, die Fruchtbarkeit und Schlupfrate erhöhen, den Papageien schönere Farben und ein längeres Leben bescheren, entspricht also nicht ganz den Tatsachen. Wenn Züchter vor der Umstellung auf pelletiertes Futter Probleme mit ihren Vögeln hatten, lag es offensichtlich daran, dass sie ihre Tiere vorher nicht gut versorgt hatten. Zugegeben, es gibt eine Vielzahl an Papageien, die nicht optimal ernährt werden und Mangelerscheinungen aufweisen. Die Mangelerscheinungen könnten möglicherweise in vielen Fällen mit pelletiertem Futter beseitigt werden, doch dürfte dieses auch mit einer abwechslungsreichen Fütterung ohne Pellets zu erreichen sein.

Sollen nun aber die Pellets völlig vom Speiseplan der Papageien verdammt werden? Es gibt Situationen, in denen Pellets durchaus angebracht sein können. So füttere ich zum Beispiel gelegentlich handaufgezogene Jungtiere mit Pellets, wenn sie noch nicht ausreichend Samenkörner schälen können. Auch Papageien, die ich neu in meinen Bestand aufgenommen habe, bekommen Pellets angeboten, wenn sie vorher schlecht ernährt worden sind und zum Beispiel nur Sonnenblumenkerne und Nüsse fressen. Allerdings versuche ich in solchen Fällen immer, die Tiere möglichst schnell auf eine besonders abwechslungsreiche Ernährung umzustellen. Aber auch während der Zucht füttere ich häufig pelletiertes Futter. Jedoch verwende ich dann kein spezielles Papageienfutter, sondern Hundefutter mit einem hohen Anteil an tierischen Eiweißen (keine pflanzlichen Eiweiße), um den erhöhten Bedarf an Proteinen während der Fortpflanzungszeit abzudecken. Wer also die Pellets als Zusatzfutter mit einem Anteil von ca. 10-20 % des Tagesbedarfs vieler Papageien betrachtet, kann nicht viel falsch machen. Dagegen lehne ich eine alleinige Fütterung mit Pellets ab, da sie meiner Meinung nach den Bedürfnissen der Papageien nicht gerecht wird. Leider ist es aber in vielen großen Zuchtanstalten aus Kostengründen nicht möglich, anderes Futter als Pellets zu reichen. Nicht etwa, weil Futter auf natürlicher Basis zu teuer wäre, sondern weil Fachkräfte, die dieses Futter verabreichen müssten, zu teuer sind. In derartigen Anlagen muss mit möglichst geringem Personalaufwand gearbeitet werden, und da bieten sich Pellets geradezu an. Es braucht kein Futter zusammengestellt werden, es reicht ein Futternapf aus und das Füttern selber ist in kürzester Zeit durchzuführen. In solchen Betrieben steht aber auch die Vermehrung der Tiere absolut im Vordergrund, alles andere ist zweitrangig. In Krankheitsfällen kann das pelletierte Futter zusätzlich mit Medikamenten versetzt werden und eine Einzelbehandlung der Tiere braucht somit nicht durchgeführt zu werden. In derartigen Betrieben hat auch kaum jemand Zeit, sich um jedes einzelne Tier zu kümmern. Doch gerade das unterscheidet solche Zuchtanstalten von dem durchschnittlichen Züchter. Dieser hält seine Tiere nicht vorrangig, um sie zu vermehren, sondern weil es ihm Spaß macht, sich mit den Tieren zu beschäftigen.

Hyazintharas

Während der Jungenaufzucht brauchen Papageien besonders hochwertiges Futter

Allfarblori

Loris brauchen eine spezielle, ihren Bedürfnissen entsprechende Ernährung

14. Lorifutter

Loris stellen grundsätzlich andere Anforderungen an die Beschaffenheit des Futters als die meisten anderen Papageien, denn sie ernähren sich im Freiland überwiegend von Pollen, Nektar, Früchten, Insekten, aber auch von Blattknospen und anderen Pflanzenteilen (Schuchmann 1984, Aeckerlein 1986, Baur 1989a und b, Pagel 1998). Nur wenige zählen zu den so genannten Körnerfressern, wie zum Beispiel der Gualori (*Neopsittacus musschenbroekii*). Da den Loris in der Obhut des Menschen das nötige Futter in der natürlichen Form kaum in ausreichendem Maße angeboten werden kann, kommen verschiedene Ersatzfutter zur Verwendung. Diese wurden zuerst von engagierten Züchtern nach eigenen Vorstellungen zusammengestellt, können mittlerweile aber auch schon fertig über den Fachhandel bezogen werden. Beim Anrühren dieses Futters ist genau nach den Herstellerangaben zu verfahren. Von größter Wichtigkeit ist dabei die Sauberkeit, da derartige Futterbreie leicht verderben können und aus diesem Grunde immer wieder frisch angeboten werden müssen, und zwar ganz besonders in der warmen Jahreszeit. An sehr warmen Tagen muss das Futter eventuell sogar zweimal täglich angeboten werden.

Bei dem Lorifutter werden grundsätzlich zwei verschiedene Arten unterschieden, der Loribrei und das Trockenfutter. Während das Trockenfutter, wie der Name schon sagt, trocken angeboten wird, wird der Loribrei mit warmem Wasser angerührt. Das Trockenfutter bietet den Vorteil, dass es nicht so schnell verderben kann, solange es in einer Extraschale gereicht und nicht durch die Vögel benässt oder verunreinigt werden kann. Im Folgenden sollen für diejenigen, die keinen fertigen Brei oder kein Trockenfutter anbieten möchten, Mischungen vorgestellt werden, die sich in der Praxis bei erfahrenen Züchtern bewährt haben. In diesen Mischungen wird grundsätzlich auf Milchprodukte, wie Milchfertignahrung, verzichtet, da die Loris, wie übrigens alle Papageien, keine Laktose (Milchzucker) verarbeiten können.

Baur (1989) empfiehlt als Zutaten für einen Loribrei folgendes:

600 g Zuckermischung, bestehend aus Glukose, Fruktose und Saccharose oder 600 g Honig
300 g Blütenpollen
160 g Haferschleim
40 g Hefe
Diese Mischung wird mit einem Liter Wasser angerührt.

Das Trockenfutter sollte in etwa dem Loribrei entsprechen, so verwendet zum Beispiel Pagel (1998):

4 EL Haferschleim
1 EL Traubenzucker
8 EL Blütenpollen
½ TL Kalkpulver
1 MS Osspulvit
Diese Mischung kann trocken gereicht oder über das Obst gestreut werden (EL = Esslöffel, TL = Teelöffel, MS = Messerspitze).

Tabelle 10: Herstellung von Nektarlösung (Loribrei) und Trockenfutter nach NEFF (1993)

Bestandteile	Nektarlösung	Trockenfutter
	Zu 1 l lauwarmem Wasser werden gegeben	1000 g Trockenfutter bestehen aus
Pollen	30 g (ungemahlen)	430 g (gemahlen)
Kölln Haferschleim	65 g	360 g
Honig	50 g	-
Traubenzucker	-	140 g
Bierhefepulver	5 g	50 g
Kalk (Osspulvit)	0,3-0,5 g	20 g, evtl. Vitakalk, gemahlene Eierschalen
Multi-Mulsin (Vitamine)	3 Tropfen	-

Weitere Mischungen zur Herstellung einer Nektarlösung (Loribrei) und Trockenfutter stellt NEFF (1993) vor (siehe Tabelle 10).

Die Nektarlösung wird am besten mit einem elektrischen Rührstab angerührt, um eine gute Durchmischung zu gewährleisten. Darüber hinaus empfiehlt es sich, den Brei auch während des Einfüllens in die einzelnen Futternäpfe regelmäßig umzurühren, damit sich die gröberen Bestandteile nicht am Boden des Gefäßes absetzen, sondern gleichmäßig auf alle Futternäpfe verteilt werden.

Zur Herstellung des Trockenfutters können die Blütenpollen mit einer elektrischen Kaffeemühle zermahlen und anschließend mit den übrigen Zutaten vermengt werden. Man kann es dann in einer verschließbaren Dose oder Ähnlichem trocken lagern.

Eine weiteres Rezept (FERGENBAUER-KIMMEL, pers. Mitteilung) für einen Loribrei lautet:
30 g Pollen
30 g Fruchtzucker
15 g Traubenzucker
50 g Babynahrung ohne Milch und Zucker (6-Korn-Brei von Alete und Vielkornbrei von Hipp)
2 TL Bierhefeflocken
2 TL Gemüseflocken (Fa. Gimpet; diese Flocken enthalten auch einen geringen Anteil an tierischem Protein)
1 große Messerspitze Korvimin.

Diese Mischung mit warmem Wasser auf 1 l auffüllen und im Mixer mixen (die Festbestandteile sinken dadurch nicht so stark ab). Dann vier Tropfen Multi-Bio-Weyxin (Vitaminpräparat) oder Multimulsin einrühren. Davon bekommt zum Beispiel ein Paar Stellaloris etwa 200 ml pro Tag.

Die hier aufgeführten Beispiele können vielfältig variiert werden, und jeder Züchter wird im Laufe der Zeit seine Mischung herausfinden. Es sollte aber immer darauf geachtet werden, hochwertige Zutaten, also zum Beispiel nicht unbedingt den billigsten Honig, zu verwenden. Selbstverständlich reichen die hier aufgeführten Mischungen alleine nicht aus, um Loris richtig zu ernähren, doch soll auf die komplette Futterzusammenstellung zu einem späteren Zeitpunkt eingegangen werden.

Futterkuchen

Er wurde nach einem Rezept des „Loro Parque“ (Teneriffa) hergestellt

15. Futterkuchen

In jüngster Zeit gehen einige Papageienhalter dazu über, ihren Tieren einen Kuchen mit diversen Zutaten zu backen. Das hat den Vorteil, dass man bestimmte Substanzen oder Nahrungsmittel, die ansonsten von den Tieren nicht gefressen werden, mit in den Teig einrühren kann. Dabei sollte aber berücksichtigt werden, dass nicht alle Substanzen eine Wärmebehandlung vertragen und dadurch zerstört werden können. Dies gilt zum Beispiel für die Vitamine. Aus dem Grund ziehe ich es vor, die Nahrungsmittel möglichst frisch und ohne Wärmebehandlung anzubieten. Wer seinen Papageien dennoch einen Futterkuchen anbieten möchte, kann nachfolgend ein Rezept (für ca. 200 Vögel) finden, wie es zum Beispiel im „Loro Parque“ auf Teneriffa zum Einsatz kommt.

Zutaten:
1 kg Maismehl
1 kg Weizenmehl
1 kg Sojamehl
2 kg geriebene Möhren
1 kg Rinderhack
12 Eier
160 g Backpulver
30 g Kalzium
Meersalz
5 l Wasser

Diese Zutaten werden vermengt und bei ca. 150 °C für 60 Minuten im Ofen gebacken. Abgekühlt können den Papageien davon täglich kleine Stückchen als Zusatzfutter gereicht werden. Der Phantasie des Vogelhalters sind an dieser Stelle keine Grenzen gesetzt, solange er Zutaten verwendet, die von den Papageien auch vertragen werden.

16. Trockenobst und Trockengemüse

Trockenobst oder Trockengemüse wird durch Entzug des Wassers hergestellt. Dies geschieht auf unterschiedliche Weise. Das Trockenobst wird häufig nur getrocknet und anschließend geschwefelt. Der Schwefelgehalt ist aber im Normalfall so niedrig, dass er bei den Papageien keine gesundheitlichen Schäden hervorrufen kann. Trotzdem ist es ratsam, beim Kauf auf Qualität zu achten.

Das Trockengemüse wird in der Regel gefriergetrocknet und dadurch haltbar gemacht. Allerdings handelt es sich dabei leider nicht immer um hochwertiges Gemüse, sondern um Maisflocken, die, mit Farbstoff behandelt, die unterschiedlichen Gemüsesorten vortäuschen sollen. Also sollte auch hier auf Qualität geachtet werden.

Der Wert dieser Trockenprodukte ist umstritten, da frische Futtermittel mit Sicherheit besser zum Verfüttern geeignet sind. Werden solche Produkte dagegen nicht angeboten (aus welchen Gründen auch immer), kann auf Trockenprodukte zurückgegriffen werden, um den Speiseplan wenigstens etwas abwechslungsreicher zu gestalten.

17. Zweige und Holz

Zweige verschiedener Weichhölzer werden von den meisten Papageien gerne benagt und zerbissen. Das dient nicht nur der Beschäftigung, sondern die Tiere nehmen die verschiedenen Mineralstoffe und Spurenelemente dabei auf. Daher sollten die Zweige regelmäßig im frischen Zustand gereicht werden. Besonders wertvoll für die Ernährung sind sie während der kalten Jahreszeit, wenn nur wenig Grün in der Natur zu finden ist. Sie weisen dann nämlich viele Knospen mit einem hohen Proteinanteil auf, aus denen im Frühjahr neue Blätter und Triebe sprießen. Auch die im Frühjahr austreibenden Knospen mit ihrem zarten Grün werden sehr gerne von den Krummschnäbeln zernagt. Willkommene Leckerbissen stellen dabei die Kätzchen der Weidenbüsche dar. Die Zweige der Weide gehören generell zu den besonders gerne benagten Weichhölzern, aber auch die der Birke, der Hasel und anderer Gehölze eignen sich.

Inkakakadus

Viele Papageien haben einen ausgeprägten Nagetrieb; Zweige sind daher immer willkommen

Morsche Baumstämme bereichern die Voliere

Des Weiteren können Zweige unserer einheimischen Obstbäumen zu jeder Jahreszeit gereicht werden, und zwar auch, wenn halbreife oder reife Früchte an ihnen hängen. Viele Papageien zerbeißen oder fressen auch gerne die Blüten verschiedener Obstbäume oder lutschen Pollen und Nektar heraus.

Aber nicht nur das so genannte lebende Holz ist für Papageien interessant, sondern auch totes. Daher stelle oder lege ich regelmäßig morsche Baumstämme in meine Volieren, die in der Regel von allen Papageien benagt werden. Ich konnte Kakadus dabei beobachten, wie sie intensiv nach Maden im Holz suchten. Diese beiläufige Art der Versorgung mit tierischen Eiweißen und Mineralstoffen dürfte besonders den Bruttrieb fördern. Es fällt immer wieder auf, dass Papageien gerade während der Brutzeit stark nagen. Ich glaube nicht, dass dieses nur mit dem Zurechtnagen einer Bruthöhle zu erklären ist, sondern auch

Fichten- und Kiefernzapfen

Auch die halbreifen (grünen) Zapfen können Papageien angeboten werden

durch einen erhöhten Bedarf an tierischen Eiweißen. Das angebotene morsche Holz sollte nicht verpilzt sein, was häufig an einem weißlichen Belag zu erkennen ist. Allerdings konnte ich noch niemals negative Auswirkungen durch derartige Pilze und deren Sporen an meinen Tieren feststellen, auch dann nicht, wenn sie großflächig verpilzte Bereiche zernagt hatten. Trotzdem ist hier Vorsicht geboten, im Besonderen bei Tieren, deren Immunsystem nicht so arbeitet, wie es eigentlich sollte.

An dieser Stelle müssen auch noch die Fichten- und Kiefernzapfen erwähnt werden, die gerne von Papageien zernagt werden (vgl. S. 108 ff.). Frisch vom Baum gefallene Fichtenzapfen nehmen sie wegen des Samens mit Begeisterung; liegen sie dagegen schon länger am Boden, enthalten sie häufig kleine Maden, die besonders gerne von Kakadus herausgesucht und gefressen werden. Kiefernzapfen enthalten trocken kaum noch Samen und werden besser grün angeboten. Allerdings fallen sie in diesem Zusand nicht vom Baum sondern müssen gepflückt werden, was in jüngeren Kieferplantagen kein Problem darstellt. Die Zapfen der Wymouthkiefer hingegen können am Boden gesucht werden. Vor Kiefernzapfen sowie auch Kiefernzweigen mit einem hohen Anteil an Harz muss gewarnt werden, da das Harz besonders für Jungtiere schädlich, mitunter sogar tödlich sein kann (KEUP 1989).

18. Zusätzliche Vitamingaben

Früher habe ich immer die Meinung vertreten, gut (sprich abwechslungsreich) gefütterte Papageien benötigen keine oder nur selten zusätzliche Vitamine, um auf Dauer gesund zu bleiben. Im Prinzip bin ich auch heute noch der gleichen Meinung, habe allerdings sehr häufig Papageien zu sehen bekommen, deren schlechtes Gefieder eindeutig auf einen Mangel an bestimmten Vitaminen hindeutete. Beim Betrachten des Futters dieser Tiere wurde mir auch sehr schnell klar, warum sie derartige Mangelzustände aufzuweisen hatten. Ich riet also Papageienhaltern und -züchtern, deren Tiere kein aalglattes, glänzendes Gefieder aufwiesen und die auch häufiger Probleme mit der Gesundheit ihrer Vögel hatten, das Futter verstärkt mit Vitaminen anzureichern.

Diese Empfehlung rief aber gleich wieder Kritiker auf den Plan, die auf mögliche Überdosierungen der Vitamine A und D hinwiesen. Vor einer Überdosierung dieser Vitamine wird auch in der einschlägigen Literatur häufig gewarnt, allerdings war mir persönlich bislang kein Fall zu Ohren gekommen. Auch Nachforschungen bei mir bekannten Tierärzten brachten wenig Erfolg, da sich niemand daran erinnern konnte, jemals einen Papagei behandelt zu haben, der aufgrund einer Überdosierung dieser Vitamine erkrankt war.

Wenn man sich also die vielen kranken Tiere betrachtet, deren Krankheitsursachen häufig in einem Vitaminmangel zu suchen sind, kann ich nur dringend dazu raten, die Versorgung der Tiere mit Vitaminen zu optimieren, auch dann, wenn die Halter dieses nur über die Zugabe von Vitaminpräparaten bewerkstelligen können. Eine Warnung vor einer Gabe, wie dieses immer wieder in der einschlägigen Literatur geschieht, birgt die Gefahr, dass die Halter aus Angst vor den Auswirkungen auf Vitamingaben verzichten und dadurch weitere Mangelerscheinungen ihrer Tiere fördern.

Wenn ich für eine Optimierung der Vitaminversorgung plädiere, bedeutet dies aber auf gar keinen Fall, dass die Vögel die Vitaminkonzentrate pur zu trinken bekommen sollen. Den Anweisungen der Hersteller ist unbedingt Folge zu leisten, und jeder Packung ist normalerweise eine Dosierungsanleitung beigegeben. Erwähnt werden muss hier aber noch, dass zur Zeit eigentlich niemand genau weiß, wie hoch der Tagesbedarf der Papageien an Vitaminen tatsächlich ist. Da ein Mangel an Vitamin A bei den Papageien besonders häufig diagnostiziert wird, sollte eine Versorgung mit synthetischen Vitaminen nach dem Bedarf dieses Vitamins ausgerichtet werden. So empfiehlt ZWART (1978) für Graupapageien einen Zusatz von 4000 I.E. pro Liter Trinkwasser bei einer täglichen Aufnahme der Tiere von 25 ml Wasser. RÜBEL und ISENBÜGEL (1985) empfehlen eine Dauergabe von 6000-8000 I.E. pro kg Futter täglich, über das Futter verabreicht. Stets sollte aber der Vitamingehalt des übrigen Futters berücksichtigt werden. Werden also diese Werte mit dem täglichen Futter schon annähernd erreicht und weisen die Tiere keine Mangelzustände auf, brauchen normalerweise keine zusätzlichen Vitamingaben verabreicht zu werden.

Wer seine Tiere überwiegend oder ausschließlich mit Pellets füttert, sollte keine weiteren Vitaminpräparate anbieten, da die Pellets in der Regel ausreichend mit Vitaminen versetzt sind. Alle anderen Papageienhalter sollten aber, sobald ihre Tiere zum Beispiel ein mangelhaftes Gefieder oder sonstige Schwächen zeigen, ein qualitativ gutes Vitaminpräparat gemäß den Anweisungen des Herstellers zum Futter geben. Dabei muss unbedingt darauf geachtet werden, dass das Präparat auch wirklich rasch aufgenommen wird und nicht erst Stunden in der Futterschale liegt, wo es sich sehr schnell zersetzen kann. Vitamin E zerfällt zum Beispiel schon nach einer halben Stunde, wenn es dem Sonnenlicht ausgesetzt wird.

Vitaminpräparate

Eine große Produktpalette ist im Handel erhältlich

19. Futter und Zusatzstoffe in besonderen Situationen

Sind einmal kranke Papageien nicht mehr in der Lage, eigenständig Futter aufzunehmen, müssen sie zwangsernährt werden. Das sollte immer nur auf Anweisung und unter Anleitung eines Tierarztes oder eines qualifizierten Fachmannes oder einer Fachfrau geschehen, da, bedingt durch eine falsche Futterwahl oder Handhabung während des Fütterns, das Leben des Tieres leicht in Gefahr geraten kann. Für eine derartige Zwangsernährung mischen sich viele Papageienhalter selber ein Futter nach eigenen Vorstellungen zusammen, das nicht immer den tatsächlichen Bedürfnissen gerecht wird. Daher ist es meiner Meinung nach ratsam, auf fertige Produkte zurückzugreifen. Hier haben sich die Aufzuchtfuttermittel für Papageienküken der verschiedenen Hersteller als besonders geeignet herausgestellt. Diese werden nach Vorschrift angerührt und entweder, wenn die Tiere noch eigenständig Futter aufnehmen können, im Napf gereicht oder aber mittels Kropfkanüle direkt in den Kropf gegeben.

Kann auch dieses Futter nicht mehr einwandfrei verdaut und das Tier nicht in einer Tierklinik untergebracht werden, muss möglicherweise ein Flüssigpräparat eingesetzt werden. Hier hat sich bei meinen kranken Tieren Boviserin bewährt, ein flüssiges Eiweißpräparat, welches aus dem Blut von Rindern gewonnen wird. Von diesem Medikament können, je nach Größe des Papageis, 2 bis 20 ml mittels Sonde direkt in den Kropf gegeben werden. Allerdings vermag ich nicht zu sagen, wie sich der BSE-Skandal auf die Fertigung oder das Medikament ausgewirkt hat. Wer dieses Mittel nicht einsetzen möchte, kann eventuell auf fertige Nahrung aus der Tube für Hunde und Katzen zurückgreifen, die als Medikament bei einem Tierarzt zu beziehen ist. Es sollte selbstverständlich sein, dass bei der Handhabung mit diesen sehr eiweißreichen Substanzen äußerste Sauberkeit herrschen muss und nur ganz frische Präparate Verwendung finden dürfen.

Sollte ein Papagei nicht krank, aber auch nicht in Topkondition sein, kann der Einsatz so genannter Laktobazillen sich positiv auswirken. Laktobazillen gehören zur normalen Flora des Darmes, die sich unmittelbar nach der ersten Fütterung durch die Eltern entwickelt (GERLACH 1995). Diese nützlichen Bakterien unterstützen den Stoffwechsel des betreffenden Tieres, indem sie Nahrungsbestandteile aufschließen, die dadurch dem Papagei zur Verfügung stehen. Die Laktobazillen werden nicht mit dem Kot ausgeschieden; außerdem verhindern diese Bakterien das Ansiedeln krank machender Bakterien. Ist die Darmflora eines Papageis aus irgendwelchen Gründen (Antibiotikaeinsatz usw.) gestört, kann der gesamte Stoffwechsel durcheinander geraten. Aus diesem Grunde ist es sinnvoll, die Darmflora schnell wieder aufzubauen.

Das kann auf verschiedene Weise geschehen. Zum einen kann Joghurt verabreicht werden, der lebende Kulturen enthält (möglichst Bio-Joghurt). Da diese Laktobazillen in der Regel von Kühen stammen, können sie zwar kurzzeitig die Funktion von papageieneigenen Laktobazillen übernehmen, sich aber nicht dauerhaft ansiedeln. Wird der Joghurt aber täglich über 3-4 Wochen verabreicht, bauen sich langsam die den Papageien entsprechenden Kulturen aus eigener Kraft wieder auf. Ähnlich verhält es sich mit anderen Kulturen, die überwiegend für die Humanmedizin produziert werden. Sie wirken, müssen aber über einen längeren Zeitraum verabreicht werden.

Ganz anders soll es sich bei den speziellen Laktobazillen für Papageien verhalten. Diese werden direkt von Papageien gewonnen und entsprechen daher weitestgehend ihren natürlichen Laktobazillen. Leider führt eine Behandlung mit papageienspezifischen Laktobazillen aber nicht immer zum Erfolg, nach GERLACH (1995) lediglich bei ca. 50 % der behandelten Tiere. Ich persönlich habe mit den papageienspezifischen Laktobazillen bei meinen Tieren auch keine mich überzeugenden Erfolge erzielt und bin daher bei der Verabreichung von Joghurt geblieben.

20. Wasser

Wasser ist absolut lebensnotwendig und sollte immer in seiner reinsten Form (Trinkwasser aus der Wasserleitung) zur Verfügung stehen. Alles andere, wie zum Beispiel das Anbieten von Mineralwasser, halte ich für übertrieben. Das Trinkwasser in Deutschland gehört mit zu den am sorgfältigsten überwachten Lebensmitteln (CLAUSEN 1995) und kann nach meinen Erfahrungen problemlos jedem Vogel angeboten werden. Sicherheitsfanatiker können es noch abkochen, doch wenn man schon die Qualität des Trinkwassers anzweifeln will, welche Futtermittel kann man denn dann überhaupt noch seinen Papageien anbieten? Ich denke, dass die Qualitätskontrollen des übrigen käuflichen Futters mit Sicherheit in wesentlich geringerem Umfang durchgeführt werden als beim Wasser. Es gibt nach meinen Informationen auch keine gesicherten Erkenntnisse, dass frisches Leitungswasser als Verursacher oder Überträger von Krankheiten verantwortlich gemacht werden konnte.

Wie schon erwähnt, muss das Trinkwasser immer frisch angeboten und spätestens nach 24 Stunden erneuert werden. Bei dem Wasserwechsel werden die Trinkgefäße gut gesäubert, wobei es nach meinen Erfahrungen ausreicht, wenn sie „optisch sauber" sind. Reinigungszusätze halte ich nicht für besonders geeignet, denn unsachgemäß eingesetzte und nicht gänzlich entfernte Mittel können sich durchaus negativ auf das Wohlbefinden der Tiere auswirken. Warum sollte man also ein Risiko eingehen, wenn eine Bürste und sauberes Wasser ausreichen, wie die Praxis bei vielen erfolgreichen Züchtern gezeigt hat? Die Zeit zur ausreichenden täglichen Reinigung der Gefäße sollte sich jeder Papageienhalter allerdings nehmen.

Vorratsbehälter, wie man sie oftmals in kleinen Käfigen antrifft, sind dagegen nicht zu empfehlen, da das Wasser häufig zu lange in diesen Gefäßen steht. Auch sind sie schlecht zu reinigen und werden auch leider nicht sehr oft gereinigt, wie ich in Gesprächen mit den Haltern immer wieder feststellen konnte.

Unterteilungen der Gefäße in Trink- und Badegefäß werden zwar ebenfalls häufig gemacht, sind jedoch auch nicht sehr sinnvoll, da man wohl kaum einem Papagei beibringen kann, aus dem einen Gefäß nur zu trinken und in dem anderen zu baden. Da aber viele Papageien sehr gerne baden, reicht das Anbieten einer größeren Schale mit frischem Wasser. Bei mir haben sich auch aus Natursteinen gemauerte größere Badebecken in der Freivoliere bewährt, weil sie von vielen Papageien nicht nur zum Baden, sondern auch zum Spielen genutzt wurden. So habe ich zum Beispiel häufiger einen Graupapagei beobachten können, der bis zum Bauch im Wasser stand und immer wieder versuchte, mit untergetauchtem Kopf einen Stein vom Grund des Bassins aufzunehmen. Auch brütende Papageienweibchen nutzen derartige Becken gerne zum Benässen ihres Gefieders und erhöhen damit anschließend die Luftfeuchtigkeit im Brutkasten, wenn die Jungen unmittelbar vor dem Schlupf stehen. Übrigens ist Wasser für einen Vogel auch zur Instandhaltung seines Gefieders von großer Wichtigkeit. Die entsprechenden Verhaltensweisen beim Baden sind angeboren und müssen nicht erlernt werden.

Palmkakadu

Ein größeres Badebecken in der Freivoliere regt zum Spielen an

Die gemauerten Wasserbecken sollten einen Ablauf haben, aus dem das gesamte Wasser abfließen kann, um eine optimale tägliche Reinigung durchführen zu können.

Viele Züchter nutzen die Möglichkeit, ihren Tieren über das Trinkwasser Substanzen wie zum Beispiel Vitamine oder Medikamente zukommen zu lassen, die sonst nur schwierig zu verabreichen wären. Dazu sollten allerdings nur kleine Gefäße verwendet werden. Eine Kontrolle, ob die Tiere das Wasser überhaupt trinken, ist unbedingt durchzuführen. Viele Papageien verweigern nämlich das Wasser, wenn es anders als gewohnt riecht. So sollte bei mir einmal ein Orangehaubenkakadu Wasser mit einem Wurmmittel trinken. Nach zwei Tagen kam ich zufällig mit nassen Händen in die Voliere, was der Vogel sogleich bemerkte, mir auf die Hand flog und gierig die Wassertropfen mit der Zunge ableckte. Er konnte nicht dazu gebracht werden, das Wasser mit dem Medikament zu trinken. Aber auch wenn die Tiere das Wasser aufnehmen, kann eigentlich nie genau gesagt werden, wie viel sie aufnehmen und ob sie zum Beispiel genügend Vitamine abbekommen haben. Zudem neigen die Vitamine dazu, unter Lichteinfall schnell zu zerfallen. Ich halte daher eine gezielte Gabe von Medikamenten oder Vitaminen entweder mittels Sonde in den Kropf oder auf Leckerbissen gestreut und unter Beobachtung angeboten für wesentlich sinnvoller.

Die Orangehaubenkakadus tranken kein Wasser, als es mit Wurmmittel versehen war

Gelegentlich machen „Geheimrezepte“ wie zum Beispiel der Zusatz von Obstessig (HEITZMANN 1979) zum Trinkwasser die Runde, die immer wieder wahre Wunder vollbringen sollen. Man sollte generell vorsichtig sein mit solchen Zusätzen, da sie, auf Dauer verabreicht, auch Nebenwirkungen haben können. So wurde mir von Züchtern berichtet, die Obstessig eingesetzt hatten, dass sie im folgenden Jahr sehr schlechte Zuchtergebnisse verzeichneten. Ein Zusammenhang kann hier aber nur vermutet werden. Auch bei Zusätzen von Tee (VAN BOXTEL 1979) sollte Vorsicht geboten sein, beziehungsweise darf dieser Tee nicht über einen langen Zeitraum, sondern meiner Meinung nach nur zeitweise bei Bedarf gegeben werden. Wie die verschiedenen Tees beim Vogel wirken, ist bislang kaum bekannt, vermutet werden kann aber, dass sie ähnlich wie beim Menschen wirken.

Beachtenswertes bei der Futtergabe

1. Die Futternäpfe

Die Futternäpfe sollten generell so beschaffen sein, dass sie schnell und einfach mit einer Bürste und fließendem Wasser zu reinigen sind. Aus diesem Grunde sind Näpfe mit tief liegenden und schlecht erreichbaren Ecken und Kanten untauglich. Sehr gut geeignet sind nach meinen Erfahrungen die glasierten Untersetzer für Blumentöpfe, welche in unterschiedlichen Größen angeboten werden. Diese kann man besonders leicht und gründlich säubern. Ebenfalls geeignet sind flache Schalen aus Edelstahl, wobei darauf geachtet werden muss, dass dieses Material keine giftigen Substanzen an das Futter abgeben kann.

Leider sind viele im Fachhandel angebotenen Futter- und Wassernäpfe nicht geeignet, da sie entweder zu klein sind oder aber schlecht gereinigt werden können. Dies gilt besonders für die Plastiknäpfe in den handelsüblichen Käfigen für Papageien, die in den Ecken sehr schwierig zu säubern sind und dort immer wieder Verschmutzungen aufweisen, die Bakterien eine gute Besiedlungsmöglichkeit bieten.

Aber auch die Größe dieser Näpfe halte ich für ungenügend, da viele Papageien ihr Futter sehr wählerisch aussuchen, was aber in Gefäßen mit kleiner Oberfläche nicht möglich ist. Die Folge ist dann, dass die Tiere sehr stark in ihrem Futter herumwühlen und vieles auf den Boden werfen. Wird das Futter dagegen in großen flachen Schalen angeboten, schieben die Tiere zwar auch Teile des Futters mit dem Schnabel beiseite, es fällt jedoch wesentlich weniger auf die Erde.

Leider gibt es immer noch Züchter, die aus Gründen der Arbeitserleichterung Futterautomaten einsetzen. Diese Automaten verhindern aber eine kontrollierte und somit gesunde Ernährung der Papageien, da ihnen dabei bestimmte Futtermittel (meistens trockene Sämereien) unbegrenzt zur Verfügung stehen. Derartige Automaten haben in unseren Volieren nichts zu suchen.

Rabenkakadu

Der Futternapf ist für diesen großen Kakadu zu klein

Zur Säuberung der Gefäße reicht es nach meinen Erfahrungen völlig aus, wenn diese vor jeder Fütterung unter fließendem (warmem) Wasser mit einer Bürste kräftig gereinigt werden. Reinigungszusätze sind nur bei besonders stark verschmutzten Näpfen notwendig und müssen durch mehrfaches Spülen unter klarem Wasser wieder vollständig entfernt werden. Wie schon erwähnt, sollten alle Gefäße leicht zu säubern sein, da, wie die Erfahrung gezeigt hat, viele Züchter auf eine tägliche gründliche Reinigung verzichten, wenn der Arbeitsaufwand zu groß wird.

Gelbwangenkakadu

Flache Futternäpfe kann man in Drahtkörbe stellen

Die Futternäpfe werden am besten in halber Volierenhöhe an einem leicht zugänglichen Ort in der Voliere aufgestellt. Hier bietet sich zum Beispiel in Volieren mit Innenräumen eine Stelle an der Eingangstür der einzelne Volieren an. Ich verwende dazu so genannte Drahtkörbe, wie sie in vielen Supermärkten als Regale verwendet werden.

Die einzelnen Näpfe sollte man so weit wie möglich auseinander stellen, um Verschmutzungen zu vermeiden. Das über den Rand der Gefäße geschmissene Futter fällt durch das Drahtgeflecht auf den Boden und ist dort leicht zu entfernen.

Das Wasser wird am besten in großen Schalen auf dem Boden der Volieren, wenn möglich in den Außenvolieren angeboten, was den Trinkgewohnheiten der meisten Papageien am nächsten kommt. Selbstverständlich müssen auch die Wasserschalen täglich gereinigt werden.

2. Haltungsart und Futterzusammenstellung

So manch ein Papageienhalter mag zwar auf den ersten Blick keine Verbindungen zwischen der Haltungsart, der Futterzusammenstellung sowie der Futtermenge sehen, doch gibt es hier gravierende Zusammenhänge, die mitentscheidend für eine langjährige erfolgreiche Haltung von gesunden Papageien sein können. Genau wie bei uns Menschen hängt der Nährstoffbedarf von den Lebensumständen und hier ganz besonders von den körperlichen Aktivitäten ab. Nur wer sich viel bewegt, muss auch entsprechend viele Kalorien zu sich nehmen, um auf Dauer gesund zu bleiben. Deshalb dürfen auch Papageien, die in einem kleinen Gehege leben, nicht, wie es so schön heißt, ständig im Futter sitzen, wenn sie im Laufe der Zeit nicht verfetten und erkranken sollen. Aber nicht nur die Menge des aufgenommenen Futters ist entscheidend, sondern auch seine Zusammensetzung. Fettreiche Sämereien wie Sonnenblumenkerne oder auch ein hoher Gehalt an Nüssen im Futter führen mit Sicherheit bei den meisten Papageienarten zu Übergewicht.

Die größten Probleme haben die Papageien, die in kleinen Käfigen in der Wohnung kaum einmal Freiflug haben und somit praktisch zur Bewegungslosigkeit gezwungen werden. Leider müssen immer noch Papageien unter diesen Bedingungen leben und werden nach meinen Beobachtungen auch oftmals noch völlig falsch ernährt. Vielleicht betrachten deren Besitzer diese Tiere nur als eine Art lebendes Inventar, denn gerade derartig gehaltene Papageien bekommen häufig ein völlig unzureichendes Futter, nämlich nur eine der üblichen trockenen Körnermischungen. Ob dieses aus Unwissenheit oder Gedankenlosigkeit der Halter geschieht, vermag ich nicht zu sagen. So gehaltenen Tieren hilft auch ein gelegentlich durch das Gitter gereichtes Stück Apfel nicht, um ihre Gesundheit zu erhalten. Solche Papageien benötigen täglich einen mehr stündigen Freiflug im Zimmer und eine sehr abwechslungsreiche Ernährung ohne fetthaltige Sämereien. Besonders die recht häufig in der Wohnung gehaltenen Amazonen neigen sehr schnell zu Verfettungen und sollten möglichst ganz ohne Sonnenblumenkerne und Nüsse ernährt werden.

Etwas besser sind da schon die Tiere dran, die in Volieren oder Zimmervolieren untergebracht werden, da diese meistens auch von ihren Flügeln Gebrauch machen können. Allerdings muss auch hier darauf geachtet werden, dass die Vögel wirklich fliegen und sich somit körperlich betätigen, und nicht nur am Draht entlang klettern. Auch diesen Tieren sollten nur wenige fetthaltige Futtermittel gereicht werden.

Optimal ist natürlich die Unterbringung der Vögel in größeren Flugvolieren, in denen sie sich viel bewegen können. Sind diese Volieren zudem auch noch papageiengerecht eingerichtet, werden die meisten Insassen bald eine erhöhte Aktivität zeigen und können dann auch durchaus mit Sämereien, die einen etwas höheren Fettgehalt aufweisen, gefüttert werden. Dies gilt um so mehr, wenn sich die Tiere auch im Winter, also bei niedrigeren Temperaturen, in den Freivolieren aufhalten können. Dann sollten sie schon aus Gründen der Wärmeisolierung ein kleines Fettpölsterchen aufweisen. Aber auch diese Vögel dürfen nicht verfettet sein.

An dieser Stelle muss noch erwähnt werden, dass die verschiedenen Papageienarten natürlich auch unterschiedliche Anforderungen an das Futter stellen. Wenn ich hier also von einer fettarmen Ernährung spreche, gilt das zwar für einen Großteil der Papageien, aber eben nicht für alle, denn die großen Aras wie der Dunkelrote Ara (*Ara chloroptera*) und der Hyazinthara benötigen sehr wohl ein fetthaltigeres Futter. Doch hierzu an anderer Stelle mehr.

Es ist auch von großer Bedeutung für eine optimale Ernährung, ob die Papageien zur Zucht gehalten werden oder nicht. Papageien, die nicht fortpflanzungsaktiv sind, haben nur einen so genannten Erhaltungsstoffwechsel. Das bedeutet, dass der Organismus sich lediglich selbst erhalten muss, was nur eine minimale Nähr- und Wirkstoffzufuhr erfordert. Dieser Kreislauf wird im Normalfall nur einmal im Jahr, nämlich während der Mauser, unterbrochen. Dann müssen Teile oder auch das gesamte Gefieder ersetzt werden, was natürlich eine erhöhte Zufuhr an den benötigten Substanzen bedeutet. Ganz anders dagegen sollte die Fütterung aussehen, wenn mit den Tieren gezüchtet werden soll. Während der Zucht sind oftmals Höchstleistungen wie zum Beispiel die Eiproduktion das Versorgen der Jungen mit Nahrung und auch eine erhöhte Aktivität durch Balz und dergleichen zu vollbringen, die natürlich nur bei einer entsprechenden Ernährung möglich sind.

Aber auch kranke Tiere haben einen anderen Stoffwechsel und müssen nach der Genesung

Goldbugpapageien mit Übergewicht

Werden Papageien in kleinen Zimmervolieren gehalten, sollten fetthaltige Futtermittel nur sehr sparsam gereicht werden, damit die Vögel nicht verfetten

Defizite wieder aufholen. Das Futter muss dann entsprechend abwechslungsreich und vor allem vitaminreich gestaltet sein. Ebenso haben gerupfte Tiere mit größeren nackten Hautbereichen einen erhöhten Stoffwechsel, da die Wärmeisolierung der Federn nicht mehr gegeben ist. Diese Tiere müssen ebenfalls besonders gesund, also abwechslungsreich ernährt werden.

Gruppenhaltung in der Freifluganlage

Die Gruppenhaltung hat den Nachteil, dass ranghöhere Vögel Ernährungsprobleme bekommen können, da sie die Ersten am Napf sind und sich die fetthaltigen Leckerbissen herauspicken können

Zuletzt muss noch auf die Haltung von Papageien in Gruppen eingegangen werden, da diese ebenfalls leicht Ernährungsprobleme einzelner Tiere nach sich ziehen kann (Rinke 1992). In solchen Papageiengemeinschaften werden immer die dominanten Tiere das Sagen haben und zuerst die Futternäpfe in Beschlag nehmen, um sich ihr Lieblingsfutter herauszusuchen. Da es sich dabei vermutlich um das ungesündere, weil besser schmeckende Futter handelt, werden sich diese Tiere nicht gesund ernähren. Die rangniedrigeren Tiere müssen dann das fressen, was übrigbleibt. Da häufig aber die Sonnenblumenkerne und Nüsse schon weggefressen worden sind, müssen sie sich mit dem restlichen, aber eigentlich gesünderem Futter ernähren. Falls der Druck auf diese rangniedrigeren Tiere so groß ist, dass sie kaum zum Futternapf gelangen können, ohne attackiert zu werden, müssen entweder weitere Futterstellen eingerichtet oder diese Tiere entfernt werden. Bei einer Gruppenhaltung hat es sich gut bewährt, wenn zum Beispiel nicht alle Körnersorten an einem Tag verfüttert werden, sondern jeweils nur wenige an einem Tag. Dadurch werden dann die so geliebten, aber eigentlich ungesunden Sonnenblumenkerne nur an zwei oder drei Tagen in der Woche angeboten, was die Tiere dazu bringt, auch andere, nicht so beliebte Sämereien aufzunehmen. Hier sollte jeder Halter ausprobieren, welche Mischungen für seine Papageiengruppe am geeignetsten ist.

Besondere Pflege benötigen nach meinen Erfahrungen auch die im Keller gehaltenen Papageien. Es scheint sich vor allem die fehlende Sonne nachteilig auf die Vögel auszuwirken, denn oftmals breiten sich Krankheitserreger hier besonders gut aus. So gehaltene Papageien müssen ein gutes Immunsystem haben, was eine optimale Versorgung voraussetzt.In diesem Zusammenhang muss ich auch noch erwähnen, dass ich oft beobachten konnte, dass gerade im Keller die Papageien häufig in kleinen Käfigen oder Gehegen schlechter versorgt werden als Papageien in großen Flugvolieren. Warum das so ist, vermag ich nicht zu sagen. Vielleicht hängt es damit zusammen, dass Züchter mit kleinen Volieren oft sehr viele Papageien halten und diese dann aus Zeitgründen nicht so gut versorgen können.

3. Die Jahresperiodik

Wie in dem Abschnitt über das Leben der Papageien im Freiland schon dargestellt wurde, scheinen die meisten Papageien einer gewissen Jahresperiodik zu unterliegen. Dieser Rhythmus kann auch bei den von uns gepflegten Papageien beobachtet werden, sofern sie in Freivolieren leben. Dieses sollte auch bei Zuchtbemühungen nicht unberücksichtigt bleiben. Selbst im tropischen Regenwald, wo anscheinend ganzjährig ausreichend Futter zur Verfügung steht, haben die meisten Papageien Brut- und Ruhezeiten. Besonders ausgeprägt ist dieses bei Vögeln der offenen und trockenen Landschaften, wo das Nahrungsangebot von den Regenzeiten abhängig ist. So löst dort bei vielen Vögeln eine Änderung der Futterzusammensetzung schlagartig den Bruttrieb aus. Dieses kann sich der Züchter durch eine gezielte Futterumstellung, Verlängerung und Intensivierung der Beleuchtungsdauer zu Beginn der Brutzeit zunutze machen. Diese äußeren Faktoren wirken über bestimmte Rezeptoren der Papageien auf Hypothalamus (Teil des Zwischenhirns) und Hypophyse (Hirnanhangdrüse) und somit auf den Hormonhaushalt ein. So regulieren sie den Ablauf des Brutgeschehens. Aber gerade der Hormonhaushalt der Papageien kann nach meinen Erfahrungen leicht durcheinander gebracht werden, wenn zum Beispiel mittels entsprechender Haltung und Fütterung versucht wird, die Tiere ganzjährig in Brutstimmung zu halten. Dieses gelingt auch oftmals längere Zeit mit Erfolg, doch konnte ich schon häufig beobachten, dass derartig gehaltene Paare nach ca. 3 - 4 Jahren immer seltener erfolgreiche Bruten abschlossen. Sie haben dann plötzlich nicht mehr gebrütet, unbefruchtete Eier gelegt, die Jungen getötet oder einfach nicht mehr aufgezogen. Ich führe dieses auf das Fehlen von regelmäßig wiederkehrenden Ruhephasen zurück.

Daher halte ich es für angebracht, im Herbst, wenn die Bruten abgeschlossen sind und die Tiere gemausert haben, das Futter umzustellen auf das so genannte Erhaltungsfutter. Hierbei sollte auf jeden Fall der Anteil an tierischem Eiweiß wie die Fleischfütterung jeglicher Art bei den meisten Papageienarten stark reduziert werden, da die Tiere keine proteinreiche Nahrung mehr benötigen. Auch im Freiland wird die Aufnahme tierischer Produkte von den meisten Papageienarten zu dieser Zeit stark eingeschränkt. Des Weiteren braucht auch das übrige Futter nicht mehr von so hoher Qualität wie zu Brutzeiten zu sein, da der Organismus der Tiere während dieser Ruhezeit keine besonderen Leistungen zu vollbringen hat. Deshalb verzichte ich auf das Keimen der Sämereien und biete diese trocken an. Die sehr harten Leguminosen lasse ich dann weg, da sie von den Papageien nur sehr ungern oder gar nicht gefressen werden. Die tägliche Beleuchtungsdauer verkürze ich mit der Futterumstellung auf ca. neun Stunden.

Dunkelrote Aras

Die Partnerfütterung zeigt die Brutstimmung an

Eine solche Umstellung des Futters kann, was das Zusammenleben der Tiere betrifft, manchmal wahre Wunder bewirken, denn häufig verändert sich auch das Revierverhalten mit dem Erlöschen des Bruttriebes und die Aggressivität der Tiere lässt nach. Dadurch werden Kräfte geschont, was schon als Vorbereitung auf die nächste Zuchtsaison betrachtet werden kann. Natürlich dürfen nur gesunde und durchgemauserte Vögel dieses in seiner Qualität minderwertige Futter erhalten.

Nach der Überwinterung mit einem derartigen Futter stelle ich dann (in der Regel im Februar)

Hellrote Aras

Eine mögliche Ursache für den gesteigerten Bruttrieb dieses Paares könnte zu reichhaltiges Futter gewesen sein

das Futter wieder um, indem ich den Proteingehalt erhöhe, das Körnerfutter wieder keimen lasse und mehr Obst und Gemüse anbiete. Gleichzeitig verlängere ich die Beleuchtungsdauer im Innenraum auf etwa 14 Stunden. Allein diese Umstellungen können die Vögel schon in Brutstimmung versetzen; scheint dann auch noch die Sonne wieder etwas intensiver, fangen besonders die Amazonen sehr schnell an zu balzen.

Mit diesem Jahresrhythmus habe ich es immer wieder geschafft, Papageien über viele Jahre erfolgreich zur Brut schreiten zu lassen. Ich muss aber eingestehen, dass dieses nicht immer gelingt. So konnte ich gelegentlich ein Paar Hellroter Aras (*Ara macao*) im Herbst trotz Futterumstellung nicht dazu bringen, mit dem Legen aufzuhören. Selbst nach dem Entfernen des Nistkastens haben sie auf der Erde weiter gelegt. Vermutlich habe ich diese Tiere ganzjährig zu gut mit Futter versorgt, so dass der Bruttrieb nicht erlosch. Allerdings stellte dieses Paar eine Ausnahme dar.

Werden die Papageien dagegen in der beheizten Wohnung gehalten, scheint es mir ungleich schwieriger zu sein, diesen Rhythmus aufrechtzuerhalten. Bei entsprechenden Temperaturen, einer längeren Beleuchtung und gleichbleibendem Futter brüten selbst Amazonen in der Wohnung zu jeder Jahreszeit, was sie bei mir in den Freivolieren nie gemacht haben. Allerdings haben mir Züchter, die diesen Jahresrhythmus nicht einhalten wollten oder konnten, immer wieder von Problemen bei der Zucht berichtet. Die Bruten schlugen häufig aus verschiedenen Gründen fehl.

4. Die Beschäftigung der Papageien mit dem Futter

Langeweile haben freilebende Papageien normalerweise nicht, denn sie sind oftmals viele Stunden am Tag mit der Futtersuche und der Nahrungsaufnahme beschäftigt. Ganz anders dagegen sieht es mit den Papageien in der Obhut der Menschen aus. Sie bekommen das Futter in einem Napf gereicht und brauchen sich nur zu bedienen, um die benötigte Nahrung innerhalb kurzer Zeit aufzunehmen.

Die Aufgabe der Ernährung der Papageien in unseren Volieren darf also nicht nur darin bestehen, dem Tier alle lebensnotwendigen Substanzen zuzuführen, sondern die Beschäftigung mit dem Futter ist gerade hier sehr wichtig. Je spartanischer ein Gehege für Papageien eingerichtet ist, desto wichtiger ist es, die Tiere über das Futter zu beschäftigen. Um also Verhaltensabweichungen oder gar Verhaltensstörungen (wie zum Beispiel das leidige Rupfen), die durch Langeweile gefördert werden, bei den Papageien zu verhindern, sollten sich die Tiere intensiver mit ihrem Futter beschäftigen können.

Besonders vorteilhaft sind hier Futtersorten, deren Aufnahme lange dauert, wie das bei kleinen Sämereien der Fall ist. Das Schälen der kleinen

Samen nimmt im Vergleich zu den großen, wie zum Beispiel den Sonnenblumenkernen, mehr Zeit in Anspruch. In Freivolieren mit natürlichem Bodenbelag können die kleinen Sämereien zusätzlich noch auf den Boden gestreut und eingeharkt werden. Dieses sollte natürlich nicht unter den Sitzstangen geschehen, wo der Boden mit dem Kot der Tiere verschmutzt ist. Sauberkeitsfanatiker werden jetzt vermutlich energisch mit dem Kopf schütteln, doch praktiziere ich dieses seit vielen Jahren und habe noch nie Probleme mit der Gesundheit meiner Tiere gehabt, die die Körner vom Boden aufgenommen haben. Allerdings brenne ich ein- bis zweimal pro Jahr den Boden mit einem großen Brenner (für Dachdecker) ab. Besonders die Sittiche und auch die australischen Kakadus wie die Rosakakadus suchen gerne diese Sämereien vom Boden auf oder graben nach ihnen, mit Vorliebe auch nach den schon gekeimten. Allerdings sollte bei Tieren, die sich viel auf dem Boden aufhalten, regelmäßig eine Kotuntersuchung durchgeführt werden, um einen eventuellen Wurmbefall rechtzeitig zu erkennen.

Weiterhin können Sämereien, Nüsse und dergleichen, besonders die Leckerbissen, in Astgabeln der Sitzstangen oder an anderen nicht so leicht zugänglichen Stellen versteckt werden, wo sie von den Tieren nur unter Schwierigkeiten zu erreichen sind. Sie werden überrascht sein, was Ihre Tiere alles unternehmen, um an die Leckerbissen zu gelangen.

Es gibt aber auch einige Gegenstände, die viele Papageien direkt dazu herausfordern, sich länger mit ihnen zu beschäftigen. Hierzu gehören zum Beispiel Fichtenzapfen. Diese werden von vielen Papageien in einzelne Bestandteile zerlegt, um an die kleinen Samen zu gelangen. In den etwas älteren Zapfen haben sich häufig Insektenmaden angesiedelt, die mit Vorliebe herausgepult werden. Auch Kiefernzapfen werden gerne von Papageien zerlegt, allerdings lieber die noch grünen, da die trockenen sich schon am Baum öffnen und daher keine Samen mehr enthalten. Hierbei sollte aber darauf geachtet werden, dass diese nicht zu sehr verharzt sind, was möglicherweise der Gesundheit der Tiere aufgrund von Verdauungsstörungen, besonders bei Jungvögeln, schaden könnte (Keup 1989).

Aber auch die schon trockenen und weit geöffneten Kiefernzapfen können der Beschäftigung dienen, wenn die Zwischenräume mit Körnerfutter gefüllt werden und die Zapfen anschließend stark mit Wasser benässt werden (Scheuerer 1993). Der Zapfen wird sich dann wieder schließen und das Futter einklemmen. Diese geschlossenen Zapfen können dann den Vögeln gereicht werden, wobei allerdings darauf zu achten ist, dass diese nicht zu lange in der Voliere liegen bleiben, da die eingeschlossenen Samen in dem feuchten Milieu leicht verpilzen können.

Beschäftigungsmöglichkeiten bieten den meisten Papageien frische Zweige, die zudem noch Mineralien und Spurenelemente liefern können. Besonders beliebt sind die überall zu findenden

Fichtenzapfen

Alte Fichtenzapfen werden gerne wegen der darin enthaltenen Samen und Insektenlarven zerlegt

Weidenzweige. Sie sollten allen Vögeln ständig zur Verfügung stehen. Eine weitere Beschäftigungsmöglichkeit bietet morsches Holz. Daher stelle ich regelmäßig morsche Baumstämme in meine Volieren, die in der Regel von allen Papageien benagt werden. Ich konnte Kakadus dabei beobachten, wie sie intensiv nach Maden im Holz suchten. Diese beiläufige Art der Versorgung mit tierischen Eiweißen dürfte besonders den Bruttrieb fördern. Es fällt immer wieder auf, dass Papageien gerade während der Brutzeit stark nagen. Ich glaube nicht, dass dieses nur mit dem Zurechtnagen einer Bruthöhle, sondern auch durch einen erhöhten Bedarf an tierischen Eiweißen zu erklären ist.

Der Phantasie des Papageienhalters sind, wie man sehen kann, keine Grenzen gesetzt, um sich Beschäftigungsmöglichkeiten für seine Tiere auszudenken. Die Beschäftigung und somit auch die Aktivität der Tiere fördert eindeutig auch ihre Vitalität.

Die Schale enthält die tägliche Futterration des Hyazintharas

5. Tägliche Futterrationen

Die Menge des täglich angebotenen Futters kann mitentscheidend sein für das Wohlergehen und die Gesundheit der Vögel. Leider werden gerade auf diesem Gebiet sehr viele Fehler gemacht, da die so genannte Ad-libitum-Fütterung (die Tiere können soviel Futter aufnehmen, wie sie wollen) immer noch weit verbreitet ist. Eine derartige Fütterung führt aber häufig zu einer Fehl- oder Überversorgung mit Nahrungsbestandteilen, da die Papageien und Sittiche nicht das fressen, was sie brauchen, sondern in der Regel das bevorzugen, was ihnen am besten schmeckt. Der Ausspruch, die Tiere wüssten schon, was sie benötigen, ist mit Sicherheit nicht richtig, wie die langjährige Praxis vieler Papageienhalter gezeigt hat. Die meisten Papageien werden bei einem Überangebot von Futter also überwiegend die wohlschmeckenden Bestandteile aufnehmen. Leider sind dieses aber gerade die besonders fetthaltigen Sämereien, die dann, unterstützt durch geringe Flugaktivitäten der Tiere, häufig zu einer Verfettung mit schwerwiegenden Auswirkungen auf die Gesundheit führen. Gerade Züchter sollten ein großes Interesse an normalgewichtigen Papageien haben, da diese fruchtbarer und auch brutwilliger sind als übergewichtige Paare (vergl. SILVA in STRUNDEN 1989).

Hier wird aber schon deutlich, dass die verschiedenen Haltungssysteme auch unterschiedliche Fütterungsmethoden oder zumindest unterschiedliche Futterrationen fordern. So werden Tiere in großen Flugvolieren aufgrund erhöhter Aktivitäten mit Sicherheit einen höheren Energieverbrauch haben als Tiere, die in kleinen Käfigen zu einer gewissen Bewegungslosigkeit gezwungen werden. Ein weiterer Faktor dürfte die Umgebungstemperatur sein. Können sich Tiere im Winter in Freivolieren aufhalten, haben sie ebenfalls einen höheren Energieverbrauch als ihre Artgenossen in geheizten Innenräumen. Auch variieren die Bedürfnisse eines Papageis beträchtlich während der Brut, der Brutpause und der Mauser. Hieraus ergibt sich, dass es nicht einmal für die Vertreter einer Papageienart eine ganzjährige pauschale Futtermethode geben kann, geschweige denn für die Masse der verschiedenen Arten, die von uns gehalten werden. Die einseitige Ernährung, bedingt durch ein zu großes Futterangebot, kann aber nicht nur zu einer Überversorgung mit bestimmten Nahrungsbestandteilen führen, sondern auch gleichzeitig zu einer Unterversorgung mit anderen lebenswichtigen Nahrungselementen, die in dem Teil des angebotenen Futters enthalten sind, der nicht aufgenommen wird. Dieses kann zu Mangelerscheinungen wie zum Beispiel Rachitis führen.

Wie sollen nun aber die täglichen Futterrationen aussehen? Hier muss meiner Meinung nach unterschieden werden zwischen Brutzeit und übriger Zeit. Außerhalb der Brutzeit sollten die Tiere täglich nur so viel Futter gereicht bekommen, wie sie benötigen. Wer einmal genau kontrolliert hat, wie viel seine Tiere täglich zu sich nehmen, wird überrascht sein über die geringe Menge. Wer die benötigte Futtermenge nicht einschätzen kann, sollte sich durch tägliches Reduzieren der Futtermenge an das richtige Maß herantasten. ECKSTEIN (1992) ermittelte zum Beispiel für seine Molukkenkakadus 50 bis 60 g an Grundfutter (Körnerfutter ohne Spelzen) pro Paar. Zusätzlich wurden 40 g Obst und Gemüse der Saison gereicht. Während der Jungenaufzucht erhöhte sich der Bedarf an Grundfutter auf ca. 80 g und dazu bis zu 60 g Aufzuchtfutter. WOLF und KAMPHUES (1995) haben in Futterversuchen eine durchschnittliche Futteraufnahme von 7 % des eigenen Körpergewichtes bei Agaporniden und 3 bis 5 % bei Kakadus, Amazonen und Graupapageien ermittelt. Gemessen wurde hierbei die aufgenommene Trockensubstanz (ohne Schale) pro Tier und Tag. Da die Sämereien aber von den Tieren noch geschält werden müssen, sollten 8 bis 12 g Körnerfutter für Agaporniden und ca. 30 g für Kakadus, Amazonen und Graupapageien gerechnet werden. Kleinere Papageien nehmen also in Relation zur Körpermasse mehr Futter auf als größere. Werden dagegen überwiegend kohlenhydratreiche Sämereien verfüttert (niedriger Energiegehalt), kann der Futterbedarf leicht ansteigen.

Während der Brutzeit sollte das Futter nicht mehr ganz so streng limitiert werden. Die Brutzeit beginnt normalerweise ca. vier Wochen vor der ersten Eiablage. Da einige Papageien möglicherweise durch ein erhöhtes Nahrungsangebot zur Brut angeregt werden, empfiehlt es sich auch schon während dieser Zeit vor der Eiablage das Futterangebot zu erhöhen. Kurz vor dem Schlupf der Jungtiere empfiehlt sich nochmals eine Erhöhung der täglichen Futterration. Gleichzeitig sollte jetzt besonders abwechslungsreich gefüttert werden, da einige Papageien sehr wählerisch

So sollte eine Futterstelle nicht aussehen

sein können, was die Auswahl des richtigen Futters für ihre Jungen betrifft. So habe ich es schon mehrfach erlebt, dass Papageien ihre Jungen nicht gefüttert haben, weil ganz bestimmte Bestandteile im Futter fehlten. Dieses konnte ich nicht nur während der ersten Lebenstage der Küken beobachten, sondern auch bei älteren Jungtieren, wenn die Alttiere plötzlich ihre Ernährungsgewohnheiten umstellten. Während der Aufzuchtperiode sollte also immer ausreichend Futter zur Verfügung stehen und besonders abwechslungsreich gefüttert werden, um eine optimale Aufzucht der Jungen zu gewährleisten. Auch während der Mauser sollte nicht zu sparsam gefüttert werden, um den Aufbau des neuen Gefieders nicht zu behindern.

Die meisten Papageienhalter füttern ihre Tiere einmal am Tag. Auch wenn sich das in den meisten Fällen als ausreichend erwiesen hat, scheint es mir sinnvoller zu sein, die Vögel täglich zweimal, morgens und nachmittags, zu füttern. Dieses kommt auch den Ernährungsgewohnheiten der meisten Papageien im Freiland entgegen, die ja bekanntlich ebenfalls morgens und nachmittags auf Nahrungssuche gehen. Eine zweimalige Fütterung bietet auch den Vorteil, dass man nicht immer alle Nahrungsbestandteile auf einmal anbieten muss. So können zum Beispiel morgens Körner angeboten werden und nachmittags Obst, Gemüse und dergleichen. Wird dagegen das Körnerfutter eindeutig bevorzugt, sollte dieses am Nachmittag, die anderen Futtermittel dagegen morgens gereicht werden. Die Papageien haben so etwas mehr Abwechslung, was nach meinen Beobachtungen förderlich für das Wohlbefinden der Tiere ist. Während der Jungenaufzucht sollte aus den schon genannten Gründen allerdings immer die gesamte Nahrungspalette zur Verfügung stehen.

Wie bereits erwähnt, bietet sich eine mehrmalige Fütterung pro Tag ganz besonders bei der Gruppenhaltung von Papageien und Sittichen an, da in einer größeren Gruppe die hochrangigen Tiere zuerst fressen dürfen. Diese können sich ungestört die Leckerbissen heraussuchen, während sich die rangniederen Tieren mit dem Rest begnügen müssen. Die ranghohen Papageien werden sich natürlich zuerst die wohlschmeckenden (fetthaltigen) Sämereien herauspicken und sich daher vermutlich schlechter ernähren als die anderen Tiere, da diese zwar die schlechter schmeckenden, dafür aber gesünderen Bestandteile des Futters zu sich nehmen werden. Diese ungleichmäßige Verteilung kann eigentlich nur durch ein mehrfaches tägliches Füttern verhindert werden, wobei die verschiedenen Nahrungsbestandteile zu verschiedenen Tageszeiten gereicht werden sollten.

Die diversen Mineralstoffe wie Kalk, Grit, kleine Steinchen usw. können dagegen ganztägig in ausreichender Menge angeboten werden. Auf eine Gabe von kleinen Steinchen kann verzichtet werden, wenn Sand mit entsprechender Körnung als Bodengrund Verwendung findet.

Übrigens sollte auch pelletiertes Papageienfutter nicht in zu großen Mengen (ad libitum) verfüttert werden, da die Tiere auch hiervon zu viel aufnehmen und somit verfetten können (Wolf, pers. Mitt.).

Da, wie bereits erwähnt, die Futtersuche der Papageien im Freiland nicht immer von Erfolg gekrönt ist, sollte auch überlegt werden, ob Tiere in der Obhut des Menschen nicht auch einmal wöchentlich weniger gefüttert werden sollten als üblich. Diese kurzen Hungerperioden (natürlich nur außerhalb der Brutzeit) könnten helfen, Fett mit angesammelten Toxinen abzubauen und die Abfallprodukte auszuscheiden (vgl. Perry 1996). Sollten sich nämlich zu viele Toxine über einen längeren Zeitraum im Fettgewebe ansammeln, werden diese zum Beispiel im Falle einer Erkrankung und damit einhergehender Abmagerung alle auf einmal freigesetzt, was wiederum negative Auswirkungen auf den Heilungsprozess und die Gesundheit allgemein haben kann.

Die Futterzusammenstellung

In den folgenden beiden Kapiteln wird die Futterzusammenstellung für die unterschiedlichen Papageienarten näher beschrieben. Dabei werden die Papageien mit ähnlichen Ernährungsgewohnheiten in Gruppen zusammengefasst, wobei auf Besonderheiten einzelner Arten hingewiesen wird. Es können nicht alle Aspekte einer optimalen Ernährung wiedergegeben werden, da dieses den Rahmen des vorliegenden Buches sprengen würde: Es gibt einfach zu viele Variationsmöglichkeiten und Besonderheiten. Dennoch kann derjenige, der die folgenden Ausführungen aufmerksam liest, genügend Anregungen und Hinweise finden, um seine Papageien über viele Jahre erfolgreich halten und auch vermehren zu können. Da bei vielen Papageienhaltern mittlerweile die Zucht der Papageien einen hohen Stellenwert erlangt hat, soll zunächst auf die Ernährung dieser Tiere eingegangen werden. Daran anschließend erfolgt die Besprechung des Futters für einzeln gehaltene Papageien.

Für alle Papageien gilt, dass sie möglichst vielseitig ernährt werden sollten. Je größer das Nahrungsspektrum ist, desto geringer ist die Wahrscheinlichkeit einer Mangelernährung. Als sinnvoll hat sich auch herausgestellt, nicht immer die gleichen Futtermittel anzubieten, sondern diese in unterschiedlichen zeitlichen Abständen dem Futter beizufügen oder auch wegzulassen. In der freien Natur ist die Sachlage ähnlich, denn bestimmte Früchte reifen auch dort in Intervallen und werden dann überwiegend gefressen. Da aber dazwischen wiederum ganz andere Früchte oder Samen reifen, werden regelmäßig unterschiedliche Nahrungsressourcen genutzt, die aber auf einen längeren Zeitraum betrachtet den Papageien alle benötigten Substanzen liefern.

Vielseitigkeit in der Ernährung ist also Grundvoraussetzung für eine artgerechte Papageienhaltung, und die Behauptung einiger Papageienhalter, ihre Tiere würden nichts anderes fressen außer Sonnenblumenkernen und Nüssen, kann nur als Ausrede betrachtet werden. Denn wer sich Mühe gibt, wird seine Tiere zu einer abwechslungsreichen Futteraufnahme bewegen können. Dieses kann zum einen durch das ständige Anbieten diverser Futtermittel geschehen, die im Laufe der Zeit mit Sicherheit von vielen Papageien probiert und dann auch akzeptiert werden, zum anderen müssen aber auch die Lieblingsspeisen der Tiere zumindest zeitweise weggelassen werden, um sie an ein anderes Futter zu gewöhnen. Als gute Methode hat sich dabei herausgestellt, wenn die Vögel morgens dasjenige Futter erhalten, welches ihnen nicht besonders zusagt; am späten Nachmittag kann dann das übrige Futter gereicht werden, damit die Tiere keinen Hunger leiden müssen. Es sollte aber nicht vergessen werden, dieses Futter spät

Futtermischung für Amazonen

Nacktaugenkakadu

Das Futterangebot ist zu reichhaltig und einseitig

abends oder morgens in der Frühe wieder zu entfernen, damit der betreffende Papagei sich nicht schon frühmorgens sattfressen kann. Die Problematik der einseitigen Ernährung wird leider immer noch zu oft heruntergespielt oder aber auch gar nicht erkannt. Daher kann gar nicht oft genug darauf hingewiesen werden.

Aber auch die Menge des gereichten Futters spielt eine große Rolle. Deshalb sollten die Futternäpfe am späten Abend von den Tieren möglichst geleert worden sein. Natürlich sollten sie das Futter auch wirklich gefressen und nicht auf dem Boden verteilt haben. Aus großen Futternäpfen wird übrigens nicht so viel Futter herausgeworfen; deshalb sind solche Schalen vorzuziehen. Haben die Papageien aber erst einmal gelernt, dass ihre Rationen entsprechend ihrem Bedarf eingeteilt sind, werden sie auch nicht mehr so viel Futter herunterwerfen oder dieses zu einem späteren Zeitpunkt wieder suchen. Eine Ad-libitum-Fütterung (es steht immer mehr Futter zur Verfügung, als die Tiere fressen können) ist also aus gesundheitlichen Gründen abzulehnen, da die Papageien sich nur die Leckerbissen heraussuchen würden. Dieses gilt im Besonderen für die fetthaltigen und sehr gerne gefressenen Sonnenblumenkerne und Nüsse. Daher müssen gerade diese Futtermittel stark rationiert und nach Möglichkeit nur nachmittags angeboten werden, da ein Zuviel jede gesundheitsfördernde Ernährung unterlaufen würde. Der tatsächliche Futterbedarf der Papageien ist eigentlich sehr gering und wird häufig von den Papageienhaltern stark überschätzt.

Der Tabelle 11 kann entnommen werden, dass kleinere Papageien in Relation zum Körperge-

Tabelle 11: Durchschnittlicher Futterverzehr von Papageien nach Wolf und Kamphues (1995)

Arten	Futteraufnahme pro Tag	
	in g Trockensubstanz pro Tier	in % der Körpermasse
Agaporniden	4,5	7,2
Kakadus	13,0	4,7
Amazonen	15,0	3,6
Graupapageien	13,0	3,1

wicht mehr Futter benötigen als die größeren. Daher können die kleinen Papageien auch nicht so lange hungern wie die großen und müssen ständig Futter zur Verfügung haben.

Das Grundfutter der meisten Papageien-Arten kann aus diversen Sämereien bestehen, auch wenn Körner bei den wenigsten frei lebenden Papageien als Hauptfutter auf dem Speiseplan stehen dürften. Daher sollte dieses Grundfutter auch nur die Basis des Futterangebotes bilden und mit Obst und Gemüse sowie weiteren Zutaten versehen werden. Im Laufe der Zeit hat sich allerdings herausgestellt, dass die verschiedenen Getreidesämereien, Leguminosen- und andere Samen ein akzeptables Ersatzfutter darstellen.

Die Zusammensetzung der verwendeten Körnermischungen hat sich im Laufe der Zeit ständig geändert und somit den Bedürfnissen der Tiere angepasst. Auch die hier wiedergegebenen Zusammensetzungen werden vermutlich nicht die Letzten sein. Allerdings hat die Erfahrung gezeigt, dass viele Papageien mit diesen Futterzusammenstellungen sehr gut ernährt werden können; trotzdem sollte jeder Papageienhalter neuen Erkenntnissen gegenüber sehr aufgeschlossen sein.

Leider sind die handelsüblichen Körnermischungen der vergangenen Zeit mit einem hohen Anteil an Sonnenblumenkernen und Nüssen immer noch nicht ganz vom Markt verschwunden, was einige Hersteller damit begründen, dass der Kunde diese wünsche, weil seine Papageien sie so gerne fressen würden. Dieses Argument trifft zwar zu, denn viele Papageien haben eine besondere Vorliebe für fetthaltige Sonnenblumenkerne sowie Nüsse der verschiedenen Arten. Da aber gerade diese, wenn sie in größeren Mengen aufgenommen werden, zur Verfettung der Tiere führen, müssen die Papageien „umerzogen“ werden, um Mangelerkrankungen, die zum Beispiel an einem schlechten Gefieder zu erkennen sind, zu vermeiden.

Um den wechselnden Bedürfnissen während der verschiedenen Jahreszeiten Rechnung zu tragen, ist es ratsam, während der Ruhe- und Brutphase unterschiedliche Körnermischungen anzubieten. Im Winter (Ruhephase) kann zum Beispiel für Vögel in Freivolieren der Anteil an Sonnenblumenkernen erhöht werden, da die Tiere dann aufgrund der äußeren Bedingungen in der Regel mehr Energie aufbringen müssen, um die Körpertemperatur zu halten.

Während der Brutphase kann der Anteil an fettreichen Sämereien gesenkt, der Anteil an proteinreichen (Erbsen, Mungbohnen) und kohlenhydratreichen Sämereien dagegen erhöht werden, um dadurch den Bruttrieb zu fördern. Um möglichst viele Inhaltsstoffe der einzelnen Sämereien für die Papageien zugänglich zu machen, empfiehlt sich generell das Keimen oder auch Kochen der Körnermischung. Hierbei werden die Polysaccharide in leicht verdauliche Einfachzucker umgewandelt, der Vitamingehalt wird angehoben und ernährungsphysiologisch bedeutsame Enzyme gebildet.

Einen sehr hohen Stellenwert für die hier beschriebenen Papageien haben Früchte aller Art, sei es Obst, diverse Beeren oder Gemüse. Sie stellen die Versorgung mit vielen Vitaminen und Mineralstoffen, aber auch mit zusätzlichen Nährstoffen sicher. Auch animalisches Futter (tierische Eiweiße) und Nüsse (zumindest für einige Papageienarten) sollten auf dem Speiseplan nicht fehlen.

Unter Berücksichtigung der hier aufgeführten Futtermittel können Mischungen für die Ruhe- sowie die Brutphasen zusammengestellt werden, die in der genannten Zusammensetzung den Bedürfnissen vieler Papageien entsprechen, aber im Einzelfall noch abgeändert werden sollten.

Die hier angegebenen Werte stellen nur Richtwerte dar und können in der Praxis natürlich nicht exakt eingehalten werden. Um aber eine

Abbildung 1: Futterzusammenstellung für die Ruhephase. Das Körnerfutter wird im trockenen Zustand gereicht

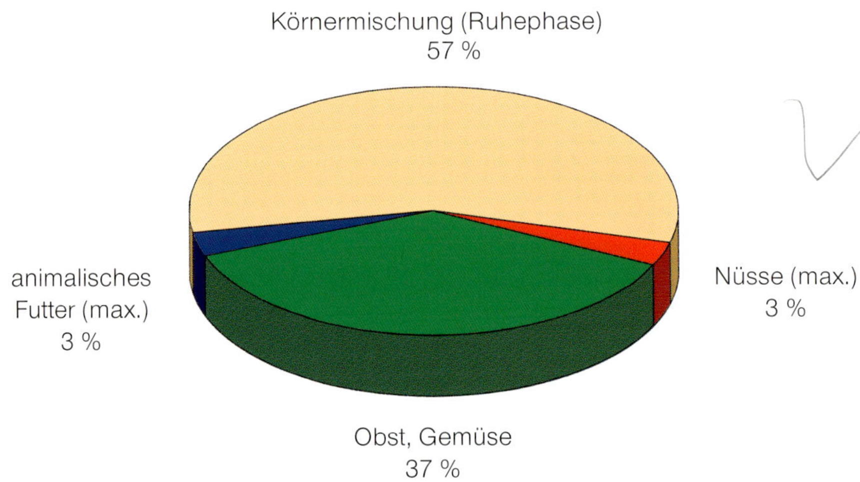

Abbildung 2: Futterzusammenstellung für die Brutphase. Das Körnerfutter wird im gekeimten Zustand gereicht

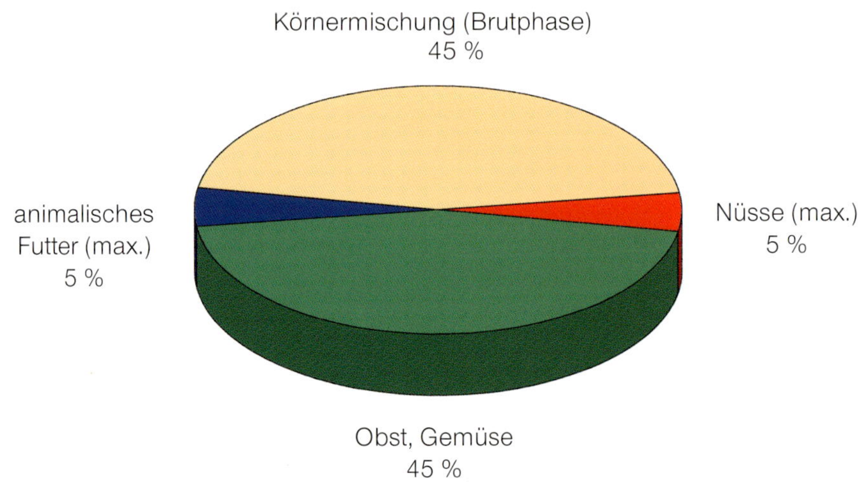

annähernde Versorgung zu erreichen, ist es notwendig, dass die Papageien das gereichte Futter möglichst vollständig auffressen. Geschieht dies nicht, weil der Körneranteil zum Beispiel zu hoch ist, werden die meisten Papageien vermutlich einen zu hohen Anteil an Sonnenblumenkernen fressen, sofern diese gereicht werden. Manch ein Papageienliebhaber wird nun einwenden, dass seine Tiere viele Futterbestandteile liegen lassen oder auf den Boden werfen und er deshalb mehr füttern müsse. Dies ist aber nur eine Frage des Trainings. Da nicht die Gewohnheiten der Papageien, sondern ihr Wohlergehen im Vordergrund stehen sollten, müssen einige Papageien umerzogen und zur Aufnahme bestimmter Futtermittel gezwungen werden.

Während der so genannten Ruhephase, also der Zeit außerhalb der Brut und Mauser, hat der Organismus der Papageien, die sich in der Obhut des Menschen befinden, nicht sehr viel zu leisten. Daher werden auch nicht so hohe Anforderungen an das Futter gestellt. Es reicht aus, wenn das Körnerfutter trocken, also nicht im gekeimten Zustand gereicht wird. Der Bedarf an zusätzlichen Vitaminen und Mineralstoffen ist, sofern die Tiere gesund sind, ebenfalls nicht sehr hoch. Auch der Bedarf an tierischen Eiweißen ist zu dieser Zeit sehr gering oder gar nicht vorhanden. Daher kann das Futter zum größten Teil aus einer ausgewogenen Körnermischung, einem etwas kleineren Anteil an Obst und Gemüse sowie einem nur sehr geringen Anteil an animalischer Kost bestehen. Es ist empfehlenswert, das Futter in drei verschiedenen Futterschalen anzubieten. In einer sollte die Samenmischung angeboten werden, wobei darauf zu achten ist, dass täglich nicht mehr gereicht wird, als wirklich gefressen wird. Es dürfen aber nicht nur noch leere Samenhülsen im Napf sein. Daher empfiehlt es sich, die Schalen gelegentlich mit dem Mund abzublasen. Durch diese regelmäßigen Kontrollen kann der Bedarf der Tiere von erfahrenen Papageienhaltern sehr schnell abgeschätzt und dementsprechend die Portionen zugeteilt werden. Wenn das Körnerfutter nicht verschmutzt worden ist, müssen die Reste nicht täglich weggeworfen werden, sondern der Napf kann nach dem Abblasen der leeren Samenschalen wieder aufgefüllt werden.

Für die Zusammensetzung der Körnermischung kann es zwar kein allgemein gültiges Rezept geben, jedoch soll an dieser Stelle eine Mischung als Grundrezept dienen, die ich über viele Jahre mit geringen Abweichungen für viele Papageienarten erfolgreich verabreicht habe. Diese Mischung setzt sich wie folgt zusammen:

Grundrezept meiner Papageienfuttermischung

20 % Sonnenblumenkerne
20 % Kardi
15 % Weizen
10 % Buchweizen
10 % Hafer
10 % Hirse
10 % Pinienkerne (Kiefernsamen)
5 % Dari

Körnerfuttermischung (Grundrezept)

Abweichungen von dieser Mischung sind allerdings bei einigen Papageienarten nötig, hierzu jedoch später. Dieser Mischung können auch noch geringe Anteile an Milokorn oder auch Paddyreis zugegeben werden. Mittlerweile gibt es aber auch im Fachhandel gute Futtermischungen mit ähnlichen Bestandteilen, die problemlos eingesetzt werden können. Hierbei ist aber besonders auf den Anteil an Sonnenblumenkernen und Nüssen zu achten. Die Sonnenblumenkerne sollten möglichst einen Anteil von 20 % nicht überschreiten, während Nüsse gar nicht enthalten sein sollten. Einige Mischungen enthalten noch weitere Zusätze, wie Trockengemüse und dergleichen. Bei diesen Produkten muss besonders auf eine trockene Lagerung geachtet werden, da die Bestandteile sehr schnell Wasser aufnehmen und dann verderben können.

Werden die Papageien im geheizten Wohnräumen überwintert, ist ein Anheben des Anteil der Sonnenblumenkerne im Futter nicht erforderlich, denn die hohe Umgebungstemperatur hält den Energieverbrauch der Tiere in Grenzen.

Aber nicht nur spezielle Mischungen für Papageien kommen in Frage, sondern auch einige Mischungen für Tauben eignen sich, besonders die Diät-Mischungen. Hier ist speziell eine mit der Bezeichnung Diätfutter A „Sonderklasse“ zu erwähnen, die folgenden Inhalt hat:

Körnerfuttermischung für Amazonen

25 % Dari	5 % Hanfsaat
25 % Kardi	5 % Haferkerne
5 % Weizen	5 % Hirse
5 % Rohreis	5 % Kanariensaat
5 % Buchweizen	5 % Paddy-Reis
5 % Leinsaat	5 % Milokorn

Dieser Mischung muss der entsprechende Teil (20 % der Gesamtmenge) an Sonnenblumenkernen noch zugefügt werden.

EHLENBRÖKER & LIETZOW (1997) geben für Rotsteißpapageien folgende Mischung an:

Körnerfuttermischung für Rotsteißpapageien

7,5 % weiße Sonnenblumenkerne	
7,5 % gestreifte Sonnenblumenkerne	
12,5 % Kardi	12,5 % Silberhirse
10,0 % Haferkerne	10,0 % Milokorn
10,0 % Dari	10,0 % Glanz
7,5 % Buchweizen	7,5 % Paddyreis
5,0 % Hanf	

Diese Mischung eignet sich auch hervorragend für alle anderen Papageien, besonders für die etwas kleineren.

Nicht jedermann möchte sein Papageienfutter selbst zusammenstellen. Bedient man sich einer im Handel erhältlichen Mischung, sollte man sie ruhig einmal einer kritischen Prüfung unterziehen, denn nicht jedes Futter ist so geeignet, wie sein Werbetext es vielleicht verspricht. Daher werden hier einige handelsübliche Futtermischungen vorgestellt und auf der folgenden Seite abgebildet:

1. **Papageienfutter**
   Die Mischung kann an Aras verfüttert werden; da sie jedoch zu viele Sonnenblumenkerne enthält, ist sie für Amazonen und Rosakakadus ungeeignet, denn diese Arten verfetten leicht.

2. **Taubendiät**
   Dieses Futter eignet sich hervorragend für Amazonen.

3. **Wellensittichfutter**
   Die Mischung kann bedenkenlos an Wellensittiche verfüttert werden.

4. **Futtermischung für kleinere Sittiche**
   Diese Samen kann man auch problemlos keimen lassen.

5. **Futtermischung für größere Sittiche**
   Sie kann ebenfalls als Keimfutter Verwendung finden.

6. **Fertigfuttermischung für Papageien**
   Diese Mischung enthält Gemüse und Pellets und sollte unbedingt trocken gelagert und gereicht werden, da ansonsten die Gefahr der Verpilzung besteht. Sie darf also auf gar keinen Fall gekeimt werden.

7. **Futtermischung für Papageien**
   Das hier abgebildete Futter kann nicht empfohlen werden, da der Anteil an Sonnenblumenkernen viel zu hoch ist.

8. **Eichhörnchenfutter**
   Diese im Handel erhältliche Eichhörnchenfuttermischung enthält viele Sonnenblumenkerne und Nüsse. Sie ist gut für Hyazintharas geeignet, die eine besonders fetthaltige Nahrung benötigen.

9. **Kochfutter**
   Die Samen lassen sich auch hervorragend keimen.

In einem weiteren Napf werden das Obst und das Gemüse gereicht. Dieses wird, um möglichst vollständig gefressen zu werden, in kleine Stücke geschnitten und kann, falls erforderlich, mit Vitaminen oder Mineralstoffen bestreut werden. Nicht alle Papageien verzehren bereitwillig alles ihnen angebotene Obst und Gemüse, sondern wählen

1
2
3
4
5
6
7
8
9

gezielt nur bestimmte Stückchen aus. Wird dagegen das Obst und Gemüse klein geraspelt und stark vermengt, können sie nicht mehr so wählerisch sein und fressen auch oftmals die Sorten, die sie vorher liegen gelassen hätten. Dieses leicht verderbliche Futter muss täglich neu gereicht und die Futterschalen gut gereinigt werden. Grünfutter der verschiedenen Sorten stellt auch außerhalb der Brutzeit ein wichtiges Ergänzungsfuttermittel dar und sollte regelmäßig frisch angeboten werden.

Da, wie schon erwähnt, der Bedarf an tierischen Eiweißen während der Ruhephase sehr gering ist, sollte nur sehr wenig animalisches Futter verabreicht werden. Gelegentlich etwas Fleisch oder Hundefutter in Pelletform (1-2 Stücke pro Tier) mit einem hohen Fleischanteil reichen aus. Es muss nicht täglich angeboten werden, sondern zwei- bis dreimal in der Woche oder noch weniger ist völlig ausreichend, um den Bedarf zu decken. Auch der Anteil an Nüssen kann zu dieser Zeit gesenkt werden, es sei denn, die Tiere werden recht kalt überwintert und haben aufgrund der niedrigen Temperaturen einen hohen Energieverbrauch.

Selbstverständlich können Papageien auch mit pelletiertem Futter ernährt werden, allerdings halte ich es nicht für sinnvoll, dieses als Alleinfutter einzusetzen. Als Zusatzfutter mit einem Anteil von 10 bis 20 % kann es jedoch durchaus einen Beitrag zur Ernährung leisten. Es sollte nach Anweisung des Herstellers verabreicht werden. Während der Ruhephase sollten entsprechende Produkte ausgewählt werden; das besonders hochwertige Futter für die Brutzeit sollte auch nur zu dieser Zeit Verwendung finden.

In einer dritten Schalen werden die Mineralstoffe gereicht, nicht in Tagesrationen, sondern in einer größeren Menge für mehrere Tage oder bis es verschmutzt wurde. Da auch hier Vielfältigkeit angeraten ist, können zum Beispiel ein Gritstein oder Teile davon, zusätzlich Futterkalk in Verbindung mit einem Mineralstoffgemisch und auch kleine Steinchen (Aquarienkies oder andere Futtersteinchen) angeboten werden. Meine Tiere erhalten zusätzlich noch ein Lehm-Ton-Gemisch. Da viele der größeren Papageien wie zum Beispiel die Hyazintharas die fertigen Grit- oder Mineralsteine mit Vorliebe innerhalb weniger Minuten zerkleinern und auf dem Boden verstreuen, ist es ratsam, diese Steine nicht als Ganzes, sondern zerbrochen anzubieten.

Mineralstoffgemisch

Auch außerhalb der Brutzeit weisen viele Papageien einen starken Nagetrieb auf und lieben es, Zweige zu zerbeissen. Wer seinen Tieren also etwas Gutes tun möchte, kann regelmäßig frische Zweige (von Weide, Hasel, Birke, Obstbäumen oder anderen Weichhölzern) anbieten. Auch morsche Baumstämme werden gerne zernagt und sollten, wenn möglich, immer angeboten werden. Das Gleiche gilt für Holzkohle und Erde. Im Normalfall wird sich bei einer guten und abwechslungsreichen Fütterung eine zusätzliche regelmäßige Vitamingabe erübrigen. Sollten die

Tiere allerdings ein schlechtes Gefieder aufweisen oder andere Mangelerscheinungen zeigen, ist eine Verarbeitung von Vitaminen zu empfehlen. Gut ernährte Tiere haben ein glattes, glänzendes und komplettes Gefieder und die Mauser verläuft ohne Probleme. Nur in besonderen Situationen wie Krankheit oder nach dem Neuerwerb von Papageien verabreiche ich zusätzlich Vitamine, da es meistens nicht genau zu ermitteln ist, wie die Vögel vorher ernährt wurden. Bei der Zufütterung von Vitaminen ist unbedingt darauf zu achten, dass diese zum Teil schon nach sehr kurzer Zeit zerfallen können, besonders wenn sie dem Licht ausgesetzt sind. Es muss also eine sofortige Aufnahme gewährleistet werden (über Leckerbissen reichen).

Während eine Überdosierung der meisten Vitamine nicht so problematisch ist, muss mit Vitamin A und D vorsichtig umgegangen werden. Eine Überdosis Vitamin A kann z.B. die Leberfunktion genauso beeinträchtigen wie Vitaminmangel.

Wasser sollte allen Papageien in einer weiteren Schale ständig zur Verfügung stehen. Allerdings ist es nicht ratsam, die Wassernäpfe in der Nähe des übrigen Futters zu stellen, um gegenseitiges Verschmutzen zu verhindern.

Die Ruhephase beginnt im Normalfall nach dem Abschluss der letzten Brut im Sommer und der anschließenden Mauser. Die Mauser sollte noch abgewartet werden, bevor das Futter umgestellt wird, da während dieser Zeit ebenfalls ein erhöhter Bedarf an hochwertigen Futtermitteln besteht. Spätestens im November sind die meisten Papageien aber bereit für eine Futterumstellung. Ein gleichzeitiges Verkürzen der Beleuchtungsdauer unterstützt häufig den Wechsel. Allerdings gelingt dieses nicht immer, denn einige Papageien, besonders einige große Ara-Arten weigern sich beharrlich, eine Brutpause einzulegen. Auch das zusätzliche entfernen der Bruthöhle hält sie manchmal nicht vom Brüten ab, denn sie legen ihre Eiere einfach auf die Erde und brüten dort.

Warum diese Papageien keine Brutpause einlegen kann nicht genau gesagt werden, vermutlich sind sie aufgrund einer sehr guten Ernährung ständig in Brutstimmung. Im Normalfall halten sich die meisten Papageien aber an einen Rhythmus, der von der Natur vorgegeben ist.

Werden im Frühjahr die Tage wieder länger und die Sonne scheint wieder kräftiger, ist es zeit, die Ernährung umzustellen und gleichzeitig den Tag mittels künstlicher Beleuchtung zu verlängern. Als sehr guter Zeitpunkt für die Umstellung hat sich bei vielen Züchtern der Zeitraum zwischen Mitte Februar und Anfang März herausgestellt. Da, wie schon erwähnt, eine Brut höhere Anforderungen an den Vogelorganismus und somit auch an das Futter stellt, muss der Speiseplan verändert werden. Eiweißreiches und Vitaminreiches Futter ist nun erforderlich. Der Anteil an animalischer Kost sowie frischem Obst und Gemüse nimmt an Bedeutung zu, aber auch an die Körnermischung werden andere Anforderungen gestellt. Als äußerst effektiv hat sich bei einer Vielzahl von Züchtern das Keimen der Körnermischung erwiesen. Wer möchte, kann diese auch gekocht anbieten, obwohl der Vitamingehalt möglicherweise durch die hohen Temperaturen gesenkt wird. Eine bei mir in vielen Jahren erfolgreich eingesetzte Mischung zum Keimen besteht aus:

Grundrezept Keimfuttermischung

15 % Sonnenblumenkernen	
10 % Kardi	10 % Mais
10 % Weizen	10 % Hafer
10 % Buchweizen	10 % Hirse
10 % Mungbohnen	5 % Dari
5 % Erbsen	5 % Ackerbohnen

Trockene Sämereien werden während der Brutphase nicht angeboten. Gelegentlich kommt es vor, das die Papageien die Aufnahme von Hülsenfrüchten verweigern. Ist das der Fall, kann die Körnermischung aufgeteilt und zum Beispiel im dreitägigen Wechsel angeboten werden. Die erste Mischung könnte dann die Sonnenblumenkerne, Mais, Hafer und Buchweizen enthalten, Mischung zwei die Erbsen, Mungbohnen, Ackerbohnen, Kardi, Hirse und Dari. Diese Aufteilung wird möglicherweise zu einer besseren Ernährung der Tiere führen. Allerdings sollte spätestens zum Schlupf der Jungen wieder alles zusammen angeboten werden, da viele Elterntiere recht wählerisch sein können, was die Auswahl des Futters für ihre Jungen angeht.

EHLENBRÖKER und LIETZOW (1997) empfehlen für Rotsteißpapageien folgende Keimfuttermischung:

Keimfuttermischung für Rotsteißpapageien

15,0 % weiße Sonnenblumenkerne	
12,5 % gestreifte Sonnenblumenkerne	
17,5 % Kardi	12,5 % Silberhirse
10,0 % Weizen	7,5 % Hafer
7,5 % Dari	5,0 % Gerste
5,0 % Milokorn	5,0 % Katjang Idjoe
2,5 % Erbsen	

Diese Mischung kann auch an viele andere Papageien verfüttert werden, da sie auch deren Anforderungen entgegenkommt.

Wer keine eigene Mischung zusammenstellen möchte, kann mittlerweile im Handel recht gute Mischungen erwerben. Diese werden zum Beispiel für Sittiche oder Papageien in unterschiedlichen Varianten angeboten. Auch spezielle Kochfuttermischungen mit einem höheren Anteil an Hülsenfrüchten sind erhältlich, die aber nicht unbedingt gekocht werden müssen, sondern auch gekeimt gereicht werden können. Auch das Taubendiätfutter kann, versetzt mit einem entsprechenden Anteil an Sonnenblumenkernen, gekeimt gereicht werden. Sollten dem Futter dagegen weitere Zusätze wie Trockengemüse oder dergleichen zugesetzt sein, darf dieses natürlich nicht gekeimt werden.

Wie schon erwähnt, kann das Körnerfutter während der Brutphase ausschließlich gekeimt gereicht werden. Wer möchte, kann aber zusätzlich noch in einem weiteren Napf trockene Sämereien anbieten. Allerdings können nach meinen Erfahrungen dadurch Nachteile entstehen, wenn diese Sämereien in zu großen Mengen angeboten werden, ganz besonders dann, wenn diese Mischung Sonnenblumenkerne enthält.

Dem Obst, Gemüse und Grünfutter kommt während der Brutzeit ebenfalls eine besondere Bedeutung zu, denn es versorgt die Tiere mit den nötigen Vitaminen, Mineralstoffen und auch Nährstoffen. Daher sollten diese Nahrungsmittel in verstärktem Maße und besonders vielfältig angeboten werden. Sie können wie auch in der Ruhephase kleingeschnitten, als Ganzes auf einen Nagel gesteckt oder auch sehr klein geraspelt gereicht werden.

Während der Brutzeit bietet sich halbreifer Mais als gutes Ergänzungsfutter an, der stimulierend wirkt, aber auch gerne von den Alttieren an die Jungen verfüttert wird. Um eine einseitige Ernährung mit Mais zu verhindern, darf dieser nur in kleinen Mengen gereicht werden.

Wer möchte, kann das Futter noch durch ein Aufzuchtfutter ergänzen. All die hier aufgeführten Futtermittel können in verschiedenen Futternäpfen gereicht werden, jedoch hat es sich bei mir als sinnvoll erwiesen, alles zusammen in nur einem Napf zu reichen, da sowieso alles täglich frisch gereicht werden muss. Ist die Gabe zusätzlicher Vitamine nötig, können diese ebenfalls über das Futter gestreut werden. Damit die Tiere nicht zu viel Futter auf den Boden werfen, sollten große Futterschalen Verwendung finden.

Eine Erhöhung des Anteils an animalischer Kost während der Brutzeit ist sinnvoll und kann sich fördernd auf den Bruttrieb auswirken. Doch das allein ist nicht ausschlaggebend für die Erhöhung des Anteils auf ca. 5 % der gesamten Tagesration, sondern der Grund ist ganz einfach in dem steigenden Bedarf an benötigten Aufbaustoffen der Jungtiere zu sehen, die sich ja in kurzer Zeit zu einem komplett befiederten Vogel entwickeln müssen. Die Futtermittel tierischer Herkunft

Trockenfutter tierischer Herkunft (z. B. Hundefutter) kann während der Brutzeit unter das übrige Futter gemischt werden

Maden, die in alten Kiefernzapfen oder unter Baumrinde stecken, werden von Papageien gerne hervorgeholt und gefressen

(Trockenfutter für Hunde, Markknochen, Hähnchenknochen usw.) können ebenfalls mit unter das übrige Futter gemischt werden. Gleiches gilt für Nüsse, die während der Aufzucht auch in etwas verstärktem Maße gereicht werden dürfen.

Pick-, Gritsteine und weitere Mineralstoffe sollten, wie in der Ruhephase, in ausreichender Menge in einem weiteren Napf zur Verfügung stehen.

Während der Brutzeit kann das Futterangebot ebenfalls durch Pellets erweitert werden, die nach meinen Erfahrungen auch jetzt einen Anteil von maximal 15 bis 20 % nicht überschreiten sollten.

Vielseitigkeit in der Ernährung ist ganz besonders während der Jungenaufzucht wichtig, denn viele Elterntiere passen ihre Ernährung den Futterbedürfnissen der Jungtiere an. Es kann dazu kommen, dass die Vögel die Fütterung ihrer Jungtiere einstellen, weil sie ein bestimmtes Futtermittel nicht erhalten. So wurden zum Beispiel die Jungtiere meiner Hellroten Aras nach dem Schlupf nicht gefüttert. Ich habe die Jungen zwar im Nistkasten belassen, sie aber dort von Hand gefüttert. Auch nach drei Tagen beteiligten sich die Elterntiere noch nicht an der Fütterung. Ich bot den Alttieren alles zur Verfügung stehende Futter an, doch nichts half, bis ich nach drei Tagen Zirbelnüsse reichte. Daraufhin wurden die Jungen sofort von ihren Eltern gefüttert. Ähnliches beschreibt BURKAT (1985) für seine Guatemala-Amazonen, die ihre Jungen erst nach dem Anbieten von Brokkoli weiter füttern wollten. Während der Aufzucht wechseln die Alttiere auch häufiger das Futter, das sie ihren Jungen reichen. Nicht immer sind die Alttiere schlechte Eltern, wie häufig zu hören ist, sondern die Schuld kann durchaus in dem unzureichenden Futterangebot zu suchen sein.

Um dem ausgeprägten Nagebedürfnis während der Brutzeit Rechnung zu tragen, sollten ständig frische Zweige, morsches Holz etc. sowie Zapfen gereicht werden (vgl. S. 97 f. und 108 ff.).

Das optimale Futter für Ihre Papageien

Im Folgenden soll auf die Besonderheiten in der Futterzusammenstellung für die unterschiedlichen Papageien eingegangen werden.

1. Aras

Von den amerikanischen Papageien können die meisten Arten mit der oben beschriebenen Zusammenstellung (S. 117 ff.) versorgt werden. Lediglich die Gelbbrustaras neigen leicht zu Verfettungen und sollten daher, wenn sie sich nicht ausreichend körperlich betätigen können, gegebenenfalls eine Mischung mit einem niedrigeren Fettgehalt, also weniger Sonnenblumenkerne und Nüsse erhalten.

Einen wesentlich höheren Fettgehalt des Futters benötigen dagegen die Hyazintharas, der in Privatbesitz kaum gehaltene Lear-Ara sowie in etwas geringerem Umfang auch der Dunkelrote Ara. Die Dunkelroten Aras benötigen bei der Unterbringung in größeren Volieren lediglich einen etwas höheren Anteil an Nüssen und

Hyazintharas benötigen fetthaltige Nahrung

Tabelle 12: Körnermischungen für Hyazintharas während der Brut- und Ruhezeit

Samen	Brutphase: Anteil (gekeimter) Saaten in %	Ruhephase: Anteil (ungekeimter) Saaten in %
Sonnenblumenkerne	40	50
Kardi	10	10
Buchweizen	10	10
Kiefernsamen (groß)	10	10
Weizen	10	10
Erbsen	10	–
Mais	10	10

Sonnenblumenkernen. Die zwei hier genannten blauen Aras ernähren sich im Freiland dagegen überwiegend von den besonders fetthaltigen Palmnüssen (PITTMAN 1994). Wer die Möglichkeit hat, diesen Tieren Palmnüsse anzubieten, sollte das unbedingt auch machen. Ansonsten dürfen andere Nuss-Sorten, wie in erster Linie die Paranüsse, aber auch Wal-, Hasel- und Zirbelnüsse, auf keinen Fall auf dem Speiseplan fehlen. Da kleine Sämereien wie die Hirse von diesen großen Papageien nur wenig beachtet werden, sollten sie auch nur in geringem Umfang angeboten werden.

Der in Tabelle 12 aufgeführten Körnermischung wird ein hoher Anteil an Nüssen, aber auch viel

Obst und Gemüse beigefügt. Weitere verschiedene Sämereien werden nur sporadisch hinzugegeben. Einige im Fachhandel angebotene Futtermischungen für Eichhörnchen eignen sich aufgrund ihrer Zusammensetzung ebenfalls für Hyazintharas. Die in solchen Mischungen enthaltenen Zirbelnüsse können ohne Probleme ebenfalls mit gekeimt werden. Bei mir erhält jeder Hyazinthara täglich zwei bis vier Paranüsse oder andere Nüsse in entsprechender Menge. Übrigens haben Hyazintharas nach meinen Beobachtungen einen hohen Vitaminbedarf, was bei der Ernährung berücksichtigt werden muss. Falls die Tiere nicht die gewünschte Konstitution wie glänzende Federn oder auch gute Bruterfolge zeigen, sollten Vitamine dem Futter regelmäßig zugegeben werden.

Wie alle anderen Amazonen sollten Gelbwangenamazonen nur wenige Sonnenblumenkerne und Nüsse zu fressen bekommen

2. Amazonen

Während für die Hyazintharas die eingangs beschriebenen Körnermischungen (S. 117 ff.) zu wenig fetthaltige Bestandteile enthalten, muss der Fettgehalt für viele Amazonen gesenkt werden, zumal wenn diese in kleinen Volieren gehalten werden. Diese Papageien sollten nach Möglichkeit keine Sonnenblumenkerne und Nüsse erhalten, um keine Fettpolster aufbauen zu können. Haben die Tiere aber erst einmal ein Fettpolster aufgebaut, müssen sie auf strengste Diät gesetzt werden, bis sie wieder normalgewichtig sind. Lediglich Amazonen, die in großen Volieren oder bei niedrigen Temperaturen überwintert werden, kann ein geringer Anteil an Sonnenblumenkernen (maximal 10 %) und gelegentlich mal eine Nuss zugestanden werden.

3. Rotsteißpapageien

Die Rotsteißpapageien kommen mit der angegebenen Grundmischung (siehe Seite 117 ff.) dagegen recht gut zurecht, allerdings sollte auch hier auf den Fettgehalt geachtet werden.

4. Weißbauchpapageien und Fächerpapageien

Die Vertreter der Weißbauchpapageien und der Fächerpapagei haben dagegen einen etwas höheren Bedarf an Obst und Gemüse, was bei ihrer Ernährung eindeutig im Vordergrund stehen sollte (Brockner 1992 und 1999). Brockner empfiehlt als Zusatzfutter ein Trockenfuttergemisch für Loris.

Die übrigen amerikanischen Papageien dürften, abgesehen von den Sittichen und einigen kleineren Papageien, die aber an anderer Stelle beschrieben werden, ohne Probleme mit der Grundmischung (S. 117 ff.) zurechtkommen.

gert werden. In beiden Fällen entstehen weiche Knochen, was auch nicht durch ein erhöhtes Kalziumangebot korrigiert werden kann, sondern nur durch eine Zugabe von Vitamin D. Wer seine Graupapageien oder auch andere Papageien also ausschließlich im Haus hält, sollte auf eine optimale Versorgung mit diesem Vitamin achten (vgl. S. 20 f.). Bei den Langflügelpapageien stehen Hagebutten ganz besonders hoch im Kurs und sollten regelmäßig, besonders aber zur Jungenaufzucht, angeboten werden.

Graupapageien

Da diese Papageien im Haus gehalten werden, bekommen sie ein Vitamin-D-Präparat

5. Graupapageien und Langflügelpapageien

Gleiches gilt für die meisten afrikanischen Papageien wie die Langflügelpapageien (HOPPE & WELCKE 1990, WAGNER 1997, JORGENSEN 1998) und die Graupapageien. Diese können durchaus als Generalisten bezeichnet werden, die keine ausgefallenen Ansprüche an das Futter stellen. Dennoch gibt es gerade bei den Graupapageien eine Besonderheit zu beachten, und zwar bei der Aufzucht der Jungtiere durch die Altvögel. Diese Jungtiere leiden während des Wachstums häufig an einer Knochenweiche, die sich durch Deformierungen am Skelett oder aber auch durch Knochenbrüche bemerkbar macht. Dieses gilt aber überwiegend für Tiere, die ausschließlich im Hause, also ohne direkte Sonnenbestrahlung gehalten werden. Die Sonneneinstrahlung ist notwendig, um das Vitamin D im Vogelorganismus zu bilden. Fehlt das Vitamin, kann die so genannte Knochenentkalkung einsetzen oder bei Jungtieren kann während der Knochenbildung nicht genügend Kalzium in die Knochen eingelagert werden.

6. Vasapapageien

Weitere afrikanische Papageien stellen die Vasapapageien dar, die auf Madagaskar und einigen vorgelagerten Inseln zu finden sind. Während die Unterarten des Großen Vasapapageis mit dem oben beschriebenen Grundfutter (S. 117 ff.) sehr gut ernährt werden können, benötigen die Unterarten des Kleinen Vasapapageis einen etwas größeren Anteil an Obst und Gemüse, aber auch verschiedenen Blüten (ARNDT 1996). Im Allgemeinen stellen die Vasapapageien keine abweichenden Ansprüche an das Futter und können gut in Volieren gepflegt werden (PAGEL 1992).

7. Edel-, Großschnabel- und ähnliche Papageien

Die Papageien dieser Gruppe müssen eigentlich zu den Früchtefressern (FERGENBAUER-KIMMEL 1992) gezählt werden, obwohl sie in der Obhut des Menschen auch die Aufnahme von Körnerfutter nicht verweigern, und zwar besonders, wenn dieses gekeimt ist. Dennoch sollte der Großteil des angebotenen Futters aus Obst, Gemüse und auch Grünfutter bestehen, welches möglichst vielfältig angeboten werden sollte (TAYLOR 1995). Andere Autoren geben dagegen an, dass ihre Tiere als Grundfutter eine Körnermischung und Obst, Gemüse usw. als Zusatzfutter erhalten (BANKOWITSCH 1988, VOLKMAR

1996). Da aber in der freien Natur die Früchte bei den Edelpapageien eindeutig im Vordergrund stehen, sollte dem auch bei Tieren in der Obhut des Menschen Rechnung getragen werden. Mit einem etwas höheren Anteil an Früchten kann also das oben beschriebene Grundfutter (S. 117 ff.) ohne Probleme allen Vertretern dieser Gruppe verabreicht werden. Die von mir gehaltenen Tiere zeigten eine Vorliebe für bestimmte Zwiebel- sowie Knollengemüse (Zwiebel, Knoblauch, Fenchel, Sellerie usw.). Allerdings habe ich diese Futtermittel auch häufig angeboten, und diese Vorliebe kann auf einer zufälligen Gewöhnung beruhen. BANKOWITSCH (1988) berichtet von einer großen Vorliebe seiner Edelpapageien für Knoblauchzehen.

FERGENBAUER-KIMMEL (1992) weist auf einen hohen Bedarf an tierischen Eiweißen ihrer Vögel während der Aufzucht hin. Nachdem bei einem ihrer Paare während der Aufzucht von drei Jungtieren das Weibchen zu rupfen begann, stellte dieses Tier dieses Fehlverhalten gleich wieder ein, nachdem die Gaben an Hartkäse und durchgedrehtem Rinderherz stark erhöht wurden. Seitdem erhalten bei ihr zum Beispiel alle Edelpapageienpaare mit zwei Jungtieren eine Portion Rinderherz von der Menge einer großen Haselnuss, Paare mit einem oder drei Jungen entsprechend mehr oder weniger.

8. Kakadus

Das Hauptverbreitungsgebiet der Kakadus erstreckt sich über Australien, den indonesischen Raum bis zu den Philippinen. Wer sich ein wenig in Geographie auskennt, wird sehr schnell erkennen, dass die Kakadus in diesem Verbreitungsgebiet völlig unterschiedliche Umweltbedingungen vorfinden, denen sie sich anzupassen hatten. Dieses hat auch die Ernährungsgewohnheiten der Tiere beeinflusst. Während die in den Regenwäldern Indonesiens und der Philippinen lebenden Kakadus Bedingungen vorfinden, die vielleicht noch mit den Lebensbedingungen in den südamerikanischen Ländern zu vergleichen sind, herrschen in weiten Teilen Australiens völlig andere Bedingungen. Dieser Kontinent besteht großenteils aus sehr trockenen Landstrichen mit karger Vegetation. Dennoch haben sich dort Kakadus angesiedelt, die sich überwiegend von Sämereien ernähren, die sie auf dem Boden suchen. Dort werden aber nicht nur Sämereien gesucht, einige Kakadus wie der Wühlerkakadu (*Cacatua pastinator*), graben mit Hilfe ihres langen Oberschnabels in der Erde nach Wurzeln und Insekten. Gerade die in den weitflächigen und trockenen Gebieten Australiens lebenden Kakadus haben es zum Teil sehr schnell gelernt, die Kulturflächen der Menschen als Nahrungsquelle zu erschließen. Sie nutzen dort die großen Getreidefelder, die Obstplantagen, aber auch die Viehtränken, um sich zu ernähren (DIEFENBACH 1982, SINDEL & LYNN 1988, ROWLEY 1990).

Einige dieser Papageien haben sich derartig an die karge Kost angepasst, dass sie bei unsachgemäßer Ernährung in der Obhut des Menschen sehr schnell verfetten, wie zum Beispiel der Wel-

Schwarzschulter-Edelpapageien

Edelpapageien haben offenbar einen hohen Bedarf an tierischem Eiweiß während der Aufzucht

Rosakakadus

Da diese Kakadus leicht verfetten, sollten sie fettarm ernährt werden

lensittich und auch der Rosakakadu. Aus diesem Grunde sollte dem Rosakakadu ein Futter mit nur einem geringen Anteil an fetthaltigen Bestandteilen verabreicht werden. Sonnenblumenkerne sind hier eigentlich völlig fehl am Platze. Er sollte daher eine Körnermischung mit überwiegend kohlenhydrathaltigen Sämereien erhalten und gleichzeitig viel Bewegungsmöglichkeiten haben. Daher eignen sich die diversen Getreidesorten sehr gut für die Rosakakadus. Um allerdings Mangelzustände durch einseitige Ernährung zu verhindern, sollten zudem noch Erbsen, Ackerbohnen sowie reichlich Obst und Gemüse angeboten werden, auch wenn Letztere außerhalb der Brutzeit nur in geringem Umfang gefressen werden. Werden Jungtiere versorgt, können auch Sonnenblumenkerne in geringem Umfang angeboten werden. Nach SINDEL & LYNN (1988) sollte das Körnerfutter außerhalb der Brutzeit limitiert (eine Handvoll pro Tier und Tag) angeboten werden, damit die Tiere nicht übergewichtig werden und auch Früchte und Grünfutter zu sich nehmen. Zur Brutzeit kann dann die Ration an Körnerfutter erhöht werden, um den Bruttrieb anzuregen. Eine Umstellung von der trockenen Sämereienmischung zu Keimfutter kann ebenfalls den Bruttrieb fördern. Ähnliches gilt für halbreifen Mais.

Besondere Ansprüche stellen angeblich auch die Helmkakadus an ihr Futter, und zwar weniger, weil ihnen die angebotenen Futtermittel nicht zusagen, sondern weil sie nur wenig Zeit für die Nahrungsaufnahme benötigen und anschließend aus Langeweile sich die Federn ausrupfen sollen (DIEFENBACH 1982). In der freien Natur verbringen sie dagegen einen Großteil des Tages mit der Futtersuche. Nach SINDEL & LYNN (1988) geben andere Autoren das Verfüttern von Sonnenblumenkernen als Ursache für das häufig auftretende Federrupfen dieser Kakaduart an, bezweifeln dieses aber selber und vermuten andere Gründe für das häufige Rupfen. Dennoch sollten diese Kakadus mit möglichst kleinen Sämereien gefüttert werden, wobei sich besonders die kleinen und harten Kiefernsamen anbieten, die im Körnerfutter mit 10-15 % enthalten sein sollten. Auch der Anteil an Sonnenblumenkernen sollte nicht höher sein. Außerdem sollten vielseitig die unterschiedlichsten Früchte, besonders aber diverse Beeren wie Vogelbeeren (Eberesche) oder Weißdornbeeren gereicht werden. Die meisten Helmkakadus zernagen auch mit Vorliebe Fichten- oder Kiefernzapfen, um an deren Inhalt zu gelangen. Frische Zweige sollten ebenfalls ständig angeboten werden. Um die Tiere zur Brutzeit zu stimulieren, ist es empfehlenswert, den Gehalt an tierischen Eiweißen im Futter zu erhöhen.

Die verschiedenen Vertreter der Rabenkakadus sind in unseren Volieren bislang nur wenig zu sehen, daher soll auf ihre Ernährung nur kurz eingegangen werden. Ihnen kann das eingangs beschriebene Grundfutter (S. 117 ff.) durchaus angeboten werden (SWEENY 1996), es sollten aber vermehrt Kiefernsamen beigefügt werden, da diese auch im Freiland von den meisten Rabenkakadus gerne gefressen werden (VOGELS 1995). Die Zapfen der verschiedenen Nadelhölzer soll-

Palmkakadu

Um Vögel an neues Futter zu gewöhnen, kann es an ihren Lieblingsplätzen angeboten werden.

ten daher regelmäßig angeboten werden. Des Weiteren können gequollene oder gekeimte Leguminosen, halbreifer Mais sowie pelletiertes Futter den Speiseplan sinnvoll erweitern. Aber auch die Futterbestandteile animalischer Herkunft dürfen nicht zu kurz kommen, zumal sich einige Tiere im Freiland zu einem größeren Teil von kleinen Tieren wie Maden und Insekten ernähren.

Ähnliches wie für die Rabenkakadus gilt auch für den Palmkakadu, dem aber zusätzlich noch Nüsse, besonders die Zirbelnüsse angeboten werden können (PETERS 1988). LOW (1993) schreibt, dass die Palmkakadus leichter an Obst und Gemüse gewöhnt werden können, wenn diese in größeren Stücken gereicht werden, da die Palmkakadus das Futter gerne in der Kralle halten und dann Stück für Stück abbeißen können. Zur Jungenaufzucht bekam das Paar im Palmitos Park Granatäpfel angeboten, die mit großer Begeisterung verzehrt wurden und vermutlich für die gelungene Naturbrut von großer Bedeutung waren. Im Loro Parque werden die Früchte der Romanzoffianischen Kokospalme (*Arecastrum romanzoffianum*) sehr gerne von den Palmkakadus verzehrt (SWEENY 1996). Außerdem wurden dort verhältnismäßig viele Nüsse sowie Maiskolben, aber auch gekochte Bohnen angeboten.

Die noch nicht aufgeführten australischen sowie die übrigen Kakadus aus dem indonesischen Raum können im Prinzip mit den oben beschriebenen Grundfuttermischungen (S. 117 f.f) versorgt werden, allerdings sollte der Anteil an Sonnenblumenkernen und Nüssen nicht die angegebenen Prozente überschreiten. Lediglich die Nacktaugen- und der Nasenkakadu sollten etwas mehr Wurzelgemüse und auch animalische Kost erhalten, da sie dieses vermutlich im Freiland verstärkt zu sich nehmen, weil sie häufig den

Boden mit ihren teilweise verlängerten Schnäbeln durchwühlen.

In unseren Breiten brüten viele Kakaduarten zweimal im Jahr. Sie haben also nicht den Jahresrhythmus wie zum Beispiel viele Amazonenarten. Aber auch sie sollten nach einer erfolgreichen Brut im Sommer mit anschließender Mauser eine Ruhephase durchlaufen. Zeigen sich dagegen im Winter wieder die ersten Brutaktivitäten, sollte das Futter ebenfalls wieder auf Vielseitigkeit umgestellt und die Sämereien gekeimt gereicht werden. Zur Stimulation kann der Anteil an animalischer Kost ebenfalls gesteigert werden, da viele Kakadus hierauf besonders reagieren. Dies sollte stets geschehen, wenn die Tiere nicht wie erwartet in Brutstimmung kommen. Allerdings sollte dieses immer nur unter Kontrolle geschehen, denn leider neigen viele männliche Kakadus zu aggressivem Verhalten ihren Weibchen gegenüber. Die Paare sollten daher sehr gut harmonieren und die Weibchen müssen ebenfalls geschlechtsreif sein. Sollte nämlich nur das Männchen durch die Futterumstellung in Brut stimmung geraten, besteht die Gefahr, dass dieses über sein Weibchen herfallen und dieses verletzen oder gar töten könnte. Inwieweit tatsächlich ein Zusammenhang zwischen der Aggressivität und der Futterzusammenstellung besteht, kann zur Zeit noch nicht gesagt werden (Künne 1998), aber Vorsicht ist hier angebracht.

Übrigens können Kakadus sehr konservativ sein, wenn es darum geht, ihnen unbekanntes Futter zu fressen. Es kann manchmal Wochen oder gar Monate dauern, bis sie dieses akzeptieren. Da aber eine vielseitige Ernährung von größter Bedeutung für die Gesundheit, aber auch für eine erfolgreiche Aufzucht von Jungtieren ist, sollten Kakadus schon frühzeitig auf eine abwechslungsreiche Ernährung eingestellt werden und nicht erst, wenn das erste Ei in der Nisthöhle liegt. Unbekannte Futtermittel sollten daher immer wieder vermengt mit dem übrigen Futter angeboten werden. Notfalls kann das übrige Futter über einen kurzen Zeitraum auch leicht reduziert angeboten werden, um die Tiere zur Aufnahme der ungewohnten Kost zu animieren. Natürlich dürfen die Kakadus nicht wirklich hungern, aber kurze Fastenperioden sind mit Sicherheit besser als eine langandauernde Fehlernährung.

9. Keas und Borstenkopfpapageien

Schon beim Betrachten der Schnäbel dieser beiden Papageienarten kann auch der ungeübte Beobachter erahnen, dass diese Tiere sich anders ernähren müssen als die übrigen Papageien. In der Tat weichen die Ernährungsgewohnheiten von denen anderer Papageien ab. Als Grundfutter sollte hier eine Mischung aus diversem Gemüse wie Möhren, Rote Beete, Sellerie, Kohlrabi, Fenchel und dergleichen sowie reichlich Obst und Grünfutter angeboten werden (Manhartsberger 1991, Liedek 1993). Als Körnerfutter kann die oben beschriebene Grundmischung (S. 117 ff.) gereicht werden, die besonders gerne gekeimt angenommen wird. Aber auch Fleisch der unterschiedlichsten Art darf auf dem Speiseplan nicht fehlen, was besonders für die Brutzeit gilt. Peters (1989) bot seinem Paar täglich 50 g Rinderhack und ein hartgekochtes Ei an. Allgemein werden gekochte Eier gerne verzehrt. Reinschmidt und Seiert (1999) bieten den Keas abends außerdem einen Futterbrei an, der aus Milupa-7-Kornbrei, Aleckwa-Insektenfutter, Quicko-Eifutter, einer Vitaminmischung und warmem Wasser täglich frisch angerührt wird.

Die Borstenköpfe fressen überwiegend Früchte unterschiedlicher Sorten. Ihre Schnabelform sowie der unbefiederte Kopfbereich sind diesen Ernährungsgewohnheiten gut angepasst, da die Federn nicht so schnell verschmutzen können. Low (1990) bot zudem noch Brot und Milch an, was zur Jungenaufzucht mit einem rohen Hühnerei angereichert wurde. Körnerfutter wird von diesen Tieren nicht beachtet.

10. Feigenpapageien

Feigenpapageien nehmen, was die Ernährung angeht, ebenfalls eine Ausnahmestellung ein. Unter den ersten eingeführten Tieren waren hohe Verluste zu beklagen, was allgemein auf einen Mangel der Tiere an Vitamin K zurückgeführt wurde (MÜLLER & NEUMANN 1996). Dieses Vitamin K spielt eine wichtige Rolle bei der Blutgerinnung. Vermutet wurde, dass die Tiere schon bei kleineren inneren Verletzungen, wie sie zum Beispiel durch das Anfliegen an den Draht entstehen können, praktisch innerlich verbluten würden. Doch Versuche mit zusätzlichen Vitamin-K-Gaben führten zu keinem sichtbaren Erfolg. Im Vogelpark Walsrode konnten aber zumindest die Alttiere durch Zugaben von Aminosäurepräparaten am Leben erhalten werden. Diese Altvögel schritten auch zur Brut, die Nachkommen starben aber nach ca. zwei bis drei Wochen ab. Zu dieser Zeit wurde in Amerika festgestellt, dass die Jungtiere Probleme bei der Verdauung trockener Samen haben, wie sie in getrockneten Feigen und auch Äpfeln vorkommen. Diese Erkenntnisse berücksichtigend, wurde im Vogelpark Walsrode für Feigenpapageien folgendes Futter mit Hilfe einer Küchenmaschine zubereitet:

3 Esslöffel gekochter Reis,
1 mittelgroße, gewürfelte gekochte Kartoffel
1 großer geschälter, gedünsteter Apfel (ohne Gehäuse)
1 gedünstete Karotte
1 Banane
2 Essl. Humana-Spezial-Kindernahrung (milchfrei)
2 Essl. Kölln-Schmelzflocken
¼ Teelöffel Korvimin (Vitamin- und Mineralienpräparat)
10 ml Honig
½ Esslöffel kaltgepresstes Öl (Oliven- oder Weizenkeimöl)
1/8 Salat oder Chinakohl
ca. 100 ml Wasser.

Dieser Futterbrei wird täglich mit ca. einem Esslöffel Keimfutter sowie einer halben eingeweichten Trockenfeige (bis ungefähr zwei Tage vor dem Schlupf der Jungen) angereichert. Als Keimfutter eignet sich eine Mischung für Sittiche. Zusätzlich werden dem Brei an fünf Tagen in der Woche jeweils ca. 5 ml

Bierhefe,
Vitakalk,
Soja-Malt,
Osspulvit,
Nekton Tonik K

beigefügt. Vor dem Schlupf der Küken und bis diese ca. 14 Tage alt sind, wird nur der Brei verabreicht. Ab dieser Zeit werden dann zusätzlich 10 überbrühte Mehlwürmer angeboten. Nach dem Ausfliegen der Jungen wird dann wieder das gesamte Nahrungsspektrum für diese Papageien angeboten. Nach WOLF (1997) muss lediglich bei den Edwards- und Desmarest-Feigenpapageien zu Beginn der Aufzucht das Körnerfutter gestrichen werden. Er gibt als Futter für seine Feigenpapageien eine Mischung aus Obst und Gemüse, trockenen und frischen Feigen sowie eine Zusammenstellung aus Eifutter, Haferflocken, Bierhefe, Humana-Apfelbrei, Traubenzucker, Vitaminen und Mineralien sowie Blütenpollen. Diese Mischung wird abends angeboten, morgens wird nur Kolbenhirse gereicht. Zweimal wöchentlich werden zusätzlich Mehlwürmer angeboten.

Desmarest-Feigenpapagei

Feigenpapageien benötigen eine abwechslungsreiche Kost mit einem hohen Fruchtanteil

11. Agaporniden, Sperlingspapageien und Ähnliche

Aufgrund ihrer Körpergröße und somit auch der Schnabelgröße ist schon erkenntlich, dass diese kleinen Papageien gegenüber der oben genannten Grundmischung (S. 117 ff.) eine leicht veränderte Körnermischung benötigen. Ansonsten trifft aber das dort Gesagte auch für diese Papageien zu, sie sollten ebenfalls abwechslungsreich ernährt werden und keinesfalls nur reines Körnerfutter mit gelegentlich einmal einem Stück Apfel gereicht bekommen. Dieses reicht nicht aus, um die Tiere auf lange Sicht gesund zu erhalten (Spitzer 1987, Pfeffer 1990, 1992 und 1994, Eckstein 1993, Berz 1994, Herrmann 1994 und 1997, Lietzow 1997). Sie benötigen also auch einen hohen Anteil an Obst und diversen anderen Früchten, wobei Ebereschenbeeren und auch Hagebutten angeboten werden sollten. Bei der Zusammenstellung der Körnermischung darf nicht vergessen werden, dass diese kleinen Papageien ebenfalls sehr leicht verfetten können und daher entsprechende Sämereien nicht zu reichhaltig geboten werden dürfen.

Tabelle 13: Körnermischung für Agaporniden und Sperlingspapageien

Samen	Trockenmischung [%]	Keimfutter [%]
Sonnenblumenkerne	5	15
Kardi	5	5
Hanf	-	2
Negersaat	5	3
Leinsamen	5	-
Weizen	5	5
Hafer	5	5
Buchweizen	5	5
Paddyreis	5	5
Glanz	10	5
Dari	5	5
Milo	5	5
Hirse (diverse Sorten)	40	35
Mungbohnen	-	5

Die hier angegebenen Mischungen haben sich in dieser oder leicht abgeänderter Form bei vielen Züchtern bewährt, wobei die Trockenmischung während der Ruhephase, die Keimfuttermischung zur Brutzeit gereicht werden sollte. Der Fachhandel bietet mittlerweile auch gute Futtermischungen für diese Papageien an, wobei aber immer darauf geachtet werden sollte, dass diese nicht zu viele Sonnenblumenkerne enthalten.

Zur Brutzeit kann neben dem Keimfutter noch zusätzlich eine Trockenmischung angeboten werden, sollte aber stark limitiert sein. Werden die Zwergpapageien in einer größeren Gruppe gehalten, muss darauf geachtet werden, dass die dominanten und damit in der Regel zuerst fressenden Tiere nicht die ganzen Sonnenblumenkerne verzehren können. Der Anteil des Körnerfutters sollte ca. 50-60 % der Gesamtfuttermenge betragen. Zusätzlich kann Kolbenhirse gereicht werden, die besonders gerne gefressen wird, weshalb sie aber auch stark rationiert werden sollte, um eine einseitige Ernährung zu verhindern.

Etwas höhere Ansprüche an die Ernährung stellen die Orange- und Grauköpfchen. Die Orangeköpfchen (*Agapornis pullarius*) können sehr wählerisch sein, was die Auswahl an Sämerein betrifft (Lietzow 1995), daher sollte immer ein reichhaltiges Angebot an verschiedenen Sämereien geboten werden. Dies gilt besonders für neu erworbene Tiere. Der Anteil an Früchten und Grünfutter sollte deshalb recht vielseitig gestaltet werden, um Ernährungsproblemen aus dem Wege zu gehen. Die Grauköpfchen (*Agapornis canus*) sind ebenfalls nur sehr schwer an neue Futtersorten zu gewöhnen (Lietzow 1996), was besonders für Neuerwerbungen gelten kann.

12. Australische Sittiche

Australische Sittiche werden in Europa schon seit vielen Jahren erfolgreich gehalten und auch sehr viel gezüchtet. Da sie bereits in vielen Generationen gezüchtet worden sind, dürften sich die Tiere aufgrund von Selektionsvorgängen an die Haltungsbedingungen adaptiert haben. Daraus darf aber nicht geschlossen werden, dass eine vielfältige Ernährung dieser Tiere vernachlässigt werden kann, wie gelegentlich zu hören ist, denn es handelt sich bei diesen Vögeln nicht um Nutzgeflügel, das nur sehr kurz leben darf. Wer also australische Sittiche über viele Jahre in einem guten Gesundheitszustand halten möchte, muss auf eine ausgewogene und gesunde Ernährung achten.

Frei lebende australische Sittiche suchen häufig ihr Futter auf dem Boden, ernähren sich also viel von verschiedenen Sämereien. Diese sind aber in der Regel nicht besonders reich an fetthaltigen Substanzen, was bei der Ernährung der Tiere in der Obhut des Menschen berücksichtigt werden muss (ELIAS 1989). So sind zum Beispiel sehr häufig zu viele Sonnenblumenkerne im Futter dieser Sittiche zu finden, was leicht zu einer Verfettung führen kann. Dieses gilt besonders für die Tiere, die nicht in großen Freivolieren gehalten werden.

Generell können die meisten australischen Sittiche mit einer ähnlichen Körnermischung gefüttert werden wie die Agaporniden. Wer selber kein Körnerfutter zusammenmischen möchte, kann entweder auf die käuflichen Mischungen für Agaporniden, aber auch auf spezielle Mischungen für Sittiche zurückgreifen. Wichtig ist wiederum ein geringer Gehalt an Sonnenblumenkernen und anderen fetthaltigen Sämereien. Nüsse sollten nicht enthalten sein und generell auch nicht auf dem Speiseplan der Sittiche stehen. Werden die australischen Sittiche bei niedrigen Temperaturen überwintert, kann der Anteil der fetthaltigen Sämereien etwas erhöht werden, da die Tiere zum einen mehr Energie aufwenden müssen, um die Körpertemperatur zu halten, zum anderen aber durch ein leichtes Fettpolster besser isoliert sind.

Pennantsittich

Alle australischen Sittiche nehmen ihr Futter gern vom Boden auf

Aus dem gleichen Grund reichen einige Züchter auch im Winter etwas mehr Hanf. Bei diesem ist aber Vorsicht geboten. Hanf wurde früher auch gerne gegeben, wenn zum Beispiel die Männchen nicht recht in Brutstimmung kommen wollten. Wiederholt wurde von einem zu starken Bruttrieb einiger Männchen berichtet, die ihre Weibchen heftig attackierten (ELIAS 1990). Da Hanf aber zudem noch eine berauschende Wirkung haben kann, sollte er nicht in größeren Mengen angeboten werden.

Einige Autoren unterteilen das Körnerfutter in Mischungen für kleine und große Sittiche (BIELFELD 1992), was ich nicht unbedingt für sinnvoll halte, denn die üblichen Mischungen können auch von den kleineren Sittichen ohne Probleme akzeptiert werden. Eine Ausnahme macht hier

Weizenähre

Halbreifer Weizen stellt ein wertvolles Zusatzfutter dar, besonders für Sittiche während der Jungenaufzucht

lediglich der Wellensittich, der überwiegend sehr kleine Sämereien wie zum Beispiel Hirse erhalten sollte. Da der Handel gerade für Wellensittiche gute Futtermischungen anbietet, muss an dieser Stelle nicht näher darauf eingegangen werden. Wichtig ist nur, dass auch beim Wellensittichfutter auf Qualität geachtet wird.

Einige Sittichzüchter fügen der Körnermischung noch Futter für Waldvögel zu (WIEK 1995, PFEFFER 1995, WEHRHAHN 1999), was zu begrüßen ist, da dadurch die Nahrungsvielfalt gesteigert wird. Kolbenhirse wird von allen Sittichen gerne gefressen und kann regelmäßig, aber in Maßen angeboten werden. Besonders beliebt bei den meisten Sittichen sind halbreife Sämereien wie die verschiedenen Getreidesorten oder auch Kolbenhirse. Die Körner sollten dabei schon ausgebildet, aber noch milchig sein. Besonders für die Jungenaufzucht ist dieses von großem Wert. Um halbreife Sämereien über einen längeren Zeitraum anbieten zu können, sollten sie tiefgefroren gelagert werden.

Während es zu meiner Anfangszeit in der Vogelzucht noch selbstverständlich war, den australischen Sittichen Grünfutter wie Vogelmiere und dergleichen in großen Mengen anzubieten, scheint dieses in jüngerer Zeit etwas vernachlässigt zu werden. Vielleicht liegt es aber nur daran, dass in unseren aufgeräumten Gärten nicht mehr viel Platz für so genannten „Wildwuchs“ bleibt. Die australischen Sittiche sollten aber unbedingt sehr viel Grünfutter erhalten. Wer in seinen Volieren Naturboden hat, kann dort (nicht unter den Sitzstangen) verschiedene Sämereien aussäen und in den Boden einharken. Falls diese nicht sofort aufgefressen werden, stellen die austreibenden Keime eine willkommene Abwechslung dar. Auch Obst und Gemüse sollte ständig in verschiedenen Variationen angeboten werden, ebenso frische Zweige von Weiden und Obstbäumen. Während der Brutzeit sollte das Körnerfutter nach Möglichkeit gekeimt gereicht werden. Ebenfalls kann ein Aufzucht- oder Eifutter über das Futter gegeben werden. Animalische Kost ist nur in geringem Umfang nötig.

Der Nymphensittich nimmt zwar unter den australischen Sittichen eine Sonderstellung ein, kann aber wie die anderen Sittiche ernährt werden, wobei auch wieder vor einem zu hohen Gehalt an Sonnenblumenkernen und Nüssen gewarnt werden muss. Beides kann ohne Probleme komplett vom Speiseplan gestrichen werden.

Was über die Ernährung der australischen Sittiche gesagt wurde, kann ebenfalls auf die Vertreter der Laufsittiche, von denen bei uns überwiegend nur zwei Arten (Springsittich (*Cyanoramphus auriceps*) und Ziegensittich (*C. novaezelandiae*)) anzutreffen sind, übertragen werden.

Während die Australischen Königssittiche (*Alisterus scapularis*) nach der hier beschriebenen Methode sehr gut ernährt werden können, stellen seine nahen Verwandten von den verschiedenen indonesischen Inseln etwas andere Ansprüche. Bei ihnen steht nicht so sehr das Körnerfutter im

Vordergrund, sondern sie benötigen einen höheren Anteil an Früchten. Dieser sollte bei ca. 60 % des Tagesbedarfs liegen (BROCKNER 1999). Der Speiseplan sollte für diese Sittiche so abwechslungsreich wie möglich gestaltet werden.

Ebenfalls nicht besonders schwierig zu ernähren sind die in unseren Volieren kaum anzutreffenden Sittiche der verschiedenen Südsee-Inseln wie der Pompadoursittich (*Prosopeia tabuensis*). RINKE (1992) bot diesen Tieren ein Gemisch aus gekeimten Samen wie Weizen, Mungbohnen, Sonnenblumenkernen und Kokosmark sowie Früchte in großer Vielfalt an. Bei dieser Ernährung schritten die Tiere bereitwillig zur Brut.

13. Südamerikanische Sittiche

Die Ernährung der Sittiche Südamerikas gestaltet sich nicht ganz so einfach wie die der australischen Sittiche, denn einige Vertreter wie zum Beispiel die Tiere der Gattung *Brotogeris* können schon mehr als Weichfresser denn als Körnerfresser bezeichnet werden (WÜRTH 1997). Dennoch werden von allen südamerikanischen Sittichen Sämereien nicht verschmäht. Die angebotenen Sämereien sollten aber möglichst wenig fetthaltige Bestandteile enthalten, also nur wenige oder keine Sonnenblumenkerne. Die schon genannten *Brotogeris*-Arten können gut mit einer Körnermischung, bestehend aus

32 % Kardi	23 % Dari
10 % Milo	10 % Paddyreis
10 % Haferkerne	5 % Weizen
5 % Buchweizen	5 % Hanf

(WÜRTH 1998) versorgt werden, die aber maximal 50 % der Gesamtfutterration ausmachen sollte; von Vorteil dürfte aber ein geringerer Prozentsatz sein. Sehr gerne werden auch Samen verschiedener Wildkräuter aufgenommen sowie halbreife Sämereien jeglicher Art. Weiterhin benötigen sie einen hohen Anteil an diversen Früchten und Gemüse, möglichst klein geschnitten, sowie einen Futterbrei. Als Brei kann Loribrei, aber auch anderer Fertigbrei wie zum Beispiel Milupa-Siebenkorn-Brei verwendet werden, dem Honig zugesetzt werden kann. Weiterhin empfiehlt sich das Anbieten von trockenem Weichfutter wie Eifutter, Beo-Weichfutter oder Ähnlichem. ARNDT (1986) empfiehlt eine Futterzusammenstellung mit folgenden Anteilen:

40 % Obst
20 % Körnerfutter
20 % Brei
10 % Weichfutter
10 % Grünpflanzen und Blüten

Wer seine Tiere zweimal täglich füttert, kann die einzelnen Bestandteile getrennt reichen, morgens zum Beispiel die Früchte mit dem Weichfutter, abends dann das Körnerfutter sowie den Futterbrei. Grünzeug und Zweige sollten ständig zur Verfügung stehen. Gleiches gilt für Grit, Kieselsteinchen und dergleichen. Gegebenenfalls sollten auch Vitamine verabreicht werden, falls die Tiere nicht in sehr guter Kondition sind. Bei einer derartigen Fütterung ist es selbstverständlich, auf äußerste Sauberkeit zu achten.

Nymphensittiche

Diese australischen Sittiche gehören zu den bekanntesten Heimvögeln und werden häufig gehalten

Weitere Vertreter der südamerikanischen Sittiche gehören der Gattung *Pyrrhura* an. Als Grundfutter können diese ein Körnerfutter für Agaporniden oder Sittiche ohne Sonnenblumenkerne (oder nur mit sehr wenigen) erhalten. Nach WÜRTH (1997) wird von diesen Sittichen Hirse nicht gern gefressen und sollte in der Mischung nur in geringem Umfang enthalten sein. LOW (1990) berichte dagegen, dass Rotschwanzsittiche sehr gerne Kolbenhirse fressen. Das Körnerfutter sollte während der Brutsaison gekeimt gereicht und dann durch Sämereien verschiedener Wildkräuter erweitert werden. Auch Mungbohnen eignen sich dann gut als Zusatzfutter (maximal 5 %). Der Speiseplan dieser Sittiche muss durch ein abwechslungsreiches Angebot an Früchten und Gemüse erweitert werden. Zudem können noch diverse Weichfuttersorten auf dem Speiseplan stehen (SCHLÜTER 1995, BROCKNER 2000).

Die Vertreter der Gattung *Bolborhynchus* (Katharinasittich u. Ä.) können ebenfalls wie die *Pyrrhura*-Arten ernährt werden (MANDERSCHEIDD 1992). Ähnliches gilt für den Smaragdsittich (*Enicognathus ferrugineus*) sowie den Langschnabelsittich (*Enicognathus leptorhynchus*), wobei letzterer gerne den Boden nach Essbarem durchwühlt. Daher sollten ihm diverse Sämereien in den Naturboden der Außenvoliere eingeharkt werden.

Ebenfalls problemlos halten lässt sich der Mönchssittich (*Myiopsitta monachus*), der in der Regel mit einer üblichen Körnermischung für Sittiche zufriedenzustellen ist, wenn ihm zusätzlich Früchte und dergleichen geboten wird. Gleiches gilt für die Vertreter der Felsensittiche (*Cyanoliseus patagonus*). Deren Speiseplan kann noch durch gekeimte oder gekochte Bohnen sowie halbreifem Mais und Grünfutter jeder Art erweitert werden. Dagegen nehmen sie Früchte und Gemüse nicht so gerne an (WESTEN 1995, LOW 1998).

Eine Sonderstellung, was die Ernährung angeht, nimmt der Arasittich (*Rhynchopsitta pachyrhyncha*) ein. Diesem sollte zwar ebenfalls das übliche Futter für Sittiche (mit einem höheren Anteil an Sonnenblumenkernen) angeboten werden, doch hat sich dieser Sittich im Freiland auf Kiefernsamen spezialisiert. Daher sollten diese in größerem Umfang angeboten werden. Mit Vorliebe zerpflückt dieser Sittich auch alle ihm angebotenen Kiefernzapfen, um an die Samen zu kommen.

Als letzte Gruppe sollen noch die Vertreter der Gattung *Aratinga* erwähnt werden, die ähnlich wie die Amazonen ernährt werden können. Der Goldsittich (*Guarouba guarouba*) zählt zwar heute nicht mehr zu den *Aratinga,* ist aber mit diesen nahe verwandt und bevorzugt süßliche Früchte (HALTER 2000).

14. Asiatische Sittiche

Von den Sittichen des asiatischen Raumes soll an dieser Stelle nur auf die Tiere der Gattung *Psittacula* eingegangen werden, da diese mehr oder weniger zu den Körner fressenden Arten gezählt werden können. Diese Sittiche, von denen in unseren Breiten der Kleine Alexandersittich (*Psittacula krameri*) zu den am häufigsten gehaltenen gehört, können als Grundfutter eine handelsübliche Sämereienmischung erhalten, die wiederum nur einen geringen Anteil (wenn überhaupt) an Sonnenblumenkernen enthalten sollte. Zur Brut kann diesen Mischungen ein geringer Anteil an Mungbohnen, Erbsen oder auch Ackerbohnen beigefügt werden, wenn diese gekeimt werden. Der Anteil an Früchten, Gemüse und Grünfutter sollte nicht vernachlässigt werden. Diese Sittiche fressen ebenfalls sehr gerne halbreife Sämereien. Zur Brutzeit wird das Futter mit der Gabe von Aufzuchtfutter und Eifutter sowie etwas animalischer Kost weiter aufgewertet. Frische Zweige sollten zu keiner Jahreszeit im Futterangebot fehlen (SCHMIDT 1998). Wer diese Sittiche bei niedrigen Temperaturen überwintert, kann zu dieser Zeit den Anteil an Sonnenblumenkernen erhöhen, um den temperaturbedingten Energieverbrauch auszugleichen (BAUMGÄRTNER 1997).

15. Loris und andere Weichfresser

Braunlori

Neben einem speziellen Loribrei benötigen alle Loris sehr viele Früchte

Die Ernährung der Loris in der Obhut des Menschen hat sich in den letzten Jahren stark verändert und ist zum Wohle der Vögel an deren Bedürfnisse angepasst worden. So sind Zeitungsanzeigen, in denen auf Körnerfutter umgestellte Loris zum Kauf angeboten wurden, zum Glück aus den Fachzeitschriften völlig verschwunden. Hofften die Verkäufer doch, dass Papageienliebhaber Loris eher kaufen würden, wenn sie nur mit Sonnenblumenkernen gefüttert werden müssten. Das Problem war nur, ein Organismus, der sich über einen sehr langen Zeitraum bestimmten Bedingungen angepasst hat, kann nicht innerhalb einer Generation oder in noch kürzerer Zeit so manipuliert werden, dass er plötzlich mit völlig anders gearteter Nahrung zurechtkommt. Diese Tiere konnten auf Dauer nicht gesund bleiben, und heutzutage hat sich zum Glück die Erkenntnis verbreitet, dass die meisten Loris nun mal bis auf wenige Ausnahmen nektar- und Pollen fressende Papageien sind. Da mittlerweile recht gute Futtermischungen für Loris entwickelt sind, stellt ihre Ernährung auch kein großes Problem mehr dar. Lediglich die dünnflüssigen Ausscheidungen dieser Tiere können noch ein Problem sein, wenn die Volieren nicht entsprechend eingerichtet und leicht zu säubern sind.

Als Grundfutter für Loris sollte ein Loribrei (siehe Kapitel Lorifutter, S. 94 f.) gereicht werden, da er den Bedürfnissen der Tiere am ehesten gerecht wird. Dieser muss täglich frisch mit warmem Wasser angerührt und in einer leicht zu reinigenden Schale den Tieren angeboten werden. Bei zu warmer Witterung im Hochsommer kann es leicht vorkommen, dass der Brei säuert. Ist dieses der Fall, muss der Brei sofort erneuert werden.

Etwas einfacher gestaltet sich das Anbieten des Trockenfutters für Loris. Dieses kann in einer sauberen Schale gereicht werden und verdirbt nicht so schnell wie der Loribrei. Allerdings benötigen die Loris bei der Verwendung von Trockenfutter ständig ausreichend frisches Wasser. Wenn sichergestellt werden kann, dass das Trockenfutter nicht stark verunreinigt wird, hat es den Vorteil, dass es nur einmal täglich gereicht werden muss. Nach Neff (1993) werden in Australien die einheimischen Loris von vielen Papageienhaltern nur noch mit Trockenfutter, Obst und Wasser versorgt. Allerdings gibt der selbe Autor an, einige andere Loriarten mit einem derartigen Futterangebot nicht über einen längeren Zeitraum in einem optimalen Gesundheitszustand gehalten haben zu können. Als sinnvoll dürfte vermutlich eine Mischung aus beidem sein, also kann zum Beispiel morgens ein Loribrei gereicht werden, der nachmittags durch einen Napf mit Trockenfutter ersetzt wird (Tiskens 1997). Diese Fütterungsmethode bringt noch weitere Vorteile. Jeder Züchter kann einmal in die Verlegenheit geraten, seine Tiere nicht wie gewohnt versorgen zu können. Hat er aber seine Loris an die Aufnahme von Trockenfutter gewöhnt, kann er diese auch in dringenden Fällen auch einmal nur morgens mit Trockenfutter füttern, ohne gleich befürchten zu müssen, dass das Futter am Abend verdorben sein könnte.

Sollen die Tiere an einen neuen Brei oder ein Trockenfutter gewöhnt werden, empfiehlt es sich, dieses über das Obst zu geben, damit die Loris sich langsam an den Geschmack gewöhnen können. Früchte jeglicher Art gehören ebenfalls unabdingbar zu den Futtermitteln, auf die nicht verzichtet werden darf. Hier sollte man auch keine Kompromisse eingehen, sondern die Vögel zu einer vielseitigen Ernährung zwingen, indem man zum Beispiel die ungeliebten Früchte mit dem Mixer zerkleinert und dem Loribrei zufügt. Nach und nach können dann die Oststückchen etwas größer ausfallen, bis sie schließlich von den Loris akzeptiert werden.

Aber nicht alle Loris sind ausschließlich Weichfresser, sondern viele naschen gern einmal am Körnerfutter oder ernähren sich auch überwiegend von diesen, wie zum Beispiel der Gualori (VOLKMAR 1995). Aus diesem Grunde muss vielen Loris ein Napf mit einer Körnermischung für Sittiche ständig zur Verfügung stehen. Einige Lorihalter geben auch gekochten Reis als Zugabe (NEUMANN & PATZWAHL 1992).

Ein weiterer Faktor, der von vielen Lorihaltern lange Zeit unterschätzt wurde, ist der Bedarf der Tiere an tierischen Eiweißen. Wer seinen Loris einmal Zweige mit Blattläusen in die Voliere gereicht hat, wird gesehen haben, wie schnell die meisten Loris über diese Blattläuse herfallen (BROCKNER 1994). Da Blattläuse oder andere gefangene Insekten aber nicht immer oder nur schwer zu beschaffen sind, kann auf Mehlwürmer, Fliegenmaden oder andere Futtertiere zurückgegriffen werden. Warnungen vor dem Verfüttern von Mehlwürmern sind zwar immer wieder zu hören, allerdings beziehen sich diese in der Regel auf den Verzehr der chitinhaltigen Hülle dieser Tiere. Diese wird jedoch von den Loris gar nicht mitgefressen, sondern die Tiere walken die Mehlwürmer regelrecht durch und lassen den Rest dann fallen. Besonders während der Brutzeit und der Jungenaufzucht sollte also animalische Kost zugefüttert werden.

Auch Zweige der verschiedenen Sträucher und Bäume werden von Loris gerne zerbissen. Ganz besonders mögen sie dabei Zweige mit Blüten daran, die sie sofort nach Nektar und Pollen absuchen. Besondere Freude scheint es vielen Loris zu bereiten, an Zweigen hängendes Obst wie Äpfel oder dergleichen zu fressen. Wer die Möglichkeit hat, sollte also auch Zweige mit reifem Obst in die Volieren stellen. Gleiches gilt für die reifen Früchte der Eberesche, des Feuerdorns und des Weißdorns. Die Versorgung der Loris mit diversen Mineralstoffen unterscheidet sich nicht von der anderer Papageien.

Die unterschiedlichen Vertreter der Fledermauspapageien (Gattung: *Loriculus*) müssen im Prinzip ähnlich wie die Loris ernährt werden. Das Futter sollte also sehr viele der Schnabelgröße dieser Tiere entsprechend zerkleinerte Früchte enthalten. Besonders Feigen werden gerne gefressen (SOMMER & SOMMER 1988). Ein täglich frisch zubereiteter Loribrei darf ebenfalls nicht fehlen. Aber auch Körnerfutter wird nicht abgewiesen und besonders zur Jungenaufzucht viel gefressen (LÖLFING 1993). Ein Gemisch aus Negersaat, Kanariensaat, Glanz, geschälten Hafer und Hirse eignet sich hierzu sehr gut. Grünfutter wird ebenfalls nicht von diesen kleinen Papageien verschmäht, ebenso sollten Zweige gereicht werden, die nicht nur zerbissen, sondern deren Rinde auch in die Nisthöhle eingetragen. LÖLFING beschreibt außerdem noch, dass sich die Tiere mit dem Saft der Rinde das Brust- und Rückengefieder einreiben.

Diese kleinen Papageien scheinen zudem noch einen sehr hohen Bedarf an tierischen Eiweißen zu haben. So gibt FERGENBAUER-KIMMEL (1985) an, dass ihre Frühlingspapageien die Jungen erst nach einer täglichen Gabe von 70-80 Mehlkäferlarven erfolgreich aufzogen.

Schwarzohrpapageien

Diese Art ist vermutlich eher selten in Privathaushalten anzutreffen

Papageienhaltung ohne Brutabsicht

Die Ernährung von Papageien, die nicht brüten sollen, muss natürlich ebenfalls so ausgerichtet sein, dass die Tiere alle Nähr- und Wirkstoffe erhalten, die sie benötigen, um über viele Jahre oder gar Jahrzehnte gesund zu bleiben. Da ihr Organismus aber durch das fehlende Brutgeschäft nicht so stark beansprucht wird, benötigen sie auch nicht immer eine den brütenden Papageien entsprechende Nahrung. Hier sind vor allem die tierischen Eiweiße zu nennen, die dem Organismus nicht so umfangreich zugeführt werden müssen. Animalische Kost sollte diesen Papageien zwar gelegentlich geboten werden, aber nicht ständig zum Futterangebot gehören.

Auch wenn diese Tiere praktisch keine Brutsaison kennen, sollte ihr Jahresrhythmus dennoch nicht gleichförmig gestaltet sein, sondern sich dem natürlichen Rhythmus anpassen. So gehaltene Papageien zeigen häufig eine bessere Vitalität als Tiere, die ständig unter gleichbleibenden Bedingungen gehalten werden. In der Praxis kann das Futter während unserer Wintermonate also nicht so vielfältig gestaltet und die Körnermischung trocken, also nicht gekeimt, angeboten werden. Mit zusätzlichen Vitamingaben sollte man ebenfalls sparen, solange die Tiere gesund sind und keine Mangelerscheinungen zeigen. Im Frühjahr kann das Körnerfutter dann wieder gekeimt oder gekocht gereicht und das Angebot an Früchten und Gemüsen sowie Grünfutter ebenfalls besonders vielfältig gestaltet werden. Während der Mauserzeit benötigen die Tiere eine optimale Versorgung mit Nähr- und Wirkstoffen, weshalb die Fütterung zu dieser Zeit besonders vielseitig sein muss. Die Mineralstoffe der unterschiedlichsten Art müssen dagegen wie bei den brütenden Papageien ständig angeboten werden

Die Fütterung von einzeln gehaltenen Papageien

Die Fütterung von einzeln gehaltenen Papageien sollte sich selbstverständlich im Prinzip nicht von der in einer Gruppe oder paarweise gehaltenen Papageien unterscheiden, da sie natürlich die gleichen Bedürfnisse haben. Aber gerade die Vögel, die als Einzeltiere in der Wohnung gehalten werden, bekommen leider nicht immer das Futter vorgesetzt, das sie eigentlich benötigen. Dies liegt zum einen an der Unwissenheit der Tierhalter, zum anderen aber auch an deren Bequemlichkeit, da es sich ja nicht lohnt, für einen Vogel einen größeren Aufwand zu betreiben. Sicherlich wird es sich bei diesen Haltern nur um eine kleine Minderheit handeln; weil es aber generell Probleme mit der Einzelhaltung und auch der Ernährung dieser Tiere geben kann, halte ich es für angebracht, näher auf sie einzugehen.

Der Organismus eines solchen Papageis stellt die gleichen Anforderungen an das Futter wie der von Zuchtvögeln. Somit können die Vögel grundsätzlich genauso gefüttert werden, wie es für die einzelnen Arten in den vorherigen Abschnitten beschrieben worden ist. Es gibt jedoch bei einzeln gehaltenen Papageien Besonderheiten, auf die ich hier kurz eingehen möchte.

Zum einen erscheint vielen Liebhabern eine vielseitige Fütterung zu umständlich und zeitaufwendig für einen einzelnen Papagei. Zum anderen schreckt gerade das Keimen der Sämereien oftmals ab, da ein Verpilzen des Futters befürchtet wird. Auch ist das Einbringen von morschem Holz und größeren Zweigen zum Benagen mit sehr viel Schmutz in der Wohnung verbunden und daher nicht jedermanns Sache. Die aufgeführten Punkte sind dann besonders von Bedeutung, wenn nicht alle Mitbewohner leidenschaftliche Papageienliebhaber sind und daher dagegen sind, dass die Wohnung verschmutzt wird.

Es ist aber durchaus möglich, Papageien über längere Zeit mit einem Grundfutter, bestehend aus trockenen Sämereien plus weiteren Zutaten, gesund zu erhalten. Hierzu sollte aber z.B. für Graupapageien der Körneranteil einer Tagesration 40-50 % nicht überschreiten. Einige Kakadus, die z.B. das australische Grasland besiedeln, können einen höheren Körneranteil erhalten, da sie sich auch in Freiheit häufig von diversen Sämereien ernähren. Die meisten Amazonen und Aras hingegen kommen vermutlich auch mit einem geringeren Körneranteil gut aus, da sie sich überwiegend von Früchten der verschiedenen Reifestadien ernähren und wohl kaum zu den Körnerfressern gezählt werden dürfen. Auch sollten nur wenig fettreiche Sämereien wie z.B. Sonnenblumenkerne und Nüsse verfüttert werden, da gerade diese bei den geringen körperlichen Aktivitäten vieler Stubenvögel leicht zur Verfettung führen können. Für besonders wichtig halte ich es, die Portionen so zu rationieren, dass der Vogel gezwungen wird, die meisten angebotenen Sämereien zu fressen. Gerade hier werden von vielen Liebhabern Fehler gemacht, da sie häufig zu viel füttern und die Tiere sich somit ihr Lieblingsfutter aussuchen können. Soll z.B. ein Anteil an Sonnenblumenkernen von 20 % verfüttert werden, wird aber doppelt so viel Körnerfutter angeboten, wie die Tiere wirklich fressen, beträgt für die meisten Papageien der tägliche Anteil an Sonnenblumenkernen mit Sicherheit 40 %, da nur die wenigsten Papageien die Sonnenblumenkerne verschmähen dürften. Dieses mag für einige Leser lächerlich klingen. Wer jedoch einmal ernsthaft die tatsächliche Futteraufnahme seiner Tiere überprüft, wird erstaunt sein, wie wenig sie fressen und wie viel Futter weggeworfen wird.

Ein wichtiger Bestandteil des Futters sollte aber auf jeden Fall aus Gemüse und Obst bestehen. Hier kann fast alles angeboten werden, was auch für den menschlichen Verzehr geeignet ist. Beim Gemüse verzichte ich lediglich auf gekauften grünen Salat, da er häufig in Gewächshäusern gezogen wird und einen hohen Nitratgehalt aufweist, sowie auf Blattkohl, da dieser leicht bläht. Ansonsten kann man von der Zwiebel über Knoblauch bis hin zu Erbsen und Bohnen wirklich alles füttern. Es spielt auch keine große Rolle, ob das Gemüse roh oder gekocht gereicht wird. Sofern nicht zu sehr gewürzt wurde, können durchaus Reste einer Mittagsmahlzeit verfüttert werden. So sind mir einige Zuchtbetriebe bekannt, in denen Mais, Erbsen, Bohnen und Reis in der Regel ebenfalls gekocht verfüttert werden. Auch Reste einer Fleischmahlzeit wie z.B. Kotelettknochen oder Hähnchenknochen stellen eine Bereicherung des Speiseplans dar und decken den Bedarf an tierischen Eiweißen, wobei hier vor einem Zuviel gewarnt werden muss. An Obst kann die gesamte verfügbare Palette verfüttert werden, wobei allerdings darauf geachtet werden sollte, dass es möglichst nicht mit Chemikalien behandelt worden ist, also aus Bioläden oder „ungespritzen" Privatgärten kommt. Dieses gilt übrigens auch für Gemüse, da ein Papageienorganismus aufgrund der geringen Masse vermutlich schneller auf Vergiftungen reagiert als ein menschlicher Körper. Interessant dürfte in diesem Zusammenhang noch sein, dass viele Papageien Obst in einem halbreifen Zustand bevorzugen. So werden von meinen Papageien z.B. Bananen lieber gefressen, wenn sie grün sind. Das Gleiche konnte ich bei halbreifen Kirschen und Äpfeln beobachten.

Erweitert werden kann der Speiseplan durch diverse Beeren und Früchte wie Hagebutten, Holunder, halbreifen Mais usw., die in der Natur gesammelt und dann eingefroren werden können. Da fast jeder Haushalt eine Tiefkühltruhe hat, stellt das Einfrieren für die meisten Papageienhalter mit nur einem Tier kaum ein Problem dar.

Graupapagei

Schokolade ist kein für Tiere geeignetes Genussmittel

Um einen Papagei auf Dauer gesund zu erhalten, muss die Versorgung mit Mineralstoffen und Spurenelementen gesichert sein. Hier kann man auf käufliche Mittel wie z.B. Korvimin zurückgreifen. Trotzdem sollten stets auch Zweige und frische Erde angeboten werden, die nicht nur eine Versorgung mit Spurenelementen komplettieren, sondern gleichzeitig dem Beschäftigungsdrang der Papageien gerecht werden. Die Zweige können in kurzen Stücken angeboten werden und verursachen so kaum Schmutz in der Wohnung.

Es bereitet also keine großen Schwierigkeiten, einen in der Wohnung gehaltenen Papagei gut zu ernähren. Doch leider treten häufig Probleme mit der Gesundheit auf, die auf eine unsachgemäße Ernährung zurückzuführen sind. Viele Menschen haben nämlich die Angewohnheit, ihre Lieblinge regelmäßig mit Leckerbissen zu versorgen. Hierbei werden nicht nur immer wieder Nüsse oder andere gerne gefressene, aber leider sehr fetthaltige Futtermittel angeboten, sondern einige Tierliebhaber greifen auch schon mal gelegentlich oder aber auch regelmäßig zu

Molukkenkakadu

Alkohol ist nichts für Tiere!

Chips, Salzstangen, gezuckerten Keksen, Schokolade und dergleichen. Selbst alkoholhaltige Getränke werden einigen Tieren regelmäßig angeboten. So wurde mir einmal von einem Papagei berichtet, der über drei Jahre täglich in den Genuss eines Glases Alkohols gekommen war. Um es ganz klar zu sagen: Derartige Genussmittel sind grundsätzlich nicht für Tiere geeignet.

Es wird seit vielen Jahren nicht mehr in Frage gestellt, dass sich die oben aufgeführten Genussmittel negativ auf die Gesundheit des Menschen auswirken können. Vergleicht man nun die Körpermasse eines Menschen mit der eines Papageis, wird jedem klar, dass ein bis zwei Stücke Schokolade und nur wenige Chips oder Salzstangen den Tagesbedarf an Kalorien eines Papageis decken können. Hat also das Naschen weniger Süßigkeiten für die Gesundheit der meisten Menschen nur geringe Bedeutung, kann es für Papageien auf Dauer katastrophale Folgen haben. Die so ernährten Tiere sind zwar oftmals gut im Futter (also zu fett), weisen aber häufig Mangelerscheinungen auf, da ihr Organismus nicht ausreichend mit den erforderlichen Vitaminen, Mineralien, Spurenelementen, Eiweißen und Ballaststoffen versorgt wird. Dieses hat zur Folge, dass der Allgemeinzustand der Tiere nicht optimal ist und diverse Krankheiten zum Ausbruch kommen können. So werden z.B. durch Vitamin-A-Mangel die Schleimhäute geschädigt, was in Verbindung mit zu geringer Luftfeuchtigkeit gerade in Wohnungen zu vermehrtem Auftreten von Aspergillose-Erkrankungen führen kann.

Als weiteres Beispiel soll hier noch kurz die Rachitis genannt werden, die Käfigvögel leichter befällt als Volierenvögel, da ohne direkte Sonnenbestrahlung im Organismus nicht ausreichend Vitamin D gebildet wird. Auch in diesem Fall fördert eine ausgewogene Ernährung (und Versorgung mit Vitamin D) die Gesundheit des Vogels. Alle weiteren Krankheiten an dieser Stelle aufzuführen, die durch Ernährungsmängel entstehen können, würde zu weit führen.

Besonders eingehen möchte ich noch auf alkoholhaltige Getränke. Nur wenige Tropfen Alkohol reichen aus, um einen Papagei in einen angetrunkenen Zustand zu versetzen. Ich habe lange darüber nachgedacht, warum man Papageien (oder anderen Tieren) Alkohol zu trinken geben sollte, konnte jedoch nicht einen einzigen Grund finden, der dieses rechtfertigen würde. Leider denken jedoch nicht alle Tierhalter so. Hinzu kommt noch die Vorliebe vieler Tiere für alkoholische Getränke, die sie dazu veranlasst, mehr davon aufzunehmen, als sie vertragen können. Geschieht dieses regelmäßig, sind körperliche Schäden nicht zu verhindern.

Die Beschäftigung der Papageien stellt gerade für den Halter eines Einzeltieres eine wichtige Aufgabe dar, da diese Tiere häufig allein in der Wohnung sind und in ihrem kleinen Käfig nur wenig Unterhaltung finden. In solchen Fällen ist es vorteilhaft, wenn sich die Tiere lange mit der Nahrungsaufnahme befassen müssen. Sie sollten also nicht mit Pellets oder ähnlichem Futter versorgt werden, mit dem sie sich in kürzester Zeit sattfressen können. Gelangweilte Papageien zeigen häufig Verhaltensanomalien wie Federrupfen oder Federfressen. Dieses trifft besonders für Graupapageien zu, die ich persönlich aufgrund ihrer Stressanfälligkeit und angeborenen Scheuheit für nicht besonders geeignet ansehe, sie einzeln in der Wohnung zu halten. Leider wird gerade der Graupapagei in der Literatur immer wieder als optimaler Hausgenosse dargestellt. Die hohe Rate an Rupfern oder gar an Todesfällen durch Herzversagen, ausgelöst in Stress-Situationen, beweisen das Gegenteil.

An dieser Stelle möchte ich darauf hinweisen, dass ich die Einzelhaltung von Papageien für eine wenig geeignete Art halte, den Bedürfnissen dieser Tiere gerecht zu werden. Sind diese auch noch häufig allein im Zimmer, halte ich es sogar für Tierquälerei. Wer kann, sollte sich für seinen Hausgenossen einen Partner suchen. In der Regel bleiben die Tiere trotz Partner dem Menschen gegenüber zahm, und ich kenne etliche in einer Wohnung gehaltene Paare, die munter sprechen und somit genauso reizend wie ein Einzeltier sind. Auch verursachen zwei Papageien nur unwesentlich mehr Schmutz als ein Einzelvogel.

Zur Unterstützung der Verdauungstätigkeit des Muskelmagens der Papageien sind kleine Steinchen wichtig. Hier bietet sich Grit für Tauben an, der allerdings nach Aussagen einiger Züchter zu scharfkantig für Papageien sein soll. Ich kann mir jedoch nicht vorstellen, dass dieser Grit Papageien schaden soll, die Organe der Tauben jedoch unbeschädigt lässt. Kleine Steinchen eignen sich ebenfalls hervorragend für die Unterstützung des Muskelmagens. Diese sind ebenfalls in Futtermittelhandlungen für Tauben zu erhalten. Sie sollten eine Korngröße von 1-3 mm haben und ständig angeboten werden, was leider von vielen Haltern überhaupt nicht gemacht wird.

Es ist also gar nicht so schwierig, im Haus gehaltene Papageien gut zu versorgen. Wichtig ist hierbei eine vielseitige und abwechslungsreiche Ernährung. Bedenken sollte dabei jedoch jeder Halter, dass eine ausgewogene Fütterung nicht alle Bedürfnisse abdeckt. Jeder Papagei braucht ausreichend Beschäftigung, Bewegung und vor allem auch Sonne (mit Ausweichmöglichkeit in den Schatten), Wind und Regen. Es sollte daher möglichst für Aufenthaltsmöglichkeiten im Freien gesorgt werden.

Zum Schluss möchte ich noch darauf hinweisen, dass gut ernährte Papageien auch bei einer Einzelhaltung in Brutstimmung kommen können. Da einzeln gehaltene Tiere aber nicht ihren natürlichen biologischen Bedürfnissen nachkommen können, kann dies zu Verhaltensanomalien wie z.B. Federrupfen oder vieles mehr führen.

Graupapagei

Da die Körpertemperatur aufgrund mangelnder Isolierung durch das Federkleid schlechter gehalten werden kann, müssen gerupfte Papageien eine ausgewogene Ernährung haben, um den Energieverlust ausgleichen zu können

Das Rupfen kann in der Regel bei vielen Papageien durch Hormongaben unterbunden werden, welche ein Erlöschen des Bruttriebes bewirken. Allerdings halte ich solche Eingriffe nicht für vertretbar, da dadurch das Verhalten des Tieres nicht mehr seinem natürlichen Rhythmus entsprechen kann. Ein Ausweg stellt hier die paarweise Haltung von Papageien dar, denen die Möglichkeit zur Fortpflanzung geboten wird.

Sonderfälle in der Ernährung der Papageien

1. Die Handaufzucht

Mit fortschreitenden Erfolgen in der Zucht der Papageien rückte auch die Handaufzucht der Jungtiere immer mehr in den Vordergrund, zum einen, weil einige Elterntiere ihre Jungen nicht eigenständig aufziehen wollten oder konnten, zum anderen aber auch, weil die handaufgezogenen Jungtiere besonders zahm und anhänglich sind. An dieser Stelle soll nicht näher auf den Sinn oder Unsinn von Handaufzuchten eingegangen werden, da sie aber, wie schon erwähnt, mittlerweile häufig praktiziert werden, soll kurz auf die Zusammensetzung des Futters und die Fütterungsmethoden eingegangen werden.

Die Zusammenstellung des Futters stellt in der heutigen Zeit kein allzu großes Problem mehr dar, da von unterschiedlichen Firmen entsprechende Aufzuchtfuttermittel für die verschiedenen Papageienarten angeboten werden. Dies war nicht immer so, sondern in der Pionierzeit der Papageienzucht mussten sich die Züchter das Aufzuchtfutter selber zusammenstellen, oftmals auch ohne auf eigene oder Erfahrungen anderer Personen zurückgreifen zu können. Selbstverständlich gelang die Aufzucht der Jungtiere unter diesen Umständen nicht immer, aber es wurde sozusagen Grundlagenforschung betrieben, auf der die Firmen dann ihre Fertigfuttermischungen aufbauen konnten (vergl. SOMMER 1983, ECKSTEIN 1989 und 1992, GOSSE 1989, SCHNEIDER 1990).

So habe auch ich vor vielen Jahren meine Mischungen selber zusammengestellt, und zwar aus Fertigbrei für Babys, verschiedenen gemahlenen Körnern und auch Zusätzen aus Joghurt und Trauben, besser noch Fruchtzuckern. Mit zunehmendem Alter der Jungtiere wurde dann der Anteil an gemahlenen Sonnenblumenkernen, zerkleinertem Obst und Gemüse erhöht, bis die Tiere schließlich eigenständig Futter aufnehmen konnten. Zwar verwende ich heute im Regelfall keine Babynahrung mehr, sondern greife auf fertiges Aufzuchtfutter zurück, doch mische ich bei etwas älteren Jungtieren immer noch geschrotete Körner wie zum Beispiel Sonnenblumenkerne oder Hirse dazu. Ebenfalls menge ich dem Futter noch zerkleinertes Obst verschiedener Sorten bei sowie zerkleinertes Grünzeug wie Vogelmiere, Löwenzahnblätter, aber auch Schnittlauch und Petersilie.

Wenn auch die meisten Jungtiere mit den entsprechenden käuflichen Aufzuchtfuttermitteln aufgezogen werden, kommt es doch immer wieder zu Problemfällen. Diese treten besonders häufig auf, wenn die Jungvögel vom Ei ab aufgezogen werden, also keinen Futterbrei von ihren Alttieren erhalten haben. Diese Tiere erhalten nicht die benötigten Verdauungsenzyme und Laktobazillen, die sie benötigen, um das Futter zu verdauen und eine intakte Darmflora aufzubauen. Die Enzyme und Laktobazillen müssen also dem Jungvogel mit der Fertigfuttermischung zugeführt werden, was nicht immer gelingt, da die Qualität des Angebotenen vermutlich nicht immer der entspricht, die erwartet wird. Wenn ein Jungvogel also in den ersten Tagen nicht wachsen will, sollte man dem Futter entsprechende Zusätze beimengen, die von einem Tierarzt oder aus der Apotheke bezogen werden können.

Als vor einigen Jahren derartige Zusätze noch weitestgehend unbekannt waren, wurde häufig menschlicher Speichel oder auch Kot der

Elterntiere mit in das Futter gemischt, was auch häufig zum Erfolg führte. Allerdings bergen diese Methoden eine große Gefahr: Sie übertragen nämlich eventuell vorhandene Krankheitserreger direkt auf die Jungtiere, die aber gerade in diesem Stadium besonders empfindlich darauf reagieren, da ihr Immunsystem noch nicht richtig aufgebaut ist. Besonders gefährlich für die Küken wurde es, wenn Kot anderer Papageien, der mit Krankheitserregern versetzt war, gereicht wurde. Um die Entwicklung der Darmflora beschleunigen zu können, sind spezielle Laktobazillen für Papageien entwickelt worden, die den Tieren direkt in den Kropf gegeben werden (GERLACH 1995). Diese Laktobazillen können über Tierärzte vom Institut für Geflügelkrankheiten in München bezogen werden. Gleiche, aber leider nur kurzzeitige Ergebnisse kann man auch mit Joghurt oder anderen Molkereiprodukten mit lebenden Kulturen erreichen; da diese aber von Säugetieren stammen, enthalten sie keine papageienspezifischen Laktobazillen und können sich somit auch nicht im Darm etablieren, sondern müssen immer wieder von außen zugeführt werden.

Die Jungvögel können aber nicht auf den Aufbau ihrer Darmflora warten, sondern müssen gleich in der Lage sein, Futter zu verdauen. Von großer Bedeutung sind daher, wie schon erwähnt, die Verdauungsenzyme, die das Futter enthalten muss. Sollte es also einmal nicht mit dem Wachstum eines Küken vorangehen, sollte das Aufzuchtfutter gewechselt werden, vielleicht ist die Zusammensetzung eines anderen Produktes für dieses Jungtier besser geeignet und fördert das Wachstum. Sollte ein Jungvogel in den ersten Tagen einmal überhaupt nicht wachsen wollen, kann man es eventuell mit dem Mittel Amynin (erhältlich beim Tierarzt) für einige Tage am Leben erhalten. Das Amynin kann auch unter die Haut gespritzt werden, was bei der Kleinheit der frisch geschlüpften Küken aber nicht einfach ist und nur von Fachleuten durchgeführt werden sollte.

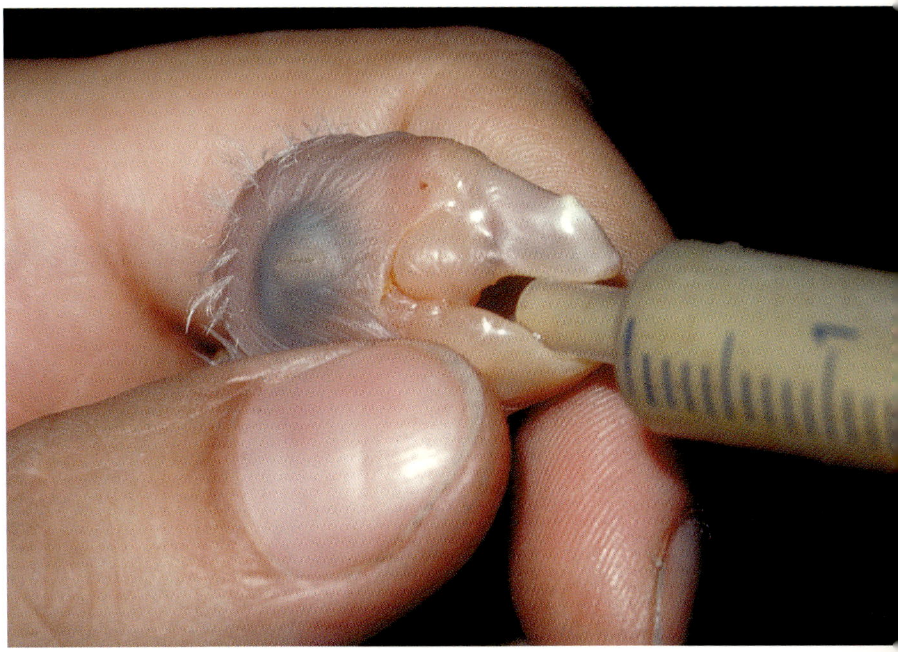

Hyazinthara

Das Küken wird mit der Spritze gefüttert

Zwei bis drei Wochen alten Jungtieren mische ich immer, wie schon beschrieben, geschrotete Körner bei. Besonders die großen Aras (Hyazintharas und Dunkelrote Aras) benötigen sehr fetthaltiges Futter. Diese Tiere wachsen nach meinen Erfahrungen einfach besser, wenn sie diese Zusätze bekommen. Außerdem halte ich es für besser, wenn auch die Mägen der kleinen Papageien mechanische Arbeit leisten müssen, wie sie es bei der Naturbrut auch tun müssen. Denn viele Altvögel füttern ihre Jungen schon in den ersten Tagen mit ganzen Sonnenblumenkernen, wie man problemlos durch die Kropfhaut erkennen kann. Aus diesem Grunde gebe ich auch nach zwei Wochen schon kleine Steinchen und Grit (ohne scharfe Kanten) mit in das Aufzuchtfutter.

Wesentlich einfacher ist die Aufzucht von Jungtieren, die schon über einen längeren Zeitraum von den Elterntieren gefüttert worden sind. Bei diesen konnte sich schon die Darmflora entwickeln, und sie erhielten auch die benötigten Verdauungsenzyme mit dem von den Eltern

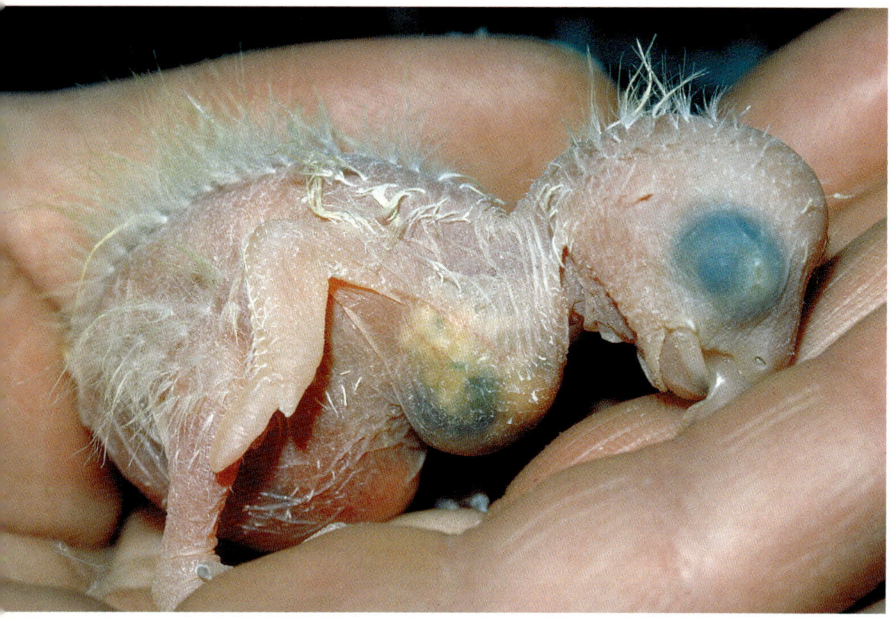

Goffin-Kakadu

Der Kropf ist gut sichtbar mit Körnern gefüllt

vorverdauten Futter. Besonders einfach ist die Aufzucht dieser Jungvögel, wenn sie zu der Zeit des Öffnens der Augen aus dem Nest genommen werden.

Trotz aller Fortschritte bei der Handaufzucht gibt es aber immer noch Probleme, die leider häufig von den Züchtern (aus welchen Gründen auch immer) verschwiegen werden. Dennoch kann der Züchter heute mit dem handelsüblichen Aufzuchtfutter und eventuell einigen kleinen Zusätzen seine Jungtiere gut aufziehen. Sollte es dennoch einmal zu Problemen kommen, kann durchaus auch auf ein Präparat aus der Riege der Babybreie zurückgegriffen werden, und zwar auf das HN 25 von Milupa für laktoseempfindliche Kleinkinder. Mit diesem konnte in kritischen Situationen auch schon mal das Leben eines Kükens gerettet werden.

So viel zum Futter, nun ein paar Sätze zur Fütterungsmethode, da diese ebenfalls entscheidend für den Aufzuchterfolg ist (vgl. LOW 1990, VOREN & JORDAN 1992, BROCKNER 1997). Das Aufzuchtfutter sollte immer leicht erwärmt (circa 37 °C) verabreicht werden. Dazu wird die Schale mit dem Aufzuchtbrei am besten in einem Wasserbad entsprechend der Anleitung des jeweiligen Aufzuchtfutters erhitzt. Häufig wird auch die Mikrowelle dazu benutzt, doch kommt es dabei immer wieder zu schwerwiegenden Verletzungen der Tiere, da der Brei unterschiedlich temperiert sein kann. So kann er in den Außenbereichen des Gefäßes schon auf die entsprechende Temperatur abgekühlt, im Inneren aber noch sehr heiß sein. Wird dieses heiße Futter nun verfüttert, kann es zu Verbrennungen im Kropf führen, die oftmals tödlich enden (DÜHR 1994). Und dieses Missgeschick passiert auch denen, die es nicht für möglich halten. Daher ist es besser, die Mikrowelle beiseite zu stellen.

Der Futterbrei sollte in den ersten Tagen recht dünnflüssig sein und möglichst im zwei Stundenrhythmus verabreicht werden. Überdehnungen des Kropfes sind zu vermeiden, daher sollte nicht unbedingt so viel gefüttert werden, wie das Küken fressen würde. Im Normalfall (bei gesunden Küken) benötigen die Jungen morgens um sechs Uhr die erste Portion, abends um 24 Uhr die letzte. Nachts muss also nicht unbedingt gefüttert werden, es sein denn, das Küken ist extrem klein oder hat Verdauungsprobleme, die ein häufigeres Füttern mit wenig dünnem Brei erforderlich machen. Mit zunehmendem Alter kann der Brei dickflüssiger und die Fütterungsintervalle größer werden, so dass kurz vor dem Selbständigwerden der Jungen eine ein- bis zweimalige Gabe von Futter pro Tag reicht. Treten Verdauungsprobleme auf, müssen diese ernst genommen werden. Häufig hilft schon die Verwendung von Kümmeltee anstelle des Wassers, um die Verdauung wieder zu normalisieren. Im Regelfall stellt die Handaufzucht aber keine großen Probleme mehr dar. Man sollte jedoch darauf achten, dass sich der Kropf mindestens einmal täglich ganz oder zumindest fast ganz leert, um ein Verderben der Futterreste im Kropf zu verhindern. Es wird immer noch von einigen „Fachleuten" davor gewarnt, die Jungen zu füttern, wenn sie noch einen gefüllten Kropf haben, da es die Gesundheit stark beeinträchtigen könne. Nach meinen langjährigen Erfahrungen sind derartige Vorsichtsmaßnahmen aber überflüssig, wenn sich der Kropf wenigstens einmal täglich entleert. Dadurch wird der Pfleger unabhängiger von den Jungtieren und muss nicht immer so lange auf die nächste Fütterung warten.

Wie soll den Jungen das Futter nun verabreicht werden? Ich habe eigentlich alle Methoden, wie zum Beispiel das Füttern mit dem Löffel oder der Kropfkanüle, ausprobiert und komme immer wieder auf die Methode mit der Spritze zurück. Dazu verwende ich eine Spritze, deren Größe entsprechend dem Vogelschnabel gewählt wird, und drücke dem Jungen, dessen Kopf ich zwischen den Fingern fixiere, immer nur etwas Brei in den Schnabel. Dieser schluckt den Brei dann selbständig. Die Verwendung einer Kropfkanüle halte ich für problematisch, da die Kanülen bei gröberem Brei leicht verstopfen und, was noch schlimmer ist, die Kanüle selber, wenn sie aus Gummi besteht, abrutschen und verschluckt werden kann. Das Füttern mit dem Löffel gebe ich ebenfalls meistens wieder auf, da dieser selbst bei hochgebogenen Kanten häufig zu breit für den Schnabel ist und das vorbeilaufende Futter den Jungvogel verschmutzt. Da aber Sauberkeit für das Wohlergehen der Jungen von großer Bedeutung ist, verwende ich eigentlich immer eine Spritze.

Kurz vor dem Selbständigwerden können den Jungvögeln schon Futterteile wie zum Beispiel halbreifer Mais, geschälte Sonnenblumenkerne oder auch Obst in Stücken in den Aufzuchtbehälter gestellt werden. Dadurch lernen die Jungen spielerisch mit dem Futter umzugehen und eigenständig Futter aufzunehmen.

Die Temperatur im Aufzuchtbehälter ist natürlich ebenfalls von großer Bedeutung für die Verdauung. Sie sollte langsam von der Temperatur beim Schlüpfen auf zuletzt 20-22 °C gesenkt werden. Genaue Temperaturangaben kann man sehr schlecht machen, da diese zum Beispiel von der Anzahl der Jungen und dem gesamten Umfeld abhängen. Die Jungen sollten immer gut beobachtet werden, denn überhitzte Junge sind unruhig und schnappen oft nach Luft. Unterkühlte Küken sind lethargisch, sitzen eng beieinander und fühlen sich kalt an. Nur bei einer optimalen Temperatur können die Jungen normal verdauen und sich entsprechend entwickeln.

Um die Entwicklung der Jungen genau verfolgen zu können, empfiehlt sich ein tägliches Wiegen vor der ersten Fütterung, also mit leerem Kropf. Werden diese Daten immer notiert, kann sich jeder Züchter für seinen Jungen eine Entwicklungskurve erstellen und bei nachfolgenden Bruten sehr schnell Unstimmigkeiten erkennen. Selbstverständlich spielen Infektionen auch eine große Rolle bei der Entwicklung der Jungen, doch soll darauf an dieser Stelle nicht näher eingegangen werden.

2. Ernährungsbedingte Erkrankungen

Wie jedes andere Lebewesen auch, kann ein Papagei auf Dauer nur gesund bleiben, wenn er sich optimal ernährt. Eine gesunde Ernährung ist also die Grundvoraussetzung für eine artgerechte Papageienhaltung. Leider werden aber immer noch Fehler bei der Futterauswahl gemacht, wie der schlechte Allgemeinzustand einiger Papageien deutlich demonstriert. Allerdings habe ich in den letzten Jahren den Eindruck gewonnen, dass immer mehr Papageienhalter sich intensiver informieren und ihre Tiere besser versorgen oder sich zumindest darum bemühen. Es besteht aber immer noch Aufklärungsbedarf, da einige Halter gar nicht erkennen, dass das von ihnen angebotene Futter nicht den Bedürfnissen ihrer Tiere entspricht. Sie lassen sich von dem Grundsatz leiten, die Vögel würden schon wissen, was gut für sie sei, und wählen dementsprechend das

Futter aus. Dieses ist natürlich nicht so, wie die Praxis gezeigt hat.

Woran kann der Papageienhalter erkennen, dass seine Vögel falsch gefüttert werden? Diese Frage ist eigentlich gar nicht so schwer zu beantworten. Ein Papagei, egal von welcher Art, sollte ein lebhaftes Verhalten zeigen und nicht den ganzen Tag apathisch in einer Ecke hocken. Zudem sollte er ein glattes, glänzendes Gefieder haben, was besonders wichtig ist. Ein stumpfes Gefieder deutet auf eine nicht optimale Ernährung hin. Allerdings müssen die Tiere auch regelmäßig die Möglichkeit zum Baden oder Duschen haben, um ein richtig glänzendes Gefieder zu erhalten. Aber nicht nur der Glanz, sondern auch die Struktur der Federn ist von Bedeutung. Diese muss richtig ausgebildet sein und darf keine fehlerhaften Stellen aufweisen. Wird der Papagei nämlich schlecht ernährt, während sich die Feder bildet, entstehen so genannte Stress-Streifen, die sich quer durch die Feder ziehen. Hervorgerufen werden diese Streifen durch einen Mangel an den benötigten Substanzen während der Federbildung. Sehen die Federn also nicht so aus, wie sie eigentlich aussehen sollten, ist unbedingt die Ernährung der Tiere zu untersuchen und ein Tierarztbesuch angebracht, um eventuell vorliegende Krankheiten zu erkennen.

Gelegentlich kommt es vor, dass die Papageien zwar ein verhältnismäßig gutes Gefieder haben, dieses Gefieder aber an einigen Stellen Färbungen aufweist, die als nicht normal angesehen werden müssen. So haben zum Beispiel Graupapageien rote bis rötlich-weiße Federn, Amazonen, Aras und viele andere Papageien mit einem grünen Grundgefieder gelbe Bereiche. Einige grüne Papageien können dagegen auch rote Fehlfärbungen aufweisen, wie zum Beispiel die Agaporniden (Brockmann 1978 und 1979, Grosse 1978, Peters 1978). Weibliche Edelpapageien mit einem rötlichen Grundgefieder können gelbe bis rötliche Fehlfärbungen aufweisen. Auch beim Nymphensittich (*Nymphicus hollandicus*) kommen gelegentlich orangefarbene Flecken, ähnlich der Farbe der Wangenflecken, vor (Radke 1998), die aber, wie ich selber an einem Tier feststellen konnte, nach der Optimierung des Futters mit der nächsten Mauser verschwinden (siehe auch S. 15). Diese Verfärbungen sind in den meisten Fällen nicht stabil, da sie immer mal wieder an anderen Federn auftreten und normalerweise nach einer Futterumstellung ganz verschwinden.

R. Low (1983) berichtet, dass in Südamerika junge Papageien von den Eingeborenen während der Aufzucht mit Fischtran gefüttert wurden und diese dann gelbe oder rote Gefiederpartien aufwiesen. Lange Zeit wurde für derartige Farbabweichungen ein Leberschaden verantwortlich gemacht, der bei Untersuchungen aber häufig nicht nachgewiesen werden konnte. Heute wird allerdings immer häufiger ein Mangel an bestimmten Aminosäuren als Auslöser betrachtet. Hierfür spricht meiner Meinung nach auch die Wiederherstellung der normalen Gefiederfarbe nach einer Optimierung der Ernährung.

Es könnte aber noch eine weitere Ursache für die Umfärbung geben. So kommt es bei den Graupapageien sehr häufig zum Rupfen, und zwar ganz besonders bei den Weibchen. Diese sind nur selten wieder vom Rupfen abzuhalten, während die rupfenden Männchen leichter zu bewegen sind, das Rupfen einzustellen. Bei den Tieren, die praktisch zum Dauerrupfer werden, handelt es sich also meistens um Weibchen, die möglicherweise aufgrund von Hormonstörungen zum Rupfer werden. Diese so genannten Dauerrupfer bilden immer wieder rote oder auch rotweiße Federn aus, die allerdings meistens nur kurz am Körper zu sehen sind, weil sie stets gezogen werden. Seltsamerweise werden diese roten Federn überwiegend an den Körperstellen gebildet, an denen ständig die Federn gerupft werden. Es könnte daher gut sein, dass es einen Zusammenhang zwischen möglichen Hormonstörungen und der Bildung von roten Federn gibt.

Papageien mit Veränderungen der Gefiederfarbe stellen aber auf jeden Fall keine Mutation und somit Rarität dar, als welche sie in der Vergangenheit häufig zu einem völlig überhöhten Preis angeboten wurden, sondern sie sind einfach schlecht ernährt worden oder krank. Also sollte man die Finger von derartigen Tieren lassen.

Leider sind dem Papagei aber nicht alle Mangelzustände auf Anhieb anzusehen. Geschwächte Papageien bieten jedoch so genannten Schwächeparasiten wie den unterschiedlichen Pilzsporen, Bakterien, Viren und auch Würmern aufgrund des geschwächten Immunsystems Angriffsmöglichkeiten. Dieses gilt besonders für viele Pilzsporen wie die Aspergilluserreger. Diese sind überall in der Umwelt zu finden und können sich besonders gut in den geschädigten Schleimhäuten der Atemwege unserer Papageien einnisten. Die Schleimhäute können bei Mangel des Vitamin A sehr schnell geschädigt werden, was leider durch eine zu geringe Luftfeuchtigkeit in vielen Wohnungen noch verstärkt wird. Da die Pilzsporen aber, wie schon erwähnt, überall in unserer Umwelt auch in größeren Konzentrationen anzutreffen sind, macht es meiner Meinung nach nur wenig Sinn, das Umfeld der Tiere frei von Pilzsporen zu halten, wie es immer wieder gefordert wird. Besser ist es, das Immunsystem der Papageien durch gute Ernährung und gute Unterbringung so zu stärken, dass den Sporen keine Angriffsflächen geboten werden. Dies bedeutet natürlich nicht, dass ich die Fütterung mit zum Beispiel von Pilzen besiedelten Nüssen befürworten würde. Da diese Pilze Giftstoffe (Mykotoxine) abgeben, kann die Gesundheit der Vögel dadurch direkt angegriffen werden. Allerdings halte ich die Warnung vor einem Füttern von Nüssen häufig für stark übertrieben, denn nur ein Immunsystem, das immer mal wieder gefordert wird, ist in der Lage, Angreifer abzuwehren. Verhindere ich gelegentliche Kontakte mit diesen Krankheitserregern, schwäche ich auch das Immunsystem. Ähnliches gilt übrigens auch in Bezug auf Viren und Bakterien. Nur ein intaktes Immunsystem kann also wirklich Krankheiten verhindern, und das ist nur mittels einer langfristigen guten Ernährung und Unterbringung zu erreichen.

Gelbbrustara

Die Farbveränderung des Gefieders lässt sich auf eine falsche Ernährung zurückführen

Wenn auch die richtige Versorgung mit allen Vitaminen von großer Wichtigkeit ist, sollen an dieser Stelle doch zwei besonders hervorgehoben werden, nämlich die Vitamine A und D. Besonders ein Vitamin-A-Mangel (Hypovitaminose) kann sich, wie bereits erwähnt, stark bemerkbar machen. Es dient besonders dem Schutz der Schleimhäute, und ein Mangel kann besonders beim Graupapagei an Veränderungen im Nasen-, Rachen- und Augenbereich erkannt werden. So können sich in diesen Bereichen die Zellen der Speichel- und Tränendrüsen verändern und gut sichtbar anschwellen (DÜHR 1993). Treten solche äußeren Anzeichen auf, ist natürlich höchste Eile geboten, um das Leben des Tieres nicht aufs Spiel zu setzen.

Ein weiteres, in seiner Wirkung oft unterschätztes Vitamin stellt das Vitamin D dar, welches vom Vogel unter dem Einfluss des Sonnenlichts in das

Rotohraras

Die abweichende Färbung der Bauchfedern kann ein Zeichen einer mangelhaften Ernährung und gesundheitlichen Störung sein

benötigte Vitamin D_3 umgewandelt wird. Ein Vitamin-D_3-Mangel zieht häufig bei Jungtieren eine Rachitis nach sich und kann bei Alttieren zur Osteomalazie führen, da häufig gleichzeitig ein Kalzium-Mangel zu verzeichnen ist, oder aber der Mangel an Vitamin D_3 den Kalziumstoffwechsel behindert oder blockiert. Besonders die Jungen der Graupapageien leiden häufig an einer Rachitis, was sich durch Deformierungen am Skelett (besonders an den Beinen) und Knochenbrüche schon im Nistkasten zu erkennen gibt. Dieses tritt besonders bei Tieren auf, die im Haus gehalten werden, also keine Möglichkeit haben, sich an der Sonne aufzuhalten. Wer also Papageien und hier besonders Graupapageien im Haus züchtet, sollte auf jeden Fall die Vitamin-D_3-Versorgung seiner Tiere optimieren. Allerdings muss auch gleichzeitig vor einer Überdosierung gewarnt werden, da dieses zu Kalziumablagerungen an den Organen, Knochen und am Skelett führen kann.

Aber nicht nur die fettlöslichen Vitamine wie das Vitamin D können im Übermaß verabreicht werden, sondern auch andere Substanzen, wie zum Beispiel die energetisch hochwertigen Futtermittel, können im Überfluss gereicht werden, was schnell zu einer Verfettung vieler Papageien führen kann. Dieses ist leicht durch ein Betasten der Brustmuskulatur zu erkennen. Weitere Folgen können die Bildung von Fettgeschwulsten (Lipomen), Veränderungen am Skelett und den Gliedmaßen, aber auch eine mögliche Unfruchtbarkeit und Legenot der Tiere sein. Verfettete Papageien müssen daher streng auf Diät gesetzt werden.

Es sind noch viele Erkrankungen zu verzeichnen, die auf eine unzureichende Ernährung zurückzuführen sind, auf die aber an dieser Stelle nicht näher eingegangen werden soll, da sie den Rahmen dieses Buches sprengen würden.

3. Die Ernährung kranker Papageien

Wer einen größeren Bestand an Papageien sein eigen nennt, wird auch immer mal wieder einen kranken Vogel zu pflegen haben. In Abhängigkeit von der Erkrankung wird dieser Papagei unter Umständen anders zu ernähren sein als ein gesunder. Allerdings habe ich die Feststellung gemacht, dass die Fütterung nach Möglichkeit nicht umgestellt werden sollte, solange der Vogel ausreichend frisst und das Futter auch verdauen kann. Eine Futterumstellung kann durchaus eine zusätzliche Belastung für den Vogelorganismus bedeuten, die das Tier weiter schwächen könnte. Erst wenn der Vogel nicht mehr ausreichend verdaut, sollte ein Futterbrei, bestehend aus eingeweichten Pellets und eventuell mit etwas Joghurt (mit lebenden Kulturen) angereichert, angeboten werden. Als sehr wirkungsvoll hat sich bei mir auch das Untermischen einer zerdrückten Banane erwiesen. Das Trinkwasser kann durch Tee wie zum Beispiel Fenchel-, Kümmel- oder auch andere verdauungsfördernde Tees ersetzt werden.

Nach einer Behandlung mit Antibiotika ist es unbedingt erforderlich, die Darmflora wieder aufzubauen, da diese in der Regel von den Medikamenten geschädigt wird. Hierfür werden spezielle Laktobazillen angeboten, die den gesamten Darm innerhalb kurzer Zeit neu besiedeln. Ich habe, wie schon erwähnt, auch gute Erfahrung mit Joghurt gemacht, dessen Bakterienkulturen ebenfalls die Darmflora stabilisieren, wenn auch nur vorübergehend. Wird der erkrankte Vogel dann wieder zu seinem Partner oder Partnern gesetzt, nimmt er in den meisten Fällen die von den anderen Tieren ausgeschiedenen Laktobazillen (entweder durch Partnerfüttern oder über den Kot) auf und es kann sich eine papageienspezifische Darmflora bilden.

Besonderes Augenmerk muss auf Tiere gerichtet werden, die eine Erkrankung im Magen-Darm-Bereich haben, da bei diesen natürlich die Verdauung nicht optimal ablaufen kann. Wird eine derartige Erkrankung festgestellt, sollte man sofort einen Tierarzt konsultieren und den Vogel nach seinen Anweisungen ernähren. Eine der häufigeren Erkrankungen in diesem Bereich dürfte wohl der Befall mit diversen Pilzen sein (TRINKHAUS 1992, DÜHR 1993), die eine normale Verdauung behindern. Besonders wenn der Drüsenmagen von Pilzen wie zum Beispiel Candida befallen ist, kann es zu Störungen kommen, die sich durch das Ausscheiden von unverdauten Körnern bemerkbar machen. Aber auch eine andere gefährliche Erkrankung, die so genannte Neurogene Drüsenmagendilatation (Drüsenmagenerweiterung) (GEPPERT 1985, GERLACH, H. 1987, GERLACH, S. 1990, DÜHR 1994) ist häufig für unverdaute Körner im Kot verantwortlich. Wenn die Körner unverdaut ausgeschieden werden, können deren Inhaltsstoffe natürlich nicht vom Vogel aufgenommen werden, und das Abmagern dieser Tiere ist die Folge. Hier kann das Anbieten von Pelletfutter Abhilfe schaffen, da dieses nicht mechanisch zerkleinert werden muss und vom Organismus verdaut werden kann. Im Falle einer Pilzinfektion kann nach ihrer Behandlung das Futter dann wieder langsam umgestellt werden. Leidet ein Papagei jedoch an einer Drüsenmagenerweiterung, muss er bis zu seinem Tod mit Pellets oder anderem Weichfutter ernährt werden, denn bislang gibt es noch kein Mittel gegen die Krankheit und somit auch keine Heilung für betroffene Papageien.

Gelbbrustara mit Schnabelfehler

Bei derartigen Missbildungen, die eine normale Futteraufnahme unmöglich machen, muss darauf geachtet werden, dass die Vögel genügend Futter zu sich nehmen

Einen erhöhten Futterbedarf können Papageien haben, wenn sie unter Wurmbefall leiden. Diese Würmer nisten sich im Darmtrakt ein und ernähren sich von dem Futter der Papageien. Selbstverständlich sollten diese Würmer, sobald sie diagnostiziert worden sind, bekämpft werden, da der Vogel unter ihrem Befall leiden und sogar sterben kann (LANDELIUS et al. 1978). Bei Papageien, die sich häufig auf dem Boden aufhalten, ist eine prophylaktische Wurmbehandlung sinnvoll.

Hiermit soll der Exkurs in die Welt der Papageienkrankheiten beendet sein, da er sonst den Rahmen dieses Buches sprengen würde. Wer tiefer in die Materie eindringen möchte, sei auf die entsprechend Fachliteratur verwiesen. Auf jeden Fall sollte im Falle einer Erkrankung eines Papageis immer ein Fachmann zurate gezogen werden.

4. Die Zwangsernährung

Leider erkrankt gelegentlich ein Papagei und muss medizinisch behandelt werden, und im fortgeschrittenen Krankheitsverlauf kommt es immer mal wieder zur Verweigerung der Nahrungsaufnahme. Diesen Tieren kann oftmals nur durch eine Zwangsernährung geholfen werden. Hierbei sollte man dem erkrankten Vogel das Futter nicht etwa in den Schnabel geben oder gar in den Rachen schieben, sondern einen Futterbrei mittels einer Kropfsonde direkt in den Kropf befördern. Schon hier sollte klar werden, dass derartige Fütterungen in den Kropf nur von einem Tierarzt oder einem versierten Papageienhalter durchgeführt werden dürfen. Zu leicht kann nämlich die Kanüle anstatt in die Speiseröhre in die Luftröhre geschoben werden und der Vogel würde nach dem Einfüllen des Futterbreis ersticken. Die Kanüle ist im Normalfall durch die Haut im Kropf zu erfühlen. Erst wenn man sich ganz sicher ist, dass die Kanüle den Kropf erreicht hat, sollte das Futter hineingespritzt werden. Aber auch für einen Fachmann stellt diese Fütterungsmethode immer ein Risiko dar, da sich die meisten Papageien gegen die Zwangsernährung zur Wehr setzen.

Für solche Fälle sollte man als Futter einen leicht verdaulichen Brei verwenden. Früher musste man dabei auf Hausrezepte wie zum Beispiel Babybrei setzen, da es keine fertigen Futtermittel zu kaufen gab. Heute sollten dagegen eingeweichte und mit Flüssigkeit zu einem Brei verrührte Pellets für Papageien Verwendung finden. Als Flüssigkeit nimmt man am besten Wasser oder auch einen verdauungsfördernden Tee.

Auch wenn immer wieder einige Tierärzte davor warnen, hat es sich bei mir bewährt, dem Brei Joghurt zuzusetzen. Hierbei sollte reiner Joghurt mit aktiven Bakterienkulturen verwendet werden, der gleichzeitig die Verdauung unterstützt. Der Joghurt bewirkt meiner Meinung nach eine schnellere Regeneration der Darmflora.

Es sollten aber immer nur wenige Milliliter (abhängig von der Größe des Papageis) eingegeben werden, um nicht zusätzlich noch Verdauungsprobleme durch eine Überfütterung hervorzurufen. Leert sich der Kropf nicht von alleine, muss dieses von einem Fachmann gemacht werden, da ansonsten das zersetzende Futter die Gesundheit des Vogels noch weiter beeinträchtigen würde.

Eine andere Möglichkeit der Ernährung ist das Verabreichen von so genannten Futterpasten, welche normalerweise für Säugetiere wie Hunde gedacht sind. Diese Futterpasten können bei einem Tierarzt erworben werden und stellen für kurze Zeit ein leicht verdauliches Ersatzfutter dar. Ähnliches gilt für ein Medikament namens Boviserin (natives Rinderserum). Mit diesem Mittel ist es mir ebenfalls schon gelungen, das Leben von Papageien zu retten, da sie damit einige Tage ernährt werden können. Selbstverständlich bedarf es bei einem Einsatz dieser Mittel peinlichster Sauberkeit, da sie sehr schnell verderben können und dem Tier dann nur schaden würden.

Selbstverständlich kann man auch eine Trauben- oder Fruchtzuckerlösung verwenden, wie dieses früher häufig geschehen ist, doch enthalten diese eben nur Zucker, der Vogelorganismus benötigt aber gerade in Stress-Situationen mehr als nur Zucker. Es gibt noch weitere Präparate, mit denen man einen erkrankten Vogel kurzfristig am Leben erhalten kann, doch sollte vor ihrer Verabreichung ebenfalls zuerst ein Tierarzt konsultiert werden.

Zum Schluss muss noch erwähnt werden, dass viele erkrankte Papageien zwar oftmals am Futternapf sitzen und mit dem Schnabel (meistens lustlos) im Futter herumwühlen, aber häufig dabei keine Nahrung mehr aufnehmen. Deshalb müssen kranke Papageien gut beobachtet und öfter einmal in die Hand genommen werden, um zu fühlen, ob sie abgemagert sind.

5. Übergewichtige Papageien

Für die Bildung von Fettgeschwulsten (Lipome) bei Papageien wie zum Beispiel dem Rosakakadu oder aber auch dem Wellensittich sind hauptsächlich zwei Faktoren verantwortlich: falsche Ernährung und Bewegungsmangel. Daher bilden sich derartige Lipome häufig bei Papageien, die in kleinen Käfigen gehalten und überwiegend mit fetthaltigem Körnerfutter gefüttert werden. Die Tiere nehmen also ständig energetisch sehr hochwertiges Futter auf und haben keine Möglichkeit, die aufgenommene Energie durch Bewegung wieder abzubauen. Diese wird dann in Fett umgewandelt und in den so genannten Depots (Fettpolstern) im Körper gespeichert. Die dadurch entstehende Verfettung kann sehr leicht festgestellt werden, indem man die Tiere in die Hand nimmt und die Brust vorsichtig mit den Fingern abtastet. Ist der Vogel in einem optimalen Ernährungszustand, kann man das Brustbein, aber auch die längs des Brustbeins liegenden wohlgerundeten Flugmuskeln fühlen. Abgemagerte Vögel haben dagegen nur schlecht ausgebildete Flugmuskeln und das Brustbein tritt stark, manchmal sogar regelrecht spitz hervor. Bei einem übergewichtigen Tier ist das Brustbein dagegen kaum zu erfühlen, da es in Fettgewebe eingelagert ist (siehe nebenstehende Abbildung).

Leider ist in einigen Fällen nicht nur eine Verfettung des Vogels festzustellen, sondern es bilden sich auch noch Lipome (Fettgeschwulste), meistens an Bauch und Brust. Diese Lipome können wie ein aufgeblasener Ballon aussehen und einen Durchmesser von bis zu 2 cm erreichen. Leider bleibt es nicht bei der Verfettung und Lipombildung, es konnten auch oftmals eine Fettleber, Gelenksveränderungen und Unfruchtbarkeit festgestellt werden.

Verfettete Papageien sind also nicht nur keine Schönheit, sondern ihre Gesundheit ist auch akut gefährdet. Aus diesem Grunde muss sich im Umfeld dieser Tiere schnell etwas ändern. Ein erster Schritt sollte eine Umstellung der Ernährung sein. Hier gilt es, abwechslungsreicher zu füttern und den Anteil des Grün- und Obstfutters zu erhöhen. Hilft auch dieses nicht, müssen die Tiere auf Diät gesetzt werden, was in diesem Fall eine Rationierung des angebotenen Futters bedeutet.

Dummerweise gibt es gerade unter den Papageien, ganz besonders aber bei den Wellensittichen, immer wieder so genannte „Dauerfresser", also Tiere, die wesentlich mehr Futter zu sich nehmen, als sie eigentlich benötigen, und ständig am Futternapf beobachtet werden können. Aus diesem Grunde ist es sinnvoll, diesen Vögeln das Futter nicht den ganzen Tag über anzubieten, sondern sie morgens fressen zu lassen, dann das Futter herauszunehmen und nachmittags wieder für einige Stunden anzubieten. Natürlich darf das Futter nicht nur aus energiereichen Sämereien bestehen, sondern sollte Grünfutter, Obst und Gemüse enthalten.

Ein Problem stellt meiner Meinung nach immer die Fütterung einer Vogelgruppe in einer Ge-

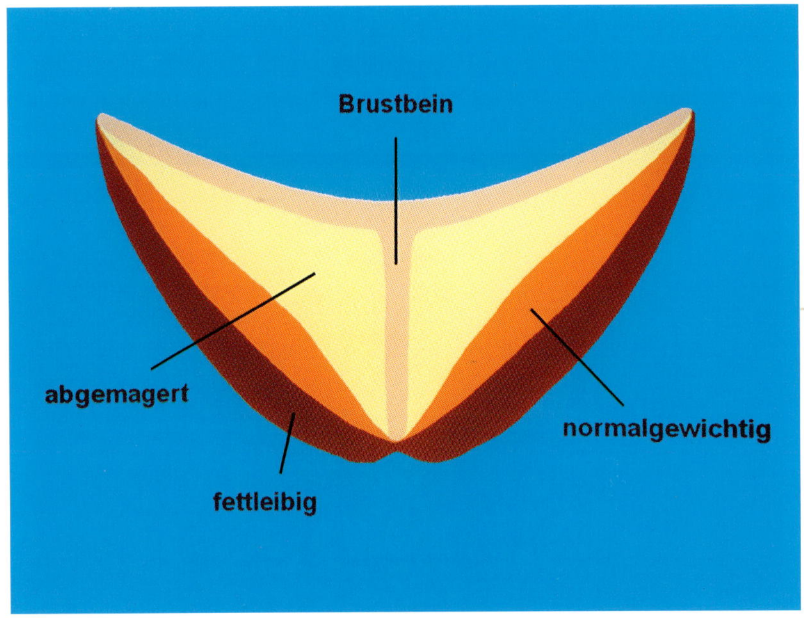

Schematische Abbildung von Brustbein und -muskulatur

Bei einem normalgewichtigen Papagei kann man das Brustbein ertasten, und die Brustmuskulatur ist leicht nach außen gewölbt

meinschaftsvoliere dar. In der Regel wird in solchen Volieren zu viel Futter angeboten, und bestimmte Tiere können sich das heraussuchen, was sie gerne möchten und nicht das, was sie fressen sollten. Häufig können die „Dauerfresser" regelmäßig am Futternapf beobachtet werden. Falls die Fütterung der gesamten Gruppe sich nicht umstellen lässt, müssen die zu fetten Tiere herausgenommen und in einer anderen Voliere zum Abspecken gezwungen werden. Leider ist damit das Problem noch nicht endgültig gelöst, denn die Tiere werden, falls sie nach der Abmagerungskur wieder in die andere Voliere gesetzt werden, sehr schnell wieder zunehmen. Es kann also nur etwas erreicht werden, wenn die Fütterung dauerhaft verändert wird.

Ein zweiter notwendiger Schritt ist eine Verstärkung der körperlichen Aktivitäten. Hierzu sollten die Tiere durch Fliegen gezwungen werden. Deshalb sollten die Sitzäste weiter auseinander angebracht werden, und die Futter- und Wassernäpfe sollten nicht zu Fuß erreichbar sein. Es ist also nicht sinnvoll, die Voliere mit Sitzstangen zu überfüllen. Wichtig ist aber, dass jeder Vogel sich seinen speziellen Sitzplatz aussuchen kann und der Bewegungsspielraum nicht durch dominante Tiere stark eingeschränkt wird. Die eingeschüchterten Tiere sitzen oftmals stundenlang in einer Ecke und haben dadurch zu wenig Bewegung. In solch einem Fall sollte die Zusammensetzung der Gruppe geändert werden.

Wenn die hier aufgeführten Faktoren Berücksichtigung finden, sollten übergewichtige Papageien bald wieder ihr normales Gewicht erreicht haben. Selbst kleine Lipome können sich wieder zurückbilden und ganz verschwinden oder zumindest so klein werden, dass die Vögel einigermaßen damit leben können. Zu große Lipome dagegen sollten unter Umständen von einem Tierarzt entfernt werden, was in den meisten Fällen ohne Komplikationen durchgeführt werden kann.

6. Die Ernährung während eines Transportes

Fast jeder Papageienhalter ist schon einmal in die Verlegenheit gekommen, einen oder mehrere Papageien transportieren zu müssen. Selbstverständlich muss auch während der Transportzeit für das Wohlergehen der Tiere gesorgt werden. Kurze Transportstrecken von nur wenigen Stunden können die Papageien normalerweise ohne Futter und auch Wasser überstehen. Allerdings spielt dabei die Temperatur eine große Rolle. Deshalb sollten die Vögel auch möglichst in den Nachtstunden oder aber zumindest in den kühleren Tagesstunden befördert werden. Wird die Hitze im Transportkäfig dagegen zu groß, sollte den Tieren Wasser angeboten werden, damit ihre Körper nicht dehydrieren, also zuviel Wasser verlieren.

Große Papageien haben übrigens weniger Probleme, was die Futter- und Wasserversorgung beim Transport betrifft, da ihr Körpervolumen im Verhältnis zur Körperoberfläche größer ist als bei kleinen Papageien. Daher können große Papageien auch länger ohne Futter und Wasser auskommen als die kleinen. Selbst einen Transport von mehreren Stunden überstehen die größeren Papageien ohne Nahrungs- und Wasseraufnahme. Erstreckt sich der Aufenthalt in der Transportkiste dagegen über einen Zeitraum von acht oder mehr Stunden, gibt man diesen Tieren einfach einen zerteilten Apfel und eine Handvoll trockene Sämereien (möglichst solche, die gerne gefressen werden) mit in den Transportkäfig. Der Apfel enthält viel Flüssigkeit und kann den Wasserbedarf für diese Zeit decken. Geht der Transport dagegen über 18 Stunden oder mehr, muss auf jeden Fall ein Wasserbehälter in der Transportkiste so angebracht werden, dass das Wasser nicht verschüttet wird. Eventuell kann ein Schwamm in den Wassernapf gesteckt werden. Da aber viele Papageien auch während eines Transportes gerne alles zernagen, muss dieser Schwamm gut befestigt werden.

Wie schon erwähnt, benötigen kleine Papageien wesentlich schneller Nachschub in Form von Futter und Wasser, um ihren Stoffwechsel aufrechtzuerhalten. Aus diesem Grunde sollte den kleineren Papageien auch auf kürzeren Transportstrecken ein Stück Apfel und eine Hand voll Sämereien in den Transportkäfig mitgegeben werden. Die Sämereien können übrigens einfach auf den Boden gelegt werden und müssen nicht unbedingt in einem Napf gereicht werden, da dieser die kleinen Tiere eventuell durch Transportbewegungen verletzen könnte. Ähnliches gilt für einen Wassernapf.

7. Die Eingewöhnung neu erworbener Papageien

Jeder Papageienhalter stand schon einmal vor der Frage, wie er am sichersten einen neuen Papagei in sein neues Umfeld integriert. Häufig gibt es dabei keine allzu großen Probleme, die Vögel werden in ihre neue Voliere gesetzt und gewöhnen sich sehr schnell an diese. Besonders einfach ist dieses bei Tieren, die schon vorher unter ähnlichen Verhältnissen untergebracht waren. Doch gibt es auch Vögel, die aus völlig anderen Verhältnissen kommen (wie zum Beispiel leider immer noch die Wildfänge) oder die nicht in einer optimalen körperlichen Verfassung sind. Daher sollte bei Neuzugängen grundsätzlich Verschiedenes beachtet werden.

Zum einen müssen Wasser- und Futternäpfe für diese Tiere stressfrei zugänglich sein. Das bedeutet, die Näpfe müssen so angebracht sein, dass das Tier sie ohne Probleme erreichen kann. Ich habe hier schon das Seltsamste erlebt; so weigerten sich zum Beispiel Kakadus, aus Näpfen zu fressen, die an einer ihrer Meinung nach falschen Stelle standen. Erst nachdem ich die Näpfe woanders angebracht hatte, fingen die Tiere gleich an zu fressen. Besonderes Augenmerk ist auch darauf zu richten, ob andere, dominante Insassen den Neuankömmling dulden und ihn zum Futternapf lassen. Oftmals müssen sich Neulinge zuerst an das Ende der sozialen Rangordnung stellen und können sich nicht frei in der Voliere bewegen, weil sie gleich von den anderen Tieren attackiert werden. In solchen Situationen hilft meistens das Anbieten von Futter an mehreren Stellen.

Die hier genannten Faktoren dürfen nicht unterschätzt werden, und vor einer Einstellung wie: „Die Vögel werden sich schon beruhigen und irgendwann zum Futternapf gehen", kann nur gewarnt werden. Ein gesunder Vogel wird durchaus mal ein oder zwei Tage ohne Futter auskommen, doch wer kann dafür garantieren, dass der Neuankömmling wirklich gesund ist! Der Transport und die Umsetzung können einen Vogel stark stressen. Kommt dann noch eine bislang nicht ausgebrochene Krankheit oder ein Wurmbefall hinzu, mit denen der Vogel bisher fertig geworden ist, ohne zu erkranken, kann selbst ein kurzzeitiges Hungern katastrophale Folgen haben. Aus diesem Grunde sollte eigentlich jeder Vogel direkt nach dem Erwerb einem Gesundheitscheck unterzogen und anschließend unter

Rotohraras

Neu erworbenen Papageien sollte das Futter gut sichtbar angeboten werden

strenger Kontrolle gehalten werden, damit bei Unregelmäßigkeiten gleich eingeschritten werden kann.

Mit jeder Neuerwerbung ist aber im Regelfall auch gleichzeitig eine Futterumstellung für dieses Tier verbunden, denn die Erfahrung hat gezeigt, dass die Halter oder Züchter doch alle etwas unterschiedlich füttern. Am sinnvollsten ist es daher, der Käufer lässt sich vom Vorbesitzer etwas von seinem Futter mitgeben und füttert dieses noch einige Tage weiter, bis der Papagei sich eingewöhnt hat. Dies sollte vor allem dann durchgeführt werden, wenn der Vogel beim Vorbesitzer in ungewöhnlicher Form gefüttert wurde, da er sich dann in erhöhtem Maße umzustellen hat. Das gilt besonders, wenn der Vorbesitzer zum Beispiel ausschließlich Pellets gefüttert hat, der Papagei beim neuen Besitzer aber wieder auf Körnerfutter umgestellt werden soll. Es gibt Hinweise darauf, dass solch eine Umstellung nicht ganz einfach und bei langjähriger Pelletfütterung kaum noch zu schaffen ist. Vielleicht ist der Muskelmagen bei solchen Tieren nicht mehr genug ausgeprägt, um die Körner mechanisch zu zerkleinern. Aber das sind nur Vermutungen, die erst durch Untersuchungen belegt werden müssen. Ignoriert also ein Papagei das neu angebotene Futter, muss zwangsläufig das Futter des Vorbesitzers weitergereicht werden.

Ich muss aber an dieser Stelle einfügen, dass zumindest bei mir die Umstellung auf mein Futter immer recht schnell gelungen ist. Meistens biete ich Neuankömmlingen sogleich das neue Futter an, und zwar besonders dann, wenn sie vorher schlecht ernährt wurden. Dieses trifft leider immer noch sehr häufig auf Papageien zu, die einzeln in der Wohnung gehalten wurden. Diese bekommen oftmals nur eine handelsübliche Papageienfuttermischung, was für eine gesunde Ernährung nicht ausreicht. Derartige Vögel habe ich allerdings immer erst medizinisch untersuchen lassen, um zum Beispiel eine Erkrankung an Aspergillose, einer der häufigsten Erkrankungen der Wohnungspapageien, ausschließen zu können. Solche Papageien sollten möglichst wenig Stress-Situationen ausgesetzt und auch gleich von einem Fachmann behandelt werden, damit ihr Leben nicht gefährdet ist.

Besonderer Aufmerksamkeit bedürfen auch frisch importierte Papageien, die in der Regel eine Antibiotikabehandlung durchmachen mussten, bevor sie zu einem Halter oder Züchter gelangen können. Außerdem wurden sie vermutlich schon vor ihrem Export aus den Fangländern über einen längeren Zeitraum bei den Fängern und Händlern gehalten, wo die Ernährung mit Sicherheit nicht optimal gewesen ist. Aus diesen genannten Gründen sollte eigentlich jeder verantwortungsbewusst handelnde Papageienhalter auf den Erwerb von Wildfängen verzichten. Wer dennoch nicht die Finger von den frisch eingeführten Wildfängen lassen kann, ist gut beraten, wenn er die Tiere in der ersten Zeit gut unter Kontrolle hält und sie besonders vitaminreich ernährt. Da die Tiere in den Ursprungsländern häufig mit gekochtem Reis oder Mais gefüttert wurden, kann auch bei uns darauf zurückgegriffen werden, falls die Tiere das Futter verweigern. Sie sollten dann aber so schnell wie möglich auf eine abwechslungsreiche Ernährung umgestellt werden.

Futterspezialisten, wie zum Beispiel die Rotkopfpapageien (*Geoffroyus geoffroyi*) oder die Spechtpapageien (*Micropsitta spec.*) sollten gar nicht erst gehalten werden, da sie in der Obhut des Menschen kaum überleben dürften. An derartigen Papageien sollten sich, wenn überhaupt, nur wirklich erfahrene Spezialisten heranwagen.

Beschaffung, Anbau und Lagerung von Futtermitteln

1. Die Beschaffung von Futtermitteln

Futtermittelkauf ist Vertrauenssache, dieser Leitsatz sollte immer ganz oben stehen. Daher sollte auch nur bei seriösen Futtermittelhändlern gekauft werden, die sich bemühen, stets frische Ware anzubieten. Vorsicht ist geboten bei Sonderangeboten, da diese aus überlagerten Sämereien bestehen können, die schnell an den Mann gebracht werden sollen. Vorteilhaft kann der Kauf bei Händlern mit einem großen Kundenstamm sein; sie haben zumeist einen hohen Umsatz an Futtermitteln, so dass die Lagerzeiten kürzer sind.

Als Kunde sollte man auf saubere und noch glänzende Samenkörner achten. Überlagerte Samenkörner verlieren oftmals den Glanz. Weiterhin sollte Wert auf sauberes Futter ohne Verschmutzungen und üblen Geruch gelegt werden. Leider ist es gelegentlich so, dass die hochwertigen Saaten zuerst für den menschlichen Verzehr gedacht sind und die minderwertigen dann praktisch für die Futtermittelindustrie übrig bleiben. Gelegentlich werden auch überlagerte Waren als Tierfutter deklariert, um sie noch verkaufen zu können. Besonders aufpassen sollte man daher bei den fetthaltigen Futtermitteln wie Sonnenblumenkernen oder auch Nüssen, da diese bei einer möglichen Überlagerung sehr schnell ranzig werden und der Nährwert dadurch stark nachlässt. Es empfiehlt sich daher immer nur der Kauf von Futtermitteln aus der letzten Ernte.

Ähnliches gilt auch für Obst und Gemüse. Leider ist auch hier immer wieder zu hören, dass Lebensmittel, die aufgrund ihres äußeren Zustandes vom Menschen nicht mehr gegessen werden können, noch als Tierfutter geeignet sind. Dem ist nicht so. Wir sollten unseren Tieren auf jeden Fall nur frisches und unverdorbenes Frischfutter anbieten. Daher sollte schon beim Kauf auf Qualität geachtet werden, auch wenn diese ihren Preis hat.

Empfehlenswert ist es, nicht zu große Mengen einzukaufen, auch wenn dieses in der Regel günstiger ist. Es sollten lieber kleinere Mengen eingekauft werden, damit überlange Lagerzeiten vermieden werden. Normalerweise hat ein Händler bessere Lagermöglichkeiten als ein Züchter. Angebrochene Packungen von Fertigfutter wie zum Beispiel Pellet- oder Aufzuchtfutter verderben leider sehr schnell, wenn sie unsachgemäß gelagert werden oder mit verschmutzten Händen gearbeitet wird.

Der eigene Garten

Der Eigenanbau von Futtermitteln gewährleistet eine gute Qualität und spart zudem noch Geld

2. Die Lagerung des Körnerfutters

Grundsätzlich sollte allen Papageien nur ein einwandfreies Futter angeboten werden, das weder von Parasiten verschmutzt noch durch unsachgemäße Lagerung verdorben ist. Nur dadurch kann die Gesundheit der Tiere gewährleistet werden. Aus diesem Grund kommt der Lagerung von Futtermitteln eine sehr große Bedeutung zu, denn nicht nur die allgemein als leicht verderblich bekannten Nahrungsmittel wie Obst und Gemüse, sondern auch die diversen getrockneten Samenkörner können, bedingt durch mikrobielle Zersetzungsprozesse, verderben. Um diese Zersetzungsprozesse zu unterbinden, werden die verschiedenen Sämereien in der Regel getrocknet, bevor sie gelagert werden. Dazu ist es notwendig, den Feuchtigkeitsgehalt der Samen auf unter 15 % zu senken. Auch während der gesamten Lagerzeit sollte dieser Wert nicht überschritten werden.

Die Lagerung sollte aber nicht nur bei dem Tierhalter optimal sein, sondern auch schon bei den Futtermittelhändlern und -großhändlern, was aber leider nicht immer der Fall ist. Dieses Problem wurde bereits im vorherigen Kapitel angesprochen.

Futtermittel sollten also stets sauber und nahezu geruchlos sein. Besonders Züchter, die sich einen großen Vorrat für das ganze Zuchtjahr auf einmal zulegen wollen, um nicht mitten in der Zuchtsaison neues Futter erwerben zu müssen, sollten beim Kauf darauf achten. Wer sein Körnerfutter also länger lagern möchte, sollte wirklich nur das beste Futter erwerben.

Die Qualität der Saaten kann in der Regel ganz einfach über eine Keimprobe ermittelt werden. Dazu wird eine kleine Probe entnommen und zum Keimen angesetzt. Es sollten dabei möglichst viele Körner keimen (über 90 %) und sich keine Schimmelpilze entwickeln.

Auch ein Befall mit Futtermilben macht das Körnerfutter im Normalfall unbrauchbar, da die Milben und ihre Ausscheidungsprodukte negative Auswirkungen auf die Gesundheit der Papageien haben können. Futtermittelmilben treten im Prinzip nur bei einer schlechten Lagerung und einem zu hohen Feuchtigkeitsgehalt der Saaten auf. Erst wenn der Feuchtigkeitsgehalt auf über 15 % ansteigt, bietet sich den Milben die Möglichkeit, das Futter zu besiedeln. Dieses macht deutlich, wie wichtig eine trockene Lagerung ist, und wer in seinen Lagerräumen regelmäßig die Luftfeuchtigkeit misst, wird schnell feststellen, dass die nötigen niedrigen Werte häufig kaum erreicht werden können. Daher sollte man sich gut überlegen, ob diese Futtermittel wirklich in großen Mengen gekauft werden sollten, oder ob sie nicht besser bei einem Händler untergebracht sind und nur in kleineren Mengen erworben werden sollten.

Übrigens ist es recht einfach festzustellen, ob das Futter mit Milben verseucht ist. Dazu füllt man eine kleine Futterschale mit den Körnern so stark auf, dass ein Kegel oberhalb des Randes entsteht. Diese Schale wird dann einfach über Nacht stehen gelassen. Befinden sich Milben im Futter, fallen einige Körner durch deren Bewegungen über den Rand der Schale und der Kegel schrumpft langsam. Bleibt der Kegel dagegen erhalten und keine Körner liegen morgens neben der Schale, kann von einem milbenfreien Futter ausgegangen werden (vgl. VINS 1991). Aber nicht nur die Milben zählen zu den futterschädigenden Parasiten, auch diverse Motten und Käferarten, die zum Beispiel durch zu weit geöffnete Vorratsbehälter eindringen können. An dieser Stelle müssen auch noch die so genannten Schadnager wie Mäuse und dergleichen erwähnt werden, die nicht nur die Sämereien fressen, sondern auch noch durch ihre Ausscheidungen Krankheitserreger auf das Futter übertragen können.

So manch ein Papageienzüchter mag vielleicht einwenden, dass die genannten kleinen Insekten eine willkommene Abwechslung im Futterplan darstellen, da die meisten Papageien sehr gerne Insekten zu sich nehmen. Dies mag ja vielleicht noch stimmen, allerdings verschmutzen die Parasiten das Futter mit ihren Ausscheidungen, die in der Regel einen höheren Feuchtigkeitsgehalt haben als die Samen. In diesem Umfeld finden nun aber diverse Pilze und Bakterien einen ausgezeichneten Nährboden und verunreinigen das Futter endgültig. Selbstverständlich reduziert sich dadurch auch der Nährwert der Sämereien drastisch. Die Futtermilben selber können den Vögeln normalerweise keinen Schaden zufügen, wie gelegentlich zu hören ist, da diese zwar von den Tieren mit aufgenommen werden, allerdings den Magen-Darm-Trakt unverdaut passieren und mit dem Kot wieder ausgeschieden werden. Nur in sehr großer Zahl können sie die Verdauung beeinträchtigen und damit gesundheitlichen Schaden anrichten.

Eine weitere Gefahrenquelle für das Körnerfutter stellen die Pilze, und zwar besonders die Schimmelpilze dar, die bei einer unsachgemäßen, also in der Regel zu feuchten Lagerung, gedeihen können. Gefährdet sind Saaten, deren Feuchtigkeitsgehalt über 15 % beträgt. Dieser niedrige Gehalt kann auf Dauer nur erhalten werden, wenn die Luftfeuchtigkeit der Umgebungsluft entsprechend gering ist. Hohe Temperaturen von über 20 °C fördern das Wachstum der Pilze in starkem Maße. Diese Pilze produzieren Gifte, die so genannten Mykotoxine, welche nach der Aufnahme durch die Papageien direkte Schädigungen wie zum Beispiel Leber- und Nierenschäden verursachen können. Selbst in kleinen Dosen können sie schon großen Schaden anrichten.

Selbstverständlich kann man nun alle Parasiten durch eine Hitzebehandlung abtöten, nur werden diese dadurch ja nicht aus dem Futter entfernt, sondern stellen weiterhin einen guten Nährboden für neue Pilze und Bakterien dar, die durch die Luft gleich wieder an das Futter gelangen.

Außerdem können durch Erhitzen zwar die Pilze abgetötet werden, die in ihnen enthaltenen Mykotoxine bleiben aber erhalten und können die Gesundheit der Papageien durchaus beeinträchtigen. Ein weiterer Nebeneffekt des Erhitzens ist die Umwandlung der Inhaltsstoffe der Sämereien, was einen schnelleren Zerfall der Substanzen zur Folge hat. Das Erhitzen des Futters ist also kein geeignetes Mittel, um Sämereien wieder verwertbar zu machen. Ähnliches gilt für eine Kältebehandlung, weil dadurch weder mögliche Mykotoxine vernichtet noch alle Parasiten abgetötet werden können. Da die Sämereien in der Kühltruhe oder nach dem Auftauen zusätzlich viel Feuchtigkeit aufnehmen können, wird sich der Zersetzungsprozess des Futters im aufgetauten Zustand extrem beschleunigen.

Aus diesen genannten Gründen sollten also keine von Parasiten befallenen Futtermittel verfüttert werden, sondern lieber auf dem Komposthaufen landen. Wer sich dazu aber überhaupt nicht durchringen kann, sollte das Körnerfutter

Rieselprobe

Die Körner sollten einzeln und staubfrei von der Hand rieseln, ohne aneinander zu kleben

Diese Futtertonnen aus Kunststoff haben sich zur Lagerung von Futtermitteln bewährt

lediglich als Keimfutter verwenden. Dazu ist es vor dem Keimen aber gründlichst zu waschen und unbedingt die Keimfähigkeit zu überprüfen. Wenn ein Teil der Samen nicht mehr keimt, sollte das Futter vernichtet werden.

Um möglichst hochwertige Futtermittel anbieten zu können, sollte das Körnerfutter in Plastikgefäßen bei einer Temperatur von 13-16 °C und einer niedrigen Luftfeuchtigkeit (< 50 %) gelagert werden. Wie schon erwähnt, kann eine derartig niedrige Luftfeuchtigkeit oftmals nur sehr schwer erreicht oder über einen längeren Zeitraum gehalten werden. Daher ist es auch nicht empfehlenswert, den Jahresbedarf an Körnerfutter auf einmal zu erwerben. Zur Lagerung eignen sich besonders große Kunststoffgefäße mit Deckel, wobei der Deckel allerdings nicht fest verschlossen werden sollte, um eine Kondenswasserbildung zu vermeiden. Kleinere Mengen, die zudem noch schnell verbraucht werden, können dagegen durchaus in fest verschraubbaren Glas- oder Kunststoffgefäßen aufbewahrt werden. Es sollte allerdings selbstverständlich sein, dass alle Aufbewahrungsgefäße vor einer neuen Befüllung gründlich gesäubert und wieder getrocknet werden.

Wer entsprechend handelt, wird sich kaum einmal über verdorbenes Körnerfutter beklagen müssen und kann auch auf den Einsatz von chemischen Mitteln wie MonoProp oder dergleichen verzichten. Denn auch derartige Mittel können verschmutztes Futter nicht wieder säubern, sondern lediglich vorhandene Parasiten abtöten. Die sich anschließend zersetzenden Parasiten fördern wiederum den Zersetzungsprozess der Samenkörner und somit deren Lagerungsfähigkeit. Da es sich bei diesen Mitteln zudem um Gifte handelt, muss auch immer mit Nebenwirkungen, zumindest bei unsachgemäßer Behandlung, gerechnet werden. Ähnliches gilt auch für Mittel zur Begasung des Futters.

Trotz optimaler Lagerung kann aber auch im Körnerfutter der natürliche Zerfallsprozess nicht aufgehalten werden. Das trifft besonders für die fetthaltigen Sämereien zu, deren Inhaltstoffe bei einer zu langen oder falschen Lagerung ranzig werden, was nicht nur den Nährwert dieser Saaten drastisch verringert, sondern auch noch zu Verdauungsstörungen und Leberschädigungen führen kann (vgl. MENKE & HUSS 1980). Daher sollte beim Kauf immer auf frische Ware geachtet und Händler gemieden werden, die überaltertes Körnerfutter anbieten. Dies gilt besonders für Sonnenblumenkerne und Nüsse, die bei einer zu langen oder falschen Lagerung sehr leicht ranzig werden können.

3. Die Lagerung von Obst und Gemüse

Wer das Obst und Gemüse für seine Papageien stets im Supermarkt kauft, kann die Abschnitte über das Einlagern getrost überspringen. Wer dagegen zumindest einen Teil des benötigten Obstes und Gemüses selber anbauen oder direkt bei einem Bauern erwerben möchte, muss sich auch Gedanken über die Lagerung machen, da diese Futtermittel zur Erntezeit in großen Mengen anfallen, aber möglichst über das ganze Jahr zur Verfügung stehen sollen. Wer zum Beispiel über eigene Apfelbäume verfügt, sollte die Äpfel auf jeden Fall einlagern, besonders wenn es sich noch um alte Apfelsorten handelt, welche nach meinen Erfahrungen besonders gerne von den Papageien gefressen werden. Die Haltbarkeit verschiedener Apfelsorten können der folgenden Tabelle entnommen werden.

Tabelle 14: Alte Apfelsorten und ihre Haltbarkeit bei Einlagerung (nach Kreuter 1981)

Apfelsorte	Haltbarkeit
Prinz Albrecht von Prueßen	X – I
Boskoop	X – XI
Jakob Fischer	IX – XI
Rote Sternrenette	X – XII
Ananasrenette	XI – III
Jakob Lebel	X – XII
Zuccalmaglio	XI – IV
Kaiser Wilhelm	XII – III
Winterrambur	XII – III
Schöner aus Nordhausen	XII – IV

Die Äpfel werden am besten in einem frostfreien, aber kühlen Kellerraum mit genügend Luftfeuchtigkeit und Frischluft auf Lattenrosten gelagert. Ähnliches gilt für Birnen, die allerdings, bis auf wenige Ausnahmen wie zum Beispiel die „Madame Verté“, nicht so lange wie viele Apfelsorten gelagert werden können. Die Früchte müssen übrigens regelmäßig kontrolliert und faules Obst aussortiert werden.

An Steinobstsorten kommen zur Einlagerung die Kirschen, Pflaumen, Zwetschgen und Mirabellen in Frage, die allesamt aber nur in der Kühltruhe über einen längeren Zeitraum zu lagern sind. Viele Beerensorten wie zum Beispiel die Roten und Schwarzen Johannisbeeren, Stachelbeeren, aber auch Himbeeren und Brombeeren eignen sich zum Einfrieren (siehe auch „Tiefgefrorenes Futter“).

Wurzelgemüse wie Möhren, Sellerie, Winterrettich und Rote Beete können draußen im Garten in so genannten „Mieten“ für den Winter eingelagert werden. Sie können im Frühbeet eingeschlagen oder aber auch in 20 bis 30 cm tiefe Kuhlen gelegt und anschließend mit einem dicken Mantel aus Laub, Stroh und Erde abgedeckt werden. Die Mieten im Freien sollten auf jeden Fall maussicher sein, um nicht eines Tages vor einer leeren Miete zu stehen. Ein weitere Möglichkeit, das Wurzelgemüse länger frisch zu halten, besteht in der Lagerung im Keller, wo sie in mit feuchtem Sand gefüllten Kisten eingeschlagen werden. Vor dem Einlagern sollten alle Blätter bis auf den „Herztrieb“ von Hand entfernt werden.

In der freien Natur gesammelte Früchte wie Hagebutten, Ebereschenbeeren, Holunderbeeren, Sand- und Feuerdornbeeren, aber auch halbreifer Mais, halbreife Hirse sowie andere halbreife Getreidesorten finden ebenfalls in der Tiefkühltruhe einen ausgezeichneten Lagerplatz und stehen somit ganzjährig zum Verfüttern zur Verfügung. Übrigens können die kleinen Beeren viel besser von den Stielen befreit werden, wenn der ganze Fruchtstand in die Kühltruhe gelegt wird. Im tiefgefrorenen Zustand brechen die Beeren schon bei leichtem Druck von den Stielen ab.

Selbstgesuchte Nüsse wie Wal- und Haselnüsse trocknen am besten auf luftigen Dachböden aus.

Danach eigenen sich trockene Keller mit einer Temperatur von ca. 15 °C am besten für eine längerfristige Lagerung. Auf chemische Konservierungsmittel sollte nach meinen Erfahrungen völlig verzichtet werden, da Nüsse ohne Schwierigkeiten über einen längeren Zeitraum gelagert werden können. Mit Sicherheit sind Nahrungsmittel ohne Konservierungsmittel gesünder für unsere Papageien.

Aus Zwiebeln und Knoblauch flechten Sie am besten Zöpfe, die in einem luftigen und trockenen Raum aufgehängt werden. Wer die Möglichkeit hat, weitere Beeren wie Hagebutten, Ebereschenbeeren oder zum Beispiel auch die Samen der Hainbuche zu trocknen, kann auch diese Art der Lagerung in seine Planung miteinbeziehen. Besonders die Hagebutten und Ebereschenbeeren werden von vielen Papageienarten im getrockneten Zustand gerne gefressen. Zum Trocknen eignet sich ein luftiger Dachboden auch hier wieder besonders gut.

Verschiedene Obstsorten wie Äpfel, Birnen, Weintrauben, Pflaumen und Aprikosen kann man ebenfalls trocknen. Gleiches gilt auch für Möhren und Sellerie. Zum Trocknen sollte alles in Streifen oder Scheiben geschnitten und dann bei geringer Hitze (ca. 35 °C) getrocknet werden. Auf keinen Fall sollte jedoch geschwefeltes Dörrobst verfüttert werden.

Halbreifer Mais lässt sich hervorragend einfrieren

4. Tiefgefrorenes Futter

Eine sehr gute Möglichkeit, Futter zu allen Jahreszeiten in einem verhältnismäßig frischen Zustand anzubieten, stellt die Einlagerung in einer Kühltruhe dar. Wer also im Besitz einer solchen ist, sollte sie auf jeden Fall auch nutzen. Zum Einfrieren eignen sich besonders die Früchte der Eberesche, des Roten und Schwarzen Holunders, des Sanddorns und die vieler Heckenrosen. Besonders die Hagebutten sind bei vielen Papageien sehr beliebt und sollten daher in größeren Mengen eingesammelt und tiefgefroren werden. Aber auch Kirschen, Pflaumen und Erdbeeren können eingefroren werden, allerdings sind sie nach dem Auftauen recht matschig. Trotzdem fressen viele Papageien sie gern. Übrigens sind die Früchte nach dem Auftauen in einem wesentlich besseren Zustand, wenn sie trocken in die Kühltruhe gelegt wurden.

Mais im halbreifen Zustand kann ebenfalls sehr gut in der Kühltruhe gelagert werden. Beim Ernten ist darauf zu achten, dass der Mais noch nicht ganz reif ist. Die Körner sollten noch nicht ausgehärtet, sondern leicht milchig sein. Gerade für die Jungenaufzucht stellt der Mais ein ausgezeichnetes Ergänzungsfutter dar.

Aber auch diverse Getreide-, Hirse- und Grassamen können im halbreifen Zustand tiefgefroren gelagert werden, um sie ganzjährig anbieten zu können. Bei diesen Saaten empfiehlt sich nach MAIJER (1997) das Auftauen unter fließendem Wasser, damit das beim Einfrieren entzogene Wasser wieder zugeführt wird und die Samen frisch aussehen. Anschließend sollten sie gut abtropfen.

Selbstverständlich sollten alle tiefgefrorenen Futtermittel vor der Verfütterung völlig aufgetaut sein.

5. Eigenanbau der Futtermittel

Wer die Möglichkeit hat, im eigenen Garten Futtermittel anzubauen, sollte dieses auch unbedingt nutzen, denn hier bietet sich eine direkte Einflussnahme auf die Qualität der Früchte an. Man sollte sich aber nicht auf den so genannten traditionellen Anbau von Gemüse beschränken, sondern vorrangig die Futtermittel anbauen, die es kaum käuflich zu erwerben gibt. Wer sich aber gerne als Gärtner betätigt, sollte auf jeden Fall auch Gemüse wie zum Beispiel Möhren, Rote Beete, Erbsen, Bohnen, Zwiebeln, Knoblauch und vieles mehr selber anbauen. Nach meinen eigenen Erfahrungen übersteigt die Qualität dieser angebauten Lebensmittel häufig die der in Supermärkten angebotenen Ware. So hat man zudem noch die Möglichkeit, die verschiedenen Sorten (zum Beispiel der Möhren) zu kultivieren, um sich dann auf die von den Papageien am liebsten verzehrte Sorte zu konzentrieren, denn nicht alle schmecken gleich oder werden von den Vögeln gleich gerne gefressen. Auf die verschiedenen Anbaumethoden möchte ich an dieser

Rote Beete

Bereits vor der Ernte der Knolle können die Blätter an die Papageien verfüttert werden

Stelle nicht näher eingehen, da zu diesem Thema ausreichend Fachliteratur zur Verfügung steht. Es sollte aber in jedem Fall das Ziel sein, möglichst naturnah anzubauen, also möglichst ohne Einsatz von chemischen Schädlingsbekämpfungsmitteln oder dergleichen auszukommen, um das Leben unserer Papageien nicht unnütz zu gefährden.

Wie schon erwähnt, muss sich der Anbau im eigenen Garten nicht nur auf das übliche Gemüse beschränken, sondern wer Platz hat, kann auch Büsche und Bäume anpflanzen, deren Früchte sich für die Ernährung von Papageien eignen. Hier seien zuerst einmal die kleineren Arten wie zum Beispiel die Heckenrosen, der Sanddorn, der Feuerdorn in seinen verschiedenen Sorten und viele andere mehr genannt. Diese können am Gartenrand als Einfassung gepflanzt werden, da sie sich gut in das Gesamtkonzept eines Gartens einbinden lassen. Aber auch Stachelbeeren, Johannisbeeren und Erdbeeren stellen ein gutes Zusatzfutter dar. Des

Apfelbaum

Alte Apfelsorten lassen sich gut einlagern und werden besonders gern von Papageien gefressen

Weiteren eignen sich durchaus größere Sträucher und Bäume zur Gartenbepflanzung, wie zum Beispiel die Weide. Gerade ihre Zweige werden von fast allen Papageien besonders gerne zernagt und sollten daher regelmäßig angeboten werden. Weiden lassen sich sehr einfach durch Stecklinge vermehren, daher reicht es in der Regel aus, einen abgesägten Ast in die Erde zu stecken. Dieser treibt meistens schon nach kurzer Zeit wieder aus und kann dann regelmäßig beschnitten werden. Schon wenige dieser Sträucher können für einen kleineren Vogelbestand ausreichen. Da sie immer wieder beschnitten werden, erreichen sie auch keine übertriebene Größe.

Aber auch andere größere Sträucher oder Bäume wie zum Beispiel die Hasel, die Eberesche, die Walnuss oder andere kommen in Betracht und tragen zu einer abwechslungsreichen Fütterung bei. Besonders die Hasel ist sehr dekorativ für den Garten, und Nüsse werden von meinen Papageien gerne gefressen. Wer viel Platz hat, kann auch noch weitere Bäume wie zum Beispiel die Hainbuche pflanzen, von denen es Sorten gibt, die ebenfalls reichlich Früchte tragen, die auch von vielen Papageien gerne gefressen werden.

Egal, wie groß der Garten aber auch ist, es sollte auf jeden Fall eine kleine Stelle für die Vogelmiere reserviert werden, die sich dort immer wieder selber aussät und fast das ganze Jahr hindurch zu ernten ist. Besonders zur Jungenaufzucht sollte sie in größerer Menge zur Verfügung stehen, da sie von vielen Papageien, ganz besonders aber von vielen Sittichen, sehr gerne gefressen wird. Auch Löwenzahn kann im eigenen Garten leicht angebaut und somit in allen Reifestadien den Vögeln angeboten werden. Besonders gut eignen sich auch die verschiedenen Hirsesorten zum Anbau, die vor allem von den kleineren Papageien und den Sittichen heiß begehrt sind.

Die Möglichkeit, Früchte im halbreifen Zustand anzubieten, ist einer der großen Vorteile eines eigenen Gartens. So werden zum Beispiel auch die Kirschen oder Pflaumen sehr gerne halbreif verzehrt. Aber auch das Gemüse kann schon vor der eigentlichen Reife angeboten werden, da es dann besonders zart und bei den Papageien sehr beliebt ist. Des Weiteren können auch zum Beispiel einige Blätter von der Roten Beete oder anderem Gemüse schon vor der eigentlichen Ernte abgepflückt und verfüttert werden. Der Phantasie des Gartenbesitzers werden hier also keine Grenzen gesetzt, und der Hobbygärtner kann dem Ziel, seine Tiere abwechslungsreich zu ernähren, einen großen Schritt näherkommen.

6. Gesundheit aus dem Blumentopf

Kräuter sind bei uns Menschen heutzutage so populär wie selten zuvor und werden immer häufiger in Kübeln, Kästen und auch kleinen Blumentöpfen auf Terrassen, Balkonen und Fensterbänken gezogen, wo viele von ihnen problemlos gedeihen. Da auch viele unserer Papageien sehr gerne von diversen Kräutern naschen, liegt es nahe, entsprechende Pflanzen in Gefäßen zu kultivieren, um sie ganzjährig unseren Pfleglingen anbieten zu können. Denn auch für unsere Vögel gilt die Devise: Je frischer die Nahrungsmittel, desto wertvoller sind sie für die Ernährung. Da in frischen Pflanzenteilen die Inhaltsstoffe noch vollständig erhalten sind, können sie dem Organismus verlustfrei zugeführt werden.

Wir brauchen uns bei der Auswahl der Futterpflanzen, die wir in Kübeln ziehen möchten, aber nicht auf die so genannten Kräuter beschränken, sondern können den Bogen viel weiter spannen. So eignen sich zum Beispiel viele Salat- und Spinatsorten, die man entweder selber durch Aussaat heranziehen oder aber auch im Frühjahr als Jungpflanze erwerben kann, für die Kultur auf dem Balkon oder der Fensterbank. Aber auch viele der so genannten „Unkräuter", die besser als Wildpflanzen bezeichnet werden sollten, eignen sich ausgezeichnet dazu, den Speiseplan zu erweitern. Als Beispiele seien hier Vogelmiere, Löwenzahn, Herbstlöwenzahn, Gänse- und Ackerdistel, Hirtentäschel, Wegerich und Sauerampfer genannt, die mit etwas Geschick alle in Töpfen gezogen werden können. Auch erfolgreiche Anzuchten von verschiedenen Hirsesorten können durchaus auf der Terrasse oder dem Balkon gelingen, und die halbreifen Hirsekolben stellen ein ausgezeichnetes Ergänzungsfutter dar.

Manch ein Leser mag sich jetzt vielleicht fragen, warum man sich die Mühe machen sollte, derartige Wildpflanzen selber zu ziehen, wenn man sie doch in der freien Natur in ausreichender Menge suchen oder in jedem Supermarkt kaufen kann. Leider aber haben heutzutage nicht mehr alle Menschen die Möglichkeit, sich an Orte zu begeben, wo diese Wildpflanzen noch in ausreichenden Mengen wachsen, und – was noch wichtiger ist – an Pflanzen zu kommen, die nicht durch Auto- und Industrieabgase verschmutzt sind. Eine Kultivierung auf der Fensterbank ermöglicht zudem noch die Bereitstellung von frischem Grün zu allen Jahreszeiten, also auch dann, wenn unsere einheimische Natur von einer dicken Schneedecke überzogen ist. Bei gekauftem Gemüse sollte zudem Vorsicht geboten sein, da leider immer wieder chemische Rückstände oder hohe Nitratgehalte festgestellt werden, die den meisten Ziervögeln nicht bekommen.

Grünfutter in vielfältiger Form stellt für viele Papageien oftmals eine willkommene Abwechslung dar, und es macht immer wieder große Freude zu beobachten, wie sich einige Tiere auf das Futter stürzen. Hier wird schnell deutlich, dass sich auch Papageien über eine abwechslungsreiche und vielseitige Fütterung freuen und wohl auch das Auge dieser Tiere, wie es so schön heißt, „mitisst". Besonders beliebt scheint dabei die Vogelmiere zu sein, die von den meisten Krummschnäbeln gerne gefressen wird. Verzehrt werden von den Futterpflanzen häufig alle erreichbaren Teile, also nicht nur der Samen, sondern auch die Blätter und Stengel, wobei die härteren Bestandteile meistens nur mit dem Schnabel zerkaut und der herausgepresste Saft getrunken wird. Aber es werden nicht nur die oberirdischen Teile gefressen, sondern auch die Wurzeln, und zwar besonders dann, wenn diese eine knollen- oder möhrenartige Verdickung aufweisen, wie dieses zum Beispiel beim Löwenzahn der Fall ist. Hier sollten also nicht nur die Fruchtstände und Blätter verfüttert werden, sondern am besten die ganze Pflanze.

Selbstverständlich sollten alle angebotenen Futterpflanzen sauber und frei von jeglichen Giftrückständen verabreicht werden. Dabei ergibt sich ein großer Vorteil des selbstgezogenen Futters gegenüber einem gekauften. Wer sein Grünfutter selber anpflanzt, kann auf Pestizide vollkommen verzichten und daher zumindest diese Gefahrenquelle ausschließen. Weiterhin kann er sicherstellen, dass sein Grünfutter immer frisch geerntet den Tieren verabreicht wird und nicht schon einige Tage gelagert wurde. Leider hat sich nämlich in vielen Supermärkten eine Verpackung des Gemüses in Kunststofftüten durchgesetzt. Aber gerade in diesen Tüten entstehen, bedingt durch relativ hohe Temperaturen, sehr schnell Fäulnisbakterien und Pilze, die das Gemüse für unsere Pfleglinge ungenießbar machen können.

Das Grünfutter sollte aber den Papageien nicht nur sauber gereicht werden, es sollte auch sauber bleiben und daher nicht einfach auf dem Boden ausgelegt werden, wo es eventuell schnell mit Kot beschmutzt werden kann. Am einfachsten kann es in so genannten Futterraufen, wie sie häufig für Meerschweinchen oder Kaninchen Verwendung finden, angeboten oder mit einem Band oder einer Kette zusammengebunden am Gitter aufgehängt werden. Die Futterraufen werden übrigens am günstigsten oberhalb einer Sitzstange von außen am Volierengitter befestigt. Die Papageien ziehen sich ihre Ration einfach durch das Gitter nach innen. Eine weitere Möglichkeit stellt die Fütterung im Blumentopf dar. Diese Methode hat gleich mehrere Vorteile. Zum einen können die Gefäße nach dem Abfressen des Grünfutters wieder auf den Balkon oder die Fensterbank gestellt werden, damit die Pflanzen wieder nachwachsen (falls die Papageien sie nicht völlig auseinanderpflücken), zum anderen naschen die meisten Papageien auch ganz gerne einmal von der Erde, die sie fressen, um damit ihren Bedarf an Mineralstoffen zumindest teilweise abdecken zu können. Hierbei ist es aber wieder von großer Bedeutung, dass die Erde frei von allen denkbaren Rückständen ist. Ich verwende deshalb immer Garten- oder Walderde, von der ich weiß, dass sie nicht mit Pestiziden behandelt worden ist. Auf keinen Fall sollte man käufliche Blumenerde verwenden, die mit chemischen Substanzen versetzt wurde, um das Wachstum von Zimmerpflanzen zu fördern.

Wie können wir nun aber die hier erwähnten Pflanzen am besten in Gefäßen kultivieren? Hierbei ist einiges zu berücksichtigen, wie wir gleich sehen werden. Vom Fachmann werden die Kräuter in ein-, zwei- und mehrjährige Pflanzen unterteilt, was bei einer Anzucht über einen längeren Zeitraum beachtet werden sollte. Zu den einjährigen Pflanzen zählt zum Beispiel der Kerbel, zu den zweijährigen Küchenkräutern die Petersilie, die im zweiten Jahr blüht und anschließend abstirbt. Die mehrjährigen Pflanzen werden allgemein als Stauden bezeichnet, deren oberirdische krautigen Teile bei unseren Witterungsverhältnissen im Winter absterben, während der Wurzelstock im Boden überwintert. Zu den mehrjährigen Pflanzen zählt zum Beispiel der Schnittlauch. Wer sein Grünfutter also auf der Terrasse oder dem Balkon ziehen will, sollte dieses berücksichtigen. Für die Anzucht am Küchenfenster spielt dies dagegen keine Rolle, da hier die Temperaturen nicht unter den Gefrierpunkt fallen dürften.

Die Auswahl der Gefäße kann im Großen und Ganzen der Phantasie des Einzelnen überlassen bleiben, wobei lediglich das Gewicht bei Balkonkästen berücksichtigt werden sollte. Wichtig ist dagegen, eine Wasserabzugsmöglichkeit zu schaffen, damit die Pflanzen nicht ständig im Wasser stehen und die Wurzeln verfaulen. Sollen mehrjährige Kräuter gezogen werden, muss noch auf die Frostsicherheit der Gefäße geachtet werden. Nimmt der Durchmesser der Gefäße nach oben zu, eignen sie sich in der Regel besser zur Überwinterung, da die Erde durch den Frost nach oben gedrückt werden kann und somit die Gefäße nicht zerspringen.

Vor dem Befüllen der Gefäße sollte der Bodenbereich noch mit Tonscherben und einer Schicht aus Blähton oder Kies abgedeckt werden, um ein Verfaulen der Wurzeln zu verhindern. Anschließend kann das Substrat eingefüllt werden. Wer sich dies nicht selber zurechtmischen mag, sollte eine gute Einheitserde oder, noch besser, eine Bio-Kulturerde erwerben. Auf keinen Fall sollten stark gedüngte Blumensubstrate verwendet werden. Wer sich sein Substrat selber mischen möchte, ist mit einfacher Garten- oder Walderde, vermengt mit Sand (oder Torf) und etwas Kompost, gut beraten. Reine Gartenerde würde sich zu schnell verfestigen und den Wuchs der Pflanzen stark behindern.

In dieses Substrat werden dann die entsprechenden Samen oder Jungpflanzen eingebracht, die man entweder käuflich erwerben oder aber in der freien Natur sammeln kann. Übrigens kann man Vogelmiere fast ganzjährig, also selbst im Winter draußen finden.

Wer sich ein bisschen intensiver mit der Anzucht von Futterpflanzen befasst, wird sehr schnell herausfinden, unter welchen Bedingungen seine Pflanzen am besten gedeihen und wie viele Töpfe er bepflanzen muss, um seine Pfleglinge ausreichend mit frischem Grün zu versorgen. Da die Geschmäcker der einzelnen Papageien, ähnlich wie bei uns Menschen, verschieden sind, wird die Erfahrung zeigen, womit man seinen Vögeln eine besondere Freude bereiten kann. So habe ich zum Beispiel festgestellt, dass einige Papageien besonders gerne Zwiebeln und auch Knoblauch fressen, die ich zum Keimen in einen Blumentopf gepflanzt habe. Sobald die Pflanzen ca. 5 bis 10 cm aus der Erde herausschauen, stelle ich den ganzen Topf in die Voliere, und die Tiere fressen sowohl die grünen Triebe wie auch die unterirdischen Pflanzenteile. Dabei wird wiederum die Erde nicht verschmäht. Vorsicht ist jedoch in geschlossenen Räumen bei der Fütterung mit Knoblauch geboten, da dieser hier sehr schnell seinen bekannten Geruch verbreiten kann, der nicht unbedingt von jedermann ertragen wird. Dem Vogel wird es allerdings egal sein, und gesund ist es allemal.

Eine weitere Methode zum Herstellen von Grünfutter stellt die Anzucht aus verschiedenen Sämereien dar, was sich bei mir sehr gut bewährt hat. Hierzu wässere ich die zu keimenden Samen erst einmal 24 Stunden in Wasser, anschließend spüle ich sie gut unter fließendem Wasser ab und bringe sie dann in eine flache Schale mit Garten- oder Walderde ein. Die Walderde muss feucht gehalten werden, um die Samen weiterhin keimen zu lassen. Jetzt gibt es zwei Möglichkeiten zum Verfüttern: Entweder ich stelle die Schale nach weiteren 24 bis 48 Stunden in die Voliere, oder ich warte so lange, bis die aus der Erde tretenden Keime eine Länge von mindestens 5 cm haben und sich grün verfärben. In beiden Fällen werden die Keimlinge gerne von meinen Papageien aus der Erde ausgegraben und gefressen. Lediglich die Keime, die ein bis zwei Zentimeter ausgetrieben sind, werden nicht so gerne genommen. Daher also die unterschiedlichen Wartezeiten beim Keimen. Diese Methode bietet wiederum den Vorteil, dass die Tiere Erde mit aufnehmen können, und gleichzeitig stellt sie eine sinnvolle Beschäftigung für die Tiere dar, da sie ihr Futter praktisch selber ausgraben müssen. Allerdings muss auch hierbei ein besonderes Augenmerk auf eine mögliche Verpilzung der Keime gelegt werden, da diese auf keinen Fall verfüttert werden dürfen.

Kräuter auf der Fensterbank

Auch wer keinen Garten hat, braucht auf frische Kräuter nicht zu verzichten

Literatur

Aeckerlein, W. (1986): Die Ernährung des Vogels. Ulmer-Verlag, Stuttgart.

Arndt, T. (1986): Südamerikanische Sittiche: Schmalschnabelsittiche u. a., Horst-Müller-Verlag, Bomlitz.

Arndt, T. (1996): Lexikon der Papageien, Arndt-Verlag, Bretten.

Bankowitsch, P. (1988): Haltung und Zucht von Edelpapageien. Papageien, 4/88, S. 106-110.

Baumgärtner, B. (1997): Haltung und Zucht des Chinasittichs. Papageien, 2/97, S. 46-49.

Baur, F. (1989a): Das Fütterungskonzept für pollen- und nektarfressende Loris. AZ-Nachrichten 36, 286-289 u. 373-375.

Baur, F. (1989b): Standard Futtertabelle für Loris. Deutsche Lori-Gesellschaft.

Behrens, S. (1994): Die Palmkakadus von Salawati. Papageien, 8/94, S. 246-250.

Berz, C. (1994): Sperlingspapageienhaltung. Papageien, 4/94, S. 113-114.

Bezzel, E. & R. Prinzinger (1990): Ornithologie. Ulmer Verlag, Stuttgart.

Bielfeld, H. (1992): Alles über Großsittiche, Falken Verlag, Niedernhausen.

Bielfeld, H. (1993): Vogelfutter aus der Natur. Ulmer-Verlag, Stuttgart.

Boussekey, M., J. Saint-Pie & O. Morvan (1992): Beobachtungen an einer Population des Rotohraras (*Ara rubrogenys*) im Rio-Caine-Tal, Zentral Bolivien (Teil 1). Papageien, 2/92, S. 54-57.

Boussekey, M. J, Saint-Pie & O. Morvan (1992): Beobachtungen an einer Population des Rotorharas (*Ara rubrogenys*) im Rio-Caine-Tal, Zentral-Bolivien (Teil 2). Papageien, 3/92, S. 95-99.

Boussekey, M., J. Saint-Pie & O. Morvan (1994): Weitere Beobachtungen an einer Population des Rotohraras (*Ara rubrogenys*) im Rio-Caine-Tal, Zentral-Bolivien. Papageien, 3/94, S. 84-88.

Boxtel, van (1979): Trinkwasser für Vögel. AZ-Nachrichten, 6/79, S. 192-193.

Brockmann, J. (1978): Noch einmal „Rote *Agapornis roseicollis*". Ziergeflügel und Exoten, 6/78, S. 93.

Brockmann, J. (1979): Rote *Agapornis roseicollis* - Rosenköpfchen. Ziergeflügel und Exoten, 5/79, S. 76-77.

Brockner, A. (1992): Der Grünzügelpapagei. Papageien, 3/92, S. 82-84.

Brockner, A. (1994): Der Blauohrlori. Papageien, 1/94, S. 6-9.

Brockner, A. (1997): Handaufzucht von Papageien. Papageien, 5/97, S. 145-147.

Brockner, A. (1999): Haltung und Zucht des Gelbschenkel-Rostkappenpapageis. Papageien, 8/99, S. 264-267.

Brockner, A. (1999): Haltung und Zucht des Amboina-Königssittichs. Papageien, 3/99, S. 87-90.

Brockner, A. (2000): Haltung und Zucht des Rotbauchsittichs. Papageien, 1/2000, S. 8-11.

Burkart, W. (1985): Zuchterfolge bei der Guatemala-Amazone. Gefiederte Welt, 9/85, S. 234.

Clausen, J. (1995): Sind unsere Vögel durch Leitungswasser bedroht? WP-Magazin, 4/95, S. 10-11.

Clauss, J. (1998): Kolbenhirse? Nein danke! AZ-Nachrichten, 8/98, S. 561-563.

Delpy, K.H. (1979): Die fünf Sinne unserer Papageien. AZ-Nachrichten, 8/79, S. 246-248.

Diefenbach, K. (1982): Kakadus, Horst-Müller-Verlag, Walsrode.

Dietze (1980): Kalkfütterung mit Eierschale – Nein danke! AZ-Nachrichten, 11/88, S. 377-378.

Drepper, K., K.-H. Menke, G. Schulze & U. Wachter-Vormann (1988): Untersuchungen zum Protein- und Energiebedarf adulter Wellensittiche (*Melopsittacus undulatus*) in Käfighaltung. Kleintierpraxis, 33. Jahrg., S. 57-62.

Dühr, D. (1993): Häufige Pilzerkrankungen bei Papageien: Aspergillose. Papageien, 1/93, S. 18-19.

Dühr, D. (1993): Fettlösliche Vitamine. Papageien, 5/93, S. 144-145.

Dühr, D. (1993a): Wasserlösliche Vitamine. Papageien, 6/93, S. 178-179.

Dühr, D. (1994): Neurogene Drüsenmagendilatation. Papageien, 6/94, S. 178-179.

Dühr, D. (1994): Fehler bei der Handaufzucht: Verbrannter Kropf. Papageien, 3/94, S. 83.

Dumont, C. (1997): Kulinarisches Lexikon, Hallwag, Bern u. Stuttgart.

Eckstein, F.-W. (1989): Vom Papageiküken zum Papagei durch Handaufzucht vom ersten Tag. AZ-Nachrichten, 11/89, S. 684.

Eckstein, F.-W. (1992): Erfahrungsbericht über die Haltung und Zucht von Molukkenkakadus im Vogel- und Blumenpark Heiligenkirchen. Papageien, 2/92, S. 46-50.

Eckstein, F.-W. & E. Homann (1993): Rosenköpfen im Vogelpark Heiligenkirchen. Papageien, 3/93, S. 74-78.

Ehlenbröker, J., R. Lietzow & E. Lietzow (1997): Rotsteißpapageien. Eigenverlag, Eickum/Enger.

Elias, H. (1989): Der Pennantsittich. Papageien, 3/89, S. 70-73.

Elias, H. (1990): Der Rotflügelsittich. Papageien, 5/90, S. 144-146.

Elmadfa, I., W. Aign, E. Muskat, D. Fritzsche & H.-D. Cremer (1995): Die große GU-Nährwerttabelle. Gräfe u. Unzer Verlag, München.

Essmann, U. (1975): Nochmals: Kleinigkeiten, die entscheidend sind. Gefiederte Welt 99, S. 195.

Fergenbauer, A. (1979): Haltung und Zucht von Edelpapageien (*Lorius roratus aruensis*). Gefiederte Welt 103, S. 177-179.

Fergenbauer-Kimmel, A. (1992): Edelpapageien. Horst-Müller-Verlag, Walsrode.

Fergenbauer-Kimmel, A. (1985): Beobachtungen zum Balzverhalten von Frühlingspapageichen (*Loriculus vernalis*). Trochilus 6, 1/85, S. 62-65.

Fergenbauer-Kimmel, A. (1992): Edelpapageien, Großschnabel- und Rotachselpapageien. Horst-Müller-Verlag, Bomlitz.

Fisher, A.M. (1993): Patterns of damage to Cherry buds by Adelaides Rosellas Platycercus adelaidae in the southern Mt. Lofty Ranges. South Australian Ornithologist 31 (6). S. 132-140.

Fonfara, H. (1998): Zum Artikel „Kolbenhirse? Nein danke!" AZ-Nachrichten, 11/98, S. 807.

Geil, J. (1998): Ein Tip: Topinambur. AZ-Nachrichten, 7/98, S. 477.

Geppert, (1985): Magenerweiterung der Aras. AZ-Nachrichten, 11/85, S. 564.

Gerlach, H. (1987): Über die neuropathische Magenerweiterung bei Papageien. Die Voliere, 3/87, S.74.

Gerlach, H. (1995): Lactobazillen – eine wichtige, aber empfindliche Komponente in der normalen Darmflora der Papageien. Kakadu United, 5/95, S. 101-103.

Gerlach, S. (1990): Untersuchungen zur Neurogenen Drüsenmagendilatation (Arakrankheit). Papageien, 1/90, S. 18.

Ginsberg, C. (1992): Vorsicht bei Sojaprodukten. Gefiederte Welt 116, 6/92, S. 207.

Gosse, E. (1989): Handaufzucht von Kongo-Graupapageien. Die Voliere, 7/89, S. 208-211.

Große, S. (1974): Vogelfutterpflanzen. Ziergeflügel und Exoten, 7/74, S. 105 – 109.

Große, S. (1978): Rote *Agapornis roseicollis*. Ziergeflügel und Exoten, 4/78, S. 55.

Grunert, P. (1999):Vogelmiere. AZ-Nachrichten, 11/99, S. 1021-1022.

Halter, R. (2000): Haltung und Zucht des Goldsittichs. Papageien, 2/2000, S. 44-47.

Heidenreich, M. (1979): Zum Problem des Federfressens. Die Voliere, 2/79, S. 63-64.

Heitzmann (1979): Obstessig als Zusatz ins Trinkwasser. AZ-Nachrichten, 3/79, S. 88-93.

Hempel, R. (1998): Lesermeinung zu: Kolbenhirse? Nein danke! AZ-Nachrichten, 11/98, S. 807-808.

Hentzler (1973): Meine Fütterungsmethode mit Kolbenhirse bei Sittichen. AZ-Nachrichten 11/73, S. 343-344.

Hellmiß, M. & F. Scheithauer (1999): Natürlich

behandeln mit Heilerde. Südwest-Verlag, München.

Herrmann, K. (1994): Das Erdbeerköpfchen. Papageien, 7/94, S. 198-200.

Herrmann, K. (1997): Haltung und Zucht von Taranta-Unzertrennlichen. Papageien, 11/97, S. 330-332.

Hesse, K.-H. (1981): Chemie in Grünfutterpflanzen. Ziergeflügel und Exoten, 7/81, S. 107-108.

Himbergen, J. van, jr. (1992): Vitamin E - nicht nur ein Fruchtbarkeitsvitamin. AZ-Nachrichten, 1/92, S. 75-80.

Hofmann, G. & C. Mettke (1994a): Australien – down under. Papageien, 5/94, S. 153-157.

Hofmann, G. & C. Mettke (1994b): Australien – down under. Papageien, 6/94, S. 186-188.

Homberger, D.G. (1980): Funktionell-morphologische Untersuchungen zur Radiation der Ernährungs- und Trinkmethoden der Papageien (Psittaci). Bonner Zoologische Monographien, Nr. 13.

Homberger, D.G. & V. Ziswiler (1972): Funktionell-morphologische Untersuchungen am Schnabel von Papageien. Rev. Suisse Zool. 79, S. 1038-1048.

Hoppe, D. (1985): Freileben und Haltung des Ara- oder Palmkakadus. Gefiederte Welt, 9/85, S. 229.

Hoppe, D. & P. Welcke (1990): Langflügelpapageien, Ulmer-Verlag, Stuttgart.

Jacob, H. (1985):Obst. AID Verbraucherdienst, Bonn.

Jeroch, H., G. Flachowsky & F. Weißbach (1993): Futtermittelkunde, G. Fischer Verlag Jena, Stuttgart.

Jørgensen, P. (1998): Erfahrungen bei der Zucht von Rotbauchpapageien. Papageien, 4/98, S. 116-119.

Kempel, E. (1997): Pilze und Gifte in der Wellensittichzucht. AZ-Nachrichten, 3/97, S. 220-223.

Keup, B. (1989): Erfahrungen bei der Zucht von Graupapageien. AZ-Nachrichten, 6/89, S. 376-379.

Kolar, K. (1961): Untersuchungen über Verhaltensgrundlagen bei Papageien. Diss. an der Universität Wien.

Kolb, E. (1979): Neuere biochemische Erkenntnisse zur Bedeutung und zum Stoffwechsel der Vitamine A, D, und E beim Geflügel. MH. Vet.-Med. 34, S. 109-114

Kreuter, M.-L. (1996): Der Bio-Garten. BLV-Verlag, Münnchen.

Kronberger, H. (1974): Haltung von Vögeln - Krankheiten der Vögel. Gustav Fischer Verlag, Jena.

Künne, H.-J. (1990): Meine Hellroten Aras. Papageien, 5/90, S. 138.

Künne, H.-J. (1993): Über das „Hamstern“ von Papageien. Papageien, 1/93, S. 20-21.

Künne, H.-J. (1998): Aggressive männliche Kakadus – erste Ergebnisse der Umfrage. Papageien, 9/98, S. 307-314.

Kuhlmann, A. (1987): Gartenunkraut als Vogelfutter. AZ-Nachrichten, 8/87, S. 513-514.

Kummerfeld, N. (1989): Avokado-Vergiftung bei Ziervögeln. Die Voliere, 8/89, S. 239.

Lahaye, J. & E. Cordiez (1978): Die belgische Reisetaube. La Paloma-Verlag, Hamburg.

Landelius, L., M. Heidenreich & B. Stiburek (1978): Diagnose, Behandlung und Vorbeugung des Rundwurmbefalls bei Sittichen und Papageien. Die Voliere, 2/78, S. 74.

Lang, K. (1979): Biochemie der Ernährung. Steinkopff Verlag, Darmstadt.

Lemke, K. (1985): Zur Frage vom Geruchssinn bei Vögeln. Gefiederte Welt 109, 11/85, S. 299-300.

Lemke, K. (1986): Nochmals: Geruchsvermögen bei Vögeln. Gefiederte Welt 110, 2/86, S. 33.

Liedek, T. (1993): Die Zucht des Kea. Papageien, 2/93, S. 42-45.

Lietzow, E. (1995): Haltung und Zucht von Orangeköpfchen. Papageien, 6/95, S. 166-171.

Lietzow, E. (1996): Haltung und Zucht von Grauköpfchen. Papageien, 3/96, S. 70-73.

Lietzow, E. (1997): Haltung und Zucht von

Rußköpfchen. Papageien, 8/97, S. 230-234.

Lölfing, H. (1993): Frühlingspapageichen und andere Fledermauspapageien. Papageien, 8/93, S. 239-244.

Low, R. (1983): Das Papageienbuch. Ulmer Verlag, Stuttgart.

Low, R. (1990): Die Zucht von Rotschwanzsittichen im Loro Parque. Papageien, 1/90, S. 9-13.

Low, R. (1990): Die Zucht des Borstenkopfpapageis *Psittrichas fulgidus* im Loro Parque. Papageien, 3/90, S. 70-76.

Low, R. (1990): Die Grundlagen der Handaufzucht von Papageien. Gefiederte Welt, 12/90, S. 358-360.

Low, R. (1993): Die Elternaufzucht eines Palmkakadus im Palmitos Park. Papageien, 5/93, S. 138-141.

Low, R. (1998): Felsensittiche verdienen mehr Aufmerksamkeit. Papageien, 6/98, S. 188-191.

Lücker, H. (1995): Beobachtungen zum kooperativen Verhalten zwischen Hyazintharas und Nagetieren im Pantanal. Papageien, 6/95, S. 177-179.

Lüttwitz, M. von (1995): Brennesseln in der Hühnerhaltung. Geflügel-Börse, 9/95, S. 6-7.

Maijer, P.J. (1997): Auftauen von tiefgefrorener halbreifer Hirse. AZ-Nachrichten, 6/97, S. 370.

Manderscheid, C. (1992): Der Katharinasittich. Papageien, 3/92, S. 74-81.

Manhartsberger, N. (1991): Der Kea. Papageien, 4/91, S. 102-103.

Mc Cann, C. (1963): External features of tongues of New Zealand Psittaciformes. Notornis 10 (7), S. 326-345.

Menke, K.-H. & W. Huss (1980): Tierernährung und Futtermittelkunde. Verlag Eugen Ulmer, Stuttgart.

Müller, M. & N. Neumann (1996): Haltung und Zucht von Feigenpapageien. Papageien, 4/96, S. 102-105.

Müller, R. (1989): Zur Speziation bei australischen Kakadus. Trochilus 10, S. 3-20.

Munn, C.A. (1992): Warum nehmen Papageien Lehm zu sich? Papageien, 6/92, S. 191-195.

Neff, R. (1993): Über die Fütterung von Loris. Gefiederte Welt 117, 2)93, S. 62-63.

Nehring, K. (1972): Lehrbuch der Tierernährung und Futtermittelkunde. Neumann Velag, Radebeul.

Neumann, N. & S. Patzwahl (1992): Deutsche Erstzucht des Apoloris. Papageien, 6/92, S. 178-180.

Newton, J. (1966): The moult of the bullfinch *Pyrrhula pyrrhula*. Ibis 108, S. 41-87.

Niethammer, G. (1933): Anatomisch-histologische und physiologische Untersuchungen über die Kropfbildung der Vögel. Mit besonderer Berücksichtigung der Umbildung im Kropf brütender Tauben. Z. f. wissenschaftl. Zool. 144, S. 12-101.

Nöcker, R.-M. (1987): Das große Buch der Sprossen und Keime. Heyne-Verlag, Münnchen.

Pagel, T-. (1992): Haltung und Zucht des Großen Vasapapageien. AZ-Nachrichten 39, 12/92, S. 759-762.

Pagel, T. (1998): Loris. Ulmer-Verlag, Stuttgart.

Perry, R. (1996): Futter für Gelbhaubenkakadus. Kakadu United, 1/96, S. 15.

Peters, H.J. (1974): Futtertiere. Ziergeflügel und Exoten, 7/74, S. 102-105, 9/74, S. 131-133.

Peters, H.J. (1978): Rote *Agapornis roseicollis*. Ziergeflügel und Exoten, 10/78, S. 151-152.

Peters, H.J. (1984): Futterpflanzen. Ziergeflügel und Exoten, 3/84, S. 37-38.

Peters, R. (1988): Der Palmkakadu. AZ-Nachrichten, 12/88, S. 785-791.

Peters, R. (1989): Der Kea. AZ-Nachrichten, 3/89, S. 170-174.

Pfeffer, F. (1990): Die Zucht der Santa-Cruz-Sperlingspapageien. Papageien, 2/90, S. 45-47.

Pfeffer, F. (1992): Die Haltung und Zucht der Mexikanischen Sperlingspapageien. Papageien, 6/92, S. 186-188.

Literatur

Pfeffer, F. (1994): Der Bergpapagei. Papageien, 1/94, S. 10-14.

Pfeffer, F. (1995): Der Barnardsittich. Papageien, 4/95, S. 105-107.

Pittman, T. (1994): Über die Ernährung der *Anodorhynchus*-Arten im Freileben. Papageien, 2/94, S. 54-56.

Radke, G.A. (1998): Nymphensittiche. Ulmer-Verlag, Stuttgart.

Reinschmidt, M. & K. Seiert (1999): Handaufzucht des Keas. Papageien, 11/99, S. 368-374.

Repp, B. (1981): Haltung und Zucht von Halmahera-Edelpapageien. AZ-Nachrichten 28, S. 303-307.

Rinke, D. (1992): Zucht des Pompadoursittichs (*Prosopeia tabuensis*) in der Schwarm-Voliere. Papageien, 4/92, S. 110-113.

Robiller, F. (1991): Papageien, Band 1. Deutscher Landwirtschaftsverlag Berlin.

Robiller, F. (1992): Der Nasenkakadu. Gefiederte Welt 116, 10/92, S. 336-339.

Roche (1980): Vitamincompendium.

Roth, P. (1982): Habitat-Aufteilung bei sympatrisch lebenden Papageien des südländischen Amazonasgebietes. Diss., Universität Zürich.

Rowley, I. (1990):The Galah. Beatty & Sons PTY Limited, Chipping Norton, Australia.

Rübel, A. & E. Isenbügel (1985): Papageien. In: K. Grabisch & P. Zwart: Krankheiten der Heimtiere. Hannover, S. 145-194.

Ruiter, M. de (1992): Vorsicht beim Verfüttern von Avocado. Gefiederte Welt 116, 10/92, S. 329.

Sazim, I. (1989): Peach-fronted Parakeet feeding on winged termites. Wilson Bulletin, Vol. 101, No 4, S. 656.

Scheuerer, R. (1993): Beschäftigung für Papageien einmal anders. Papageien, 3/93, S. 80.

Schlüter, W. (1995): Haltung unbd Zucht des Braunohrsittichs. Papageien, 8/95, S. 238-239.

Schmidt, R. (1998): Haltung und Zucht des Rosenbrustbartsittichs. Papageien, 7/98, S. 224-227.

Schnabel, H. (1998): Vogelfutterpflanzen. Arndt-Verlag, Bretten.

Schneider, B. (1990): Handaufzucht von Goldnackenaras. Die Voliere, 11/90, S. 327-330.

Schöne, R. (1977): Anmerkungen zum Artikel „Die optimale Eiweißversorgung der Vögel". Ziergeflügel und Exoten, 8/77, S. 120-122.

Schuchmann, K. (1984): Zum Nahrungsspektrum der Loris. Trochilus 5, S. 45-48.

Schürer, U. (1982): Fang, Eingewöhnung und Haltung der Breitschnabeltodis. Gefiederte Welt 106, S. 47-48.

Schulz, H. (1979): Wer kann hierüber etwas sagen? Ziergeflügel und Exoten, 12/79, S. 188-189.

Sindel, S. & R. Lynn (1988): Australian Cockatoos, Singil Press, Austral, Australia.

Smith, G.T. & L.A. Moore (1991): Foods of Corellas (*Cacatua pastinator*) in Western Australia. Emu Vol. 91, S. 87-92.

Sommer, V. & H. (1983): Handaufzucht eines Graupapageien. Die Voliere, 6/83, S. 231-234.

Sommer, V. & H. (1988): Anspruchsvolle Kobolde: Frühlingspapageichen. Die Voliere 11, 1/88, S. 7-10.

Sossinka, R. (1972): Langfristiges Durstvermögen wilder und domestizierter Prachtfinken. J. Orn. 113, S. 418-126.

Spitzer, K.H. (1987): Sperlingspapageien. Ulmer-Verlag, Stuttgart.

Strunden, H. (1989): Kakadus und ihre Welt. Horst-Müller-Verlag, Walsrode.

Sweeny, R.G. (1996): Die Brut von Palmkakadus im Loro Parque, Teneriffa. Papageien, 3/96, S. 77-80.

Sweeny, R.G. (1996): Banks-Rabenkakadus. Papageien, 9/96, S. 262-265.

Temby, I.D. & W.B. Emison (1986): Foods of the Long-billed Corella. Austr. Wildl. Res. 13, S. 57-63.

Tiskens, P. (1997): Rosenbergs Allfarblori. Papageien, 11/97, S. 326-329.

Trinkhaus, K. (1992): Pilzinfektionen bei Zier-

vögeln. AZ-Nachrichten 39, 4/92, S. 268-272
Vins, T. (1991): Hygiene bei der Wellensittichernährung. AZ-Nachrichten, 4/91, S. 217-220.
Vít, R. (1993): Zu: Vorsicht bei Sojaprodukten. Gefiederte Welt 117, 4/93, S. 141.
Vogels, D. (1983): Bemerkungen zu dem Fortpflanzungsverhalten von Großsittichen unter dem besonderen Aspekt der Zuchtwahl. Die Voliere, 3/83, S. 92-93.
Vogels, D. (1995): Zur Biologie des Gelbohrrabenkakadus. Papageien, 7/95, S. 214-221.
Vogels, D. (1995): Zur Biologie des Australischen Königssittichs (*Alisterus scapularis*). Papageien, 3/95, S. 90-93.
Vogels, D. (1996): Zur Biologie des Rosakakadus. Papageien, 2/96, S. 56-61.
Volkmar, A. (1995): Erfahrungen mit Gualoris. Papageien, 1/95, S. 10-12.
Volkmar, A. (1996): Haltung und Zucht des Müllers Edelpapageis. Papageien, 6/96, S. 174-176.
Voren, H. & R. Jordan (1992): Parrots – Handfeeding & Nursery Management. S. Mattacchione & Co, Ontario, Canada.
Wachendörfer, G., W. Lüthgen & C. Traub (1982): Vergleich der parenteralen und oralen Behandlung der Psittacose. Tagung der Fachgruppe Tierseuchenrecht - Gießen, 1982.
Wachter-Vormann, U. (1983): Untersuchungen zum Energie- und Proteinbedarf des Wellensittichs (*Melopsittacus undulatus*). Diss. Hohenheim.
Wagner, K.R. (1997): Die Ernährung der Langflügelpapageien in der Volierenhaltung. Papageien, 11/97, S. 333-335.
Wehrhahn, U. (1999): Haltung und Zucht des Hoodedsittichs. Papageien, 10/99, S. 332-338.
Westen, K. (1995): Felsensittiche. Papageien, 6/95, S. 172-174.
Wiek, S. (1995): Der Prachtrosella. Papageien, 10/95, S. 298-301.
Wirths, W. (1984): Kleine Nährwerttabelle der Deutschen Gesellschaft für Ernährung, Umschauverlag, Frankfurt/M.
Woida, A. (1980): Meine Erfahrungen mit Giftpflanzen. Ziergeflügel und Exoten, 5/80, S. 78-79.
Wolf, J. (1997): Zuchtversuche mit Feigenpapageien. Papageien, 1/97, S. 14-16.
Wolf, P. & J. Kamphues (1995): Zur Ernährung von Papageien - Fragen und Antworten. Jahrbuch der Papageienkunde, S. 143-162.
Wood, K.A. (1992): Cockatoos, Parrots and Lorikeets eating food from introduced trees and scrubs in Illawarra Region. Australian Birds 25 (3): S. 79-81.
Würth, V. (1997): Haltung und Zucht des Grünwangen-Rotschwanzsittichs. Papageien, 3/97, S. 70-72.
Würth, V. (1997): Haltung und Zucht des Blauflügelsittichs. Papageien, 10/97, S. 297-301.
Würth, V. (1998): Die Ernährung der Schmalschnabelsittiche in Menschenobhut. Papageien, 10/98, S. 340-344.
Zander, E. (1976): Zur Biologie des Kea-Papageis (*Nestor notabilis*, Gould) mit besonderer Berücksichtigung der Fortpflanzung, Jugendentwicklung und Nahrungsaufnahme. Dissertation an der philosophischen Fakultät der Universität Wien.
Zwart, P. (1978): Vitamin A-Mangel und Stomatitis bei Papageien. Der prakt. Tierarzt 59, S. 121-125.
Zwart, P. W.H.P. Schreurs & G.M. Dorrestein (1979): Vitamin A deficiency in parrots. Verhandlungsbericht XXI. Intern. Symposium Erkrankungen der Zootiere, Mulhouse, S. 47-52.

Register

Register

Bildnachweis

Titel (Blaustirnamazone): Thomas Arndt
Seite 49 (Wellensittiche im Freiland): Thomas Arndt
Seite 87 (Picksteine): Franz Pfeffer
Seite 135 (Nymphensittiche): Matthias Reinschmidt

Alle weiteren Fotografien und Abbildungen stammen vom Autor Hans-Jürgen Künne.